HTML+CSS
HTML+CSS

HTML+CSS
HTML+CSS

웹앱 페이지 디자인을 위한

HTML+CSS 실전 입문서

김영일 지음

길벗캠퍼스

김영일 | kim9668@gmail.com

홍익대학교 일반대학원 영상인터랙션과 박사학위와 홍익대학교 영상대학원 인터랙션디자인과에서 석사학위를 받았다.

2004년부터 CJ오쇼핑, SK커뮤니케이션즈의 Nate, Cyworld, 11번가 등에서 UIUX 디자이너로 근무하였고, Samsung PTKorea 글로벌삼성 그룹 디지털UIUX 팀장, GrouponKorea, 위메프 등에서 e-커머스 팀장으로 다양한 웹앱 디지털서비스를 제작하였다.

現) 한양여자대학교 스마트IT과 조교수로 재직 중이며, Web/App, UIUX, Html&Css, Javascript, React, Futter, Nodejs, FullStack developer, 메타버스지향 C#, C++ Unity, Unreal VR, AR, 3D Blender 교육을 담당하고 있고, 한국 e-스포츠학회 부회장을 겸하고 있다.

저서로는 『기초 탄탄 UXUI 디자인을 위한 Adobe XD』 제이펍(2022), 『메타버스 교과서』(세종도서 학술부문 선정) 길벗캠퍼스(2023), 『블렌더교과서』 길벗캠퍼스(2024) 등이 있으며, 다양한 분야의 집필 활동을 이어가고 있다.

웹앱 페이지 디자인을 위한

HTML + CSS 실전 입문서

Beginner's Guide to HTML and CSS for Web App Design

초판 1쇄 발행 • 2025년 7월 15일 | **지은이** • 김영일 | **발행인** • 이종원 | **발행처** • (주)도서출판 길벗 | **브랜드** • 길벗캠퍼스
출판사 등록일 • 1990년 12월 24일 | **주소** • 서울시 마포구 월드컵로 10길 56(서교동) | **대표 전화** • 02)332-0931 | **팩스** • 02)323-0586
홈페이지 • www.gilbut.co.kr | **이메일** • gilbut@gilbut.co.kr
기획 및 책임편집 • 신유진(backdoosan@gilbut.co.kr) | **표지·본문 디자인** • 강은경 | **제작** • 이준호, 이진혁
마케팅 • 박성용(psy1010@gilbut.co.kr) | **유통혁신** • 한준희 | **영업관리** • 김명자 | **독자지원** • 윤정아
편집진행 • 김미현 | **전산편집** • 앤미디어 | **CTP 출력 및 인쇄** • 예림인쇄 | **제본** • 경문제책

ISBN 979-11-407-1470-4 93000(길벗 도서번호 060160)
정가 25,000원

한때 '코딩의 시대'라는 말이 뉴스 등 다양한 매체에서 자주 회자되었다. 현재는 'ai 시대'라고 해도 될 만큼 우리 사회는 빠르게 변화하고 있고, 급변하는 세상을 실감하고 있다. 특히 IT 분야의 움직임은 우리가 생활하는 사회 전반에 영향을 주고 있다. 그중 ai 분야는 놀랍도록 빠르게 인간의 사회에서 점점 영역이 퍼져가고 있고, ai가 없으면 불편을 느낄 정도로 필수도구로서 자리매김하고 있다. 이러한 디지털 서비스는 다양하게 웹, 앱에서 사용되며, ai가 존재할 수 있는 것도 웹, 앱을 통해서 전달되고 있다. 웹, 앱을 만들기 위해서는 기본적으로 코드를 구성하는 html & css가 사용된다. html과 css는 애플리케이션을 구성하는 바탕인 UI인터페이스를 만들 수 있으며, javascript, React 등 웹 애플리케이션의 동적 제어를 하기 전 필수 요소이고, 웹 인터페이스를 구성하기 위해 반드시 거쳐 가야 하는 과정이다.

국내에서 웹디자인, 웹마스터라는 용어는 과거 1995년경 인터넷 붐이 일어나는 시대에 자주 사용되었고, html, css를 중심으로 한 직업군이었다. 30년이 지난 지금도 html, css는 여전히 사용 중이고, 앞으로도 사용될 것이다. 웹, 앱을 만드는 요소에서 코딩을 처음 배우는 사람이라고 해도, html과 css는 누구나 쉽게 배울 수 있는 기본 과정이다. 즉, 웹을 이해하는 데 있어서 간단히 학습할 수 있는 웹 기본 필수 과목이라고 할 수 있다. 단, 동적 제어하는 부분을 알기 위해서 javascript를 추가한다면 더욱 다양한 것을 만들 수도 있다.

현재 웹 시장은 크게 벗어나지 않은 선에서 조금씩 변화하고 있다. 과거에는 어도비사에서 사용하는 프로그램 '플래시'라는 것을 동적 애플리케이션으로 제어하고 사용해왔다. 그러나 스티븐 잡스의 아이폰이 등장하며 우리 생활에 큰 영향을 주었는데, html5로 플래시를 대체할 것을 발표하였다. 이런 점에서 html5는 게임, 동적 애니메이션, 멀티미디어 콘텐츠, 모바일 서비스 등 다양한 것을 제공한다. 그리고, 결정적인 중요한 사실은 플래시를 사용하지 않고 모바일 최적화에 사용됨을 시사하였다. 그 이후 html5는 아직도 현재 5버전으로 사용 중에 있고, 웹보다 모바일에 최적화된 앱 애플리케이션도 많은 변화를 가져왔다.

이 책에서는 웹, 앱을 구성하는 데 있어 최소의 레이아웃과 실무에서 자주 사용되는 요소만 집중하여 다룬다. 실제 알아야 할 내용을 중요도를 중점으로 집필하였다. 대부분 웹, 앱에서 사용되기 때문에 누구나 어디서든 쉽게 배울 수 있고, 직접적인 심도 학습이 아닌 가볍고, 비전공자를 포함한 누구나 이해할 수 있는 수준을 고려하였다. 웹을 이해하고, 현재 만들어진 것도 운영할 수 있는 것 역시 중요한 요소이므로 과거와 현재에서 사용되는 코드의 중요한 차이점도 학습에서 강조하고 있다. 현재는 html & css의 버전이 그대로 사용되고 있지만, 앞으로의 버전 변경은 누구도 모르는 상황이다. 웹에서 기본 요소를 학습하는 여러분께 ai 시대의 새로운 변화와 트랜드에 주목하며, 핵심 요소 중심으로 학습하길 권장한다.

김영일

책에서 제공하는 소스 코드 파일은 길벗 홈페이지를 통해 제공됩니다. 길벗 출판사 홈페이지(www.gilbut.co.kr) 검색란에 'HTML', 'CSS'를 검색 → 해당 도서 자료실의 '학습자료' 항목 → 파일을 다운받습니다.

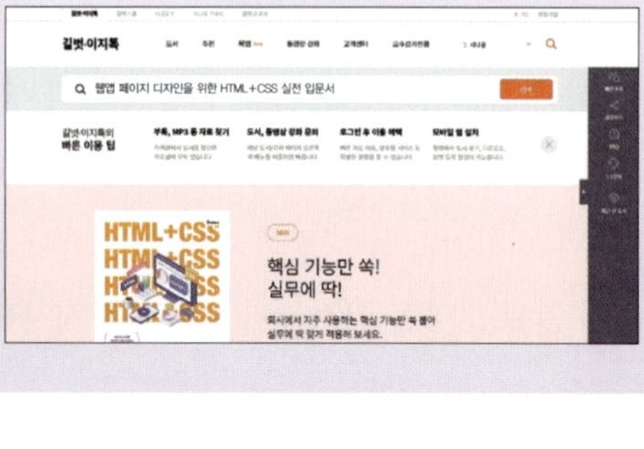

4장 | CSS : 폰트, 크기

5장 | CSS : layout 1

6장 | CSS : layout 2

7장 | CSS : 알아두면 유용한 팁

8장 | CSS 함수 및 반응형 레이아웃

9장 | HTML, CSS 입문 실습

10장 | HTML, CSS 기초 레이아웃 실습

11장 | HTML, CSS 활용 실습

12장 | HTML, CSS 실전 실습

13장 | GIT 데이터 버전 관리

주차별	내용
1주차	웹 이해 및 웹 표준화
2주차	HTML 기본 구조 필수 태그
3주차	CSS 1 – 선택자, 박스 모델
4주차	CSS 2 – 폰트 가로 세로 크기
5주차	CSS 2 – 레이아웃 1
6주차	CSS 2 – 레이아웃 2
7주차	CSS 알아두면 유용한 기능
8주차	중간고사
9주차	CSS 함수 및 반응형 레이아웃
10주차	HTML + CSS 기초 실습1
11주차	HTML + CSS 기초 실습2
12주차	HTML + CSS 중급 실습1
13주차	HTML + CSS 중급 실습2
14주차	git(깃) 버전 관리 및 AI 활용
15주차	기말고사

1 장

웹 이해 및 웹 표준화

학 습 목 표

- 웹이라는 환경과 웹을 이해하고 html, css, javascript의 관계를 이해한다.
- 웹의 구조와 웹 표준화를 이해한다.
- 이론과 실습을 통해 웹 환경과 기초 개발 과성을 배운나.

1.1 실습 환경 IDE : Visual Studio Code(코드 실습 환경)

HTML, CSS는 마크업 랭귀지(Markup Language)를 코드로 작성하는 것으로, 효율적으로 코드 작업을 하기 위해서는 최적화된 환경 설정이 필요하다. 'IDE(Integrated Development Environment)'라는 것을 설치 후 단축키 사용 및 일부 코드를 암기하거나 숙련된 코드 습관을 먼저 가지는 것이 중요하다. 처음에는 하드코딩이라는 개념이 있기에 어렵다고 생각할 수 있지만 이제는 필수적인 것으로 비전공자들도 누구나 쉽게 작성할 수 있고, 이해할 수 있는 코딩의 시대가 되었다. 따라서 이 책을 통해 어렵지 않은 코드 작성 방법과 요령을 터득하고, 코드를 이해하며 접근하면 누구나 쉽게 전문가 수준의 코드를 작성할 수 있다.

이를 이행하기 위해 필요한 필수적 도구가 바로 'IDE'라고 하는 통합 개발 환경(Integrated Development Environment)이다. 소프트웨어를 개발 또는 코딩 시 코드 편집에서 부터 빌드, 테스트, 패키징 등의 다양한 기능을 묶은 툴이라고 할 수 있다. 그렇게 구성된 것은 개발 또는 코드의 생산성을 높일 수 있고, 빠른 속도 및 최적화된 환경 세팅으로 단순 반복된 일들을 줄일 수 있으며, 정리된 코드의 깔끔한 정렬 등의 편리한 기능이 있다. 이것이 바로 코드를 객관적 형태로 변환함으로써 누구나 코드를 읽을 수 있도록 하는 통합 개발 환경이 필요한 이유이다. IDE에는 몇 가지의 툴이 있는데 현재 가장 많이 사용하는 것은 마이크로소프트사의 Visual Studio Code(vscode)이다. 다운받아서 설치하는 것이 아닌 온라인 브라우저상에서 사용하는 것도 몇 가자가 있으나, 이 책에서는 vscode를 다운받아 설치 후 사용한다. vscode는 html, css뿐만 아니라 javascript, typescript, java, c, c++, c#, python, react, nodejs, flutter 등 거의 모든 언어를 다 지원한다고 볼 수 있다.

먼저 실습을 위해 구글 검색 창에 'vscode'라고 검색해 보자.

Visual Studio Code

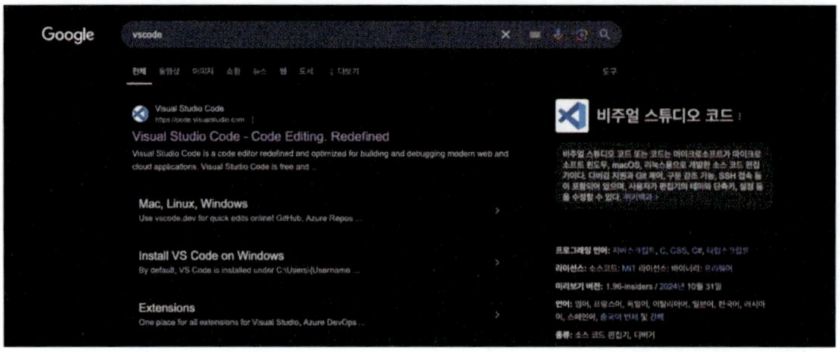

https://code.visualstudio.com/

검색 결과 나타난 위 주소로 접속하면 무료로 다운받아 설치할 수 있다. 맥과 윈도우 환경 모두 지원한다. 사용자의 환경에 맞는 OS 버전을 다운받으면 된다.

최근에는 AI에 대한 중요도와 인기로 인해 비주얼 스튜디오 또한 인공지능의 코드 환경을 지원하며 스마트한 코딩의 시대가 되었다. 또한 vscode를 사용하는 또 다른 이유는 강력한 기능을 가진 다양한 extensions을 지원하기 때문인데, 다양한 언어에 필수적인 플러그인을 이들의 커뮤니티 등을 통해 사용자들이 만들어온 것을 무료로 사용할 수 있다. 뿐만 아니라 git를 바로 내장으로 설정하여 사용하고, 외부에서 사용했던 툴들을 내부로 가져와서 사용할 수 있는 것은 가장 큰 장점이라고 할 수 있다. 그중 html, css에서 가장 효율적으로 활용하는 extension은 live Server이다. 이는 html, css를 코드 작성 후 실시간 서버 가동으로 미리보기를 할 수 있다는 이점이 있고, 시각적으로 틀린 것과 잘못된 점에 대해 즉각 수정 업데이트가 가능하여 코드를 빠르고, 정확하게 작성할 수 있다.

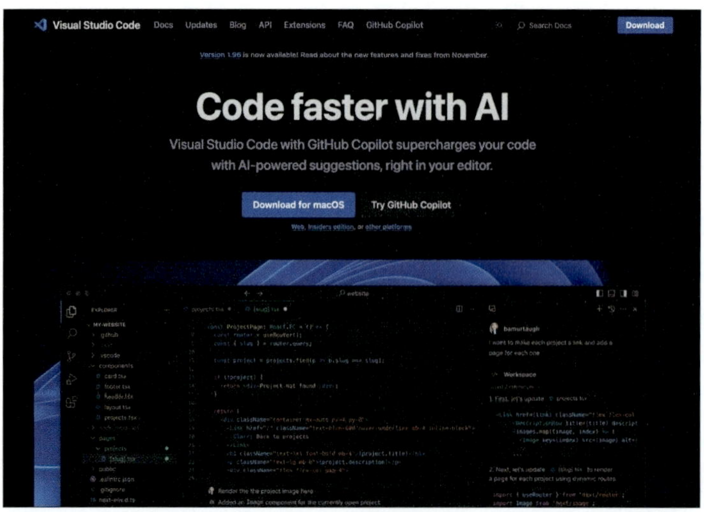

1.2 Internet의 시작

WWW라는 말을 들어본 적이 있는가? 우리는 보통 한국어로 '땃땃땃, 00닷컴'이라고 한다. 여기서의 '땃땃땃'이라는 것은 World Wide Web(월드 와이드 웹)을 가리키는 것으로 간단히 인터넷 또는 웹이라고 부른다. 즉 W3이라는 의미이고, 월드 와이드 웹 컨소시엄 국제 표준 인터넷의 W3C로서 표준화에 앞장선 관리 기관이라고 볼 수 있다.

인터넷(Internet)은 정보를 하이퍼텍스트로 멀티미디어한 요소(영상, 음악 포함)를 사용자에게 제공하고, 정보 검색 및 인터넷 브라우저를 통해 상호 소통할 수 있는 매체이다. 우리는 웹 서버를 통해 웹페이지로 제작된 화면을 보고 정보의 내용을 손쉽게 찾아볼 수 있으며, 하이퍼링크를 통해 전 세계 지식을 찾고 이해할 수 있는 상호 소통의 과정을 갖게 된다. 이러한 인터넷에서 표현된 웹페이지는 html, css, js로 구성되어 있다. 보통 '웹 서핑한다'고 하는 것은 '인터넷을 한다, 인터넷에 찾아보고 검색한다' 등의 행위를 의미한다.

월드 와이드 웹의 기본 개념은 역사상 1989년 3월 유럽 입자 물리 연구소 컴퓨터 과학자 팀 버너스 리가 만들어냈다. 인터넷이라는 정보 교환으로 프로그래밍되어 오늘날 웹 브라우저를 통해 웹 시작을 열게 되었다. 세계적으로 대중화된 것은 마크 안데르센 넷스케이프사의 전신인 모자이크(Mosaic)를 개발하면서 브라우저를 통해 웹 세계를 상호 소통하게 되면서부터이다.

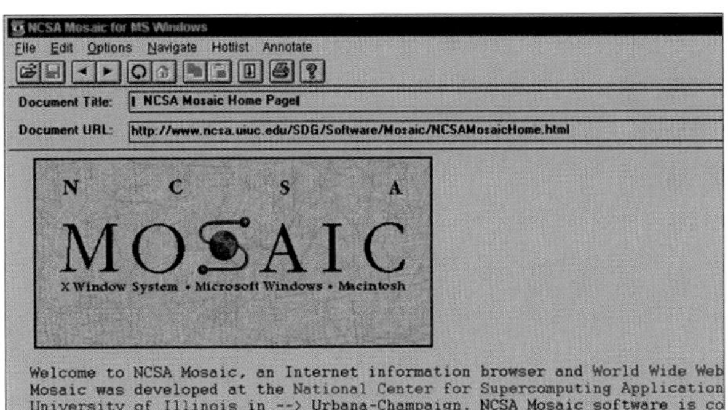

인터넷은 'http://www.google.com'처럼 프로토콜 'http'를 이용하여 'www.서비스이름.com' 주소를 통해 브라우저로 접속하게 된다. 이를 웹 컴퓨터에 웹 서버와 클라이언트의 상호 데이터를 주고받는 과정으로 이루어진다.

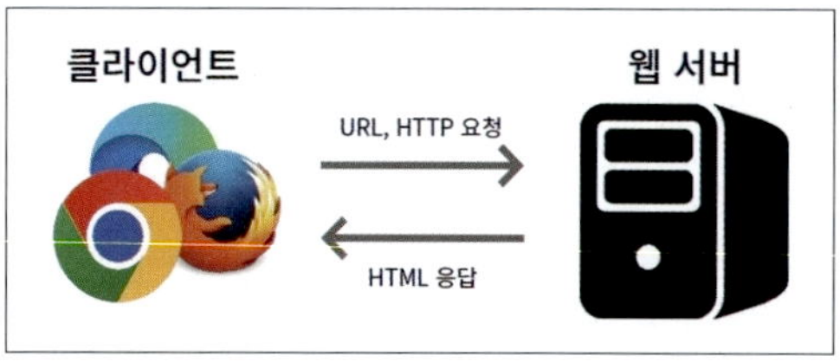

클라이언트와 웹서버의 관계

클라이언트는 브라우저에 해당되어 유저(사용자들)에 속하고, 사용자가 검색창에 입력을 하면 검색 결과가 나타난다. 이는 오늘날 생성형 AI 명령 프롬프트와도 동일한 과정이고, 웹서버가 데이터베이스를 통해 받아오고 전달한다. 데이터를 주고받는 과정에서 웹서버는 중간 매개체로 응답을 전달하는 업무를 담당하고, 사용자(클라이언트)는 원했던 결과를 받을 수 있게 된다. 이러한 과정이 웹페이지의 웹서핑 과정에서 발생한다.

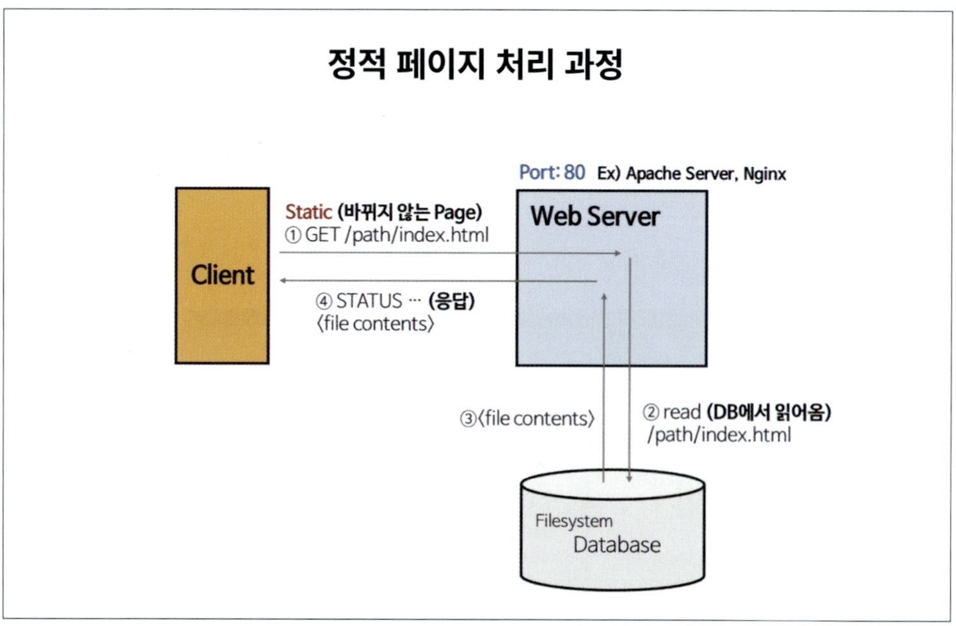

클라이언트 – 웹서버 – 데이터베이스의 관계

이렇게 인터넷 과정은 인터넷 기술을 통해 우리에게 보여지고 결과물을 얻을 수 있도록 하였다. 인터넷에서 보여진 브라우저 또는 모바일 웹/앱 등에서 표현된 html 문서는 태그로 이루어져 있고, CSS, JS(JavaScript)를 통해 꾸미기 및 동적 제어를 만들 수 있었다. 아직 존재하는 최초의 인터넷 페이지는 다음의 주소로 접속하면 확인할 수 있다.

https://info.cern.ch/hypertext/WWW/TheProject.html

World Wide Web

The WorldWideWeb (W3) is a wide-area hypermedia information retrieval initiative aiming to give universal access to a large universe of documents.

Everything there is online about W3 is linked directly or indirectly to this document, including an executive summary of the project, Mailing lists , Policy , November's W3 news , Frequently Asked Questions .

What's out there?
  Pointers to the world's online information, subjects , W3 servers, etc.
Help
  on the browser you are using
Software Products
  A list of W3 project components and their current state. (e.g. Line Mode ,X11 Viola , NeXTStep , Servers , Tools , Mail robot , Library)
Technical
  Details of protocols, formats, program internals etc
Bibliography
  Paper documentation on W3 and references.
People
  A list of some people involved in the project.
History
  A summary of the history of the project.
How can I help ?
  If you would like to support the web..
Getting code
  Getting the code by anonymous FTP , etc.

인터넷 페이지를 관찰해 보면 오직 html로 구성된 페이지이다. 이미지조차 없다. 각각의 블루 텍스트를 클릭하면 하이퍼링크를 통해 여러 페이지로 구성되어 있다. 보이는 것과 같이 요즘 웹페이지에서 볼 수 없는, 꾸미는 요소인 동적 제어가 배제된 순수 html만으로 웹 구성을 하였다. 이를 통해 알 수 있는 것은 전부 텍스트로 정보를 제공하고 있고, 기초가 되는 텍스트가 우선이라는 것이다. 따라서 html에서 color CSS는 텍스트만 있던 웹페이지이기에 폰트 컬러를 변경한다는 의미가 담겨 있다. 우리는 html과 css의 관계를 배울 때 초기 웹페이지는 텍스트로만 구성되었다는 사실을 잊어서는 안 되고, 이를 이해하게 되면 공부할 때 좀 더 쉽게 습득할 수 있을 것이다. 이것이 바로 웹페이지는 간단한 html로도 구성할 수 있다는 증거이다. 즉 어려운 부분부터 배울 것이 아니라 가장 기초적이고 기본에 충실한 부분을 이해하고 숙달된 후 추가적으로 기능을 익혀가야 무너지지 않는다는 의미이기도 하다. 최소의 뼈대만으로도 만들 수 있다는 것이다.

〈소스 확인〉

```
<TITLE>What is Hypertext?</TITLE>
<NEXTID 20>
<H1>What is HyperText</H1>Hypertext is text which is not constrained to be linear.<P>
Hypertext is text which contains <A NAME=0 HREF=Terms.html#link>links</A> to other texts. The term was
coined by <A NAME=1 HREF=Xanadu.html#Nelson>Ted Nelson</A> around 1965 (see <A NAME=12 HREF=../History.html>History</A> ).<P>
HyperMedia is a term used for hypertext which is not constrained to
be text: it can include graphics, video and <A NAME=9 HREF=Talks/YesWeCan.snd>sound</A>, for example. Apparently
Ted Nelson was the first to use this term too.<P>
Hypertext and HyperMedia are concepts, not products.<P>
See also:
<UL>
<LI><A NAME=2 HREF=Terms.html>A list of terms</A> used in hypertext literature.
<LI><A NAME=19 HREF=../Conferences/Overview.html>Conferences</A>
<LI><A NAME=7 HREF=../Products/Overview.html>Commercial (and academic) products</A>
<LI>A newsgroup on hypertext, <A NAME=5 HREF=news:alt.hypertext>"alt.hypertext"</A> .
<LI><A NAME=4 HREF=TheProject.html>WorldWideWeb is a project</A> which uses hypertext concepts.
<LI><A NAME=10 HREF=../Standards/Overview.html>Standards</A> .</A>
</UL>
```

1.3 HTML + CSS + JAVASCRIPT의 유기적 구조

html은 뼈대, 구조 골격에 해당한다. 즉 우리가 건물을 짓는다고 할 때 건물의 콘크리트 철근에 해당하는 것이 html이다. 큰 기둥이다. 따라서 철근이 없다면 웹사이트도 무너진다. 단단한 기초가 된다.

건물 철근

css는 철근 뼈대 위에 꾸미는 요소 즉, 디자인에 해당한다. 이쁘게 꾸밀 수 있고 디자인적으로 보일 수 있는 부분을 가리키며, 가시적 효과이고, 꾸미는 기능이라고 할 수 있다. 건축물에서는 창문, 커튼, 페인트 등으로 이쁘게 꾸며주는 역할에 해당한다.

건물은 움직일 수 없지만 인형, 로봇의 구성으로 본다면 html에 해당하는 뼈가 있을 것이고, 꾸미는 요소인 css에 해당하는 옷, 장신구가 있을 것이다. 여기서 인형 또는 로봇을 움직이게 할 수 있는 것이 바로 javascript(자바스크립트)이다.

즉 인형, 로봇처럼 사람에 비유한다면 3가지 요소는 다음의 그림과 동일하다.

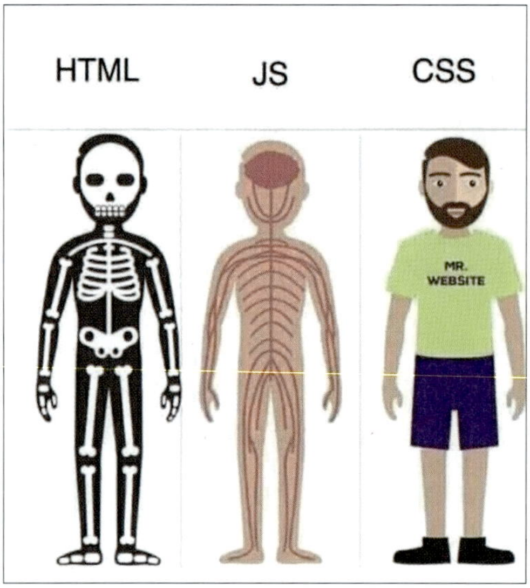

뼈에 해당되는 것이 html, 꾸밈의 요소는 css, 동작에 해당되는 것이 javascript(축약형으로 js)이다.

그래서 웹사이트나 앱 어플리케이션은 이 3가지가 동적인 유기적 관계성을 가진다. 정리를 하면 다음과 같다.

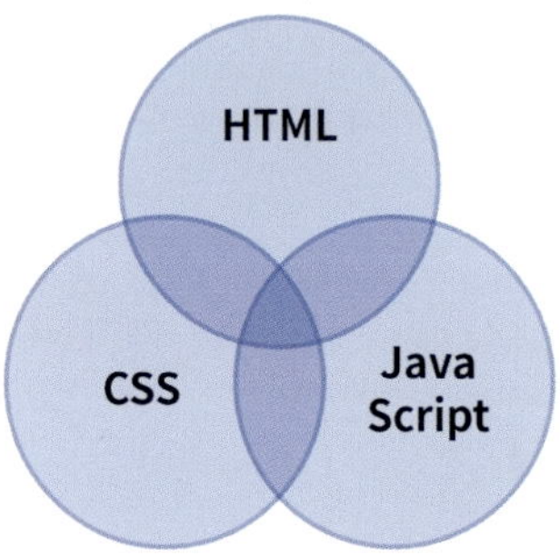

HTML : 구조 뼈대 담당
CSS : 표현(디자인) 담당
JavaScript : 동작 담당

3가지 요소가 유기적 관계를 …

1.4 Web Standards & Web Accessibility(웹 표준화 접근성)

웹 표준화는 접근성과 크로스 브라우징(cross browsing)을 지원하는 기반이다. 이를 통해 누구나, 어디서나, 어떤 브라우저를 사용하더라도 웹 정보가 정상적으로 작동하여 웹페이지의 내용이 유저들에게 동일하게 표현될 수 있다. 즉, 모든 국가의 전 세계 사람들이 접속된 인터넷 정보가 정상적으로 표시된 화면이 웹 표준화의 접근성이다. WC3(World Wide Web Consortium)에서 채택된 웹 표준 기술을 바탕으로 올바른 코드를 작성하여 기술 제작되었나를 기준으로 본다. 따라서 웹페이지 제작 시 모든 브라우저 호환성을 중요하게 생각하고 html, css, js가 의도에 맞게 표준화를 기준으로 작성되어야 정확한 출력물이 동일하게 표현됨을 의미한다. 코드를 작성하고 노출되지 않는다면 사용자를 배려하지 않고 사용자를 잃어버리는 것으로, 웹앱을 이용하는 유저는 사실 없어진다는 것과 동일한 의미이다. 따라서 사용자 우선 노출과 모든 브라우저에서의 동등한 표현을 중요시하는 것이다.

동일한 웹페이지 코드를 작성하고도 브라우저마다 다르게 표현되거나 안 되는 경우가 발생하면 사용자는 문제점을 느낄 수 있고, 모든 사용자에게 동일한 서비스 품질을 보장하지 못하는 경우가 생기며, UIUX 표현의 문제로 사용자는 떠날 것이다.

그래서 편집자가 사용하는 코드 즉, 태그는 브라우저마다 호환성을 체크해야 한다. 최신 태그라도 함부로 사용하게 되면 어떤 브라우저에서는 노출되지 않을 수도 있고, 이는 오해의 소지를 만들 수도 있다. 그렇기 때문에 사용자들의 환경을 고려하고 서비스를 제공하기 위해서 태그를 사용할 때는 반드시 호환성 체크를 해야 한다. 이것이 바로 올바른 웹 환경 호환성을 고려한 생각이라고 볼 수 있다. 이런 점에서 크로스 브라우징 호환성 체크는 다음과 같은 경로로 찾아볼 수 있다.

https://caniuse.com

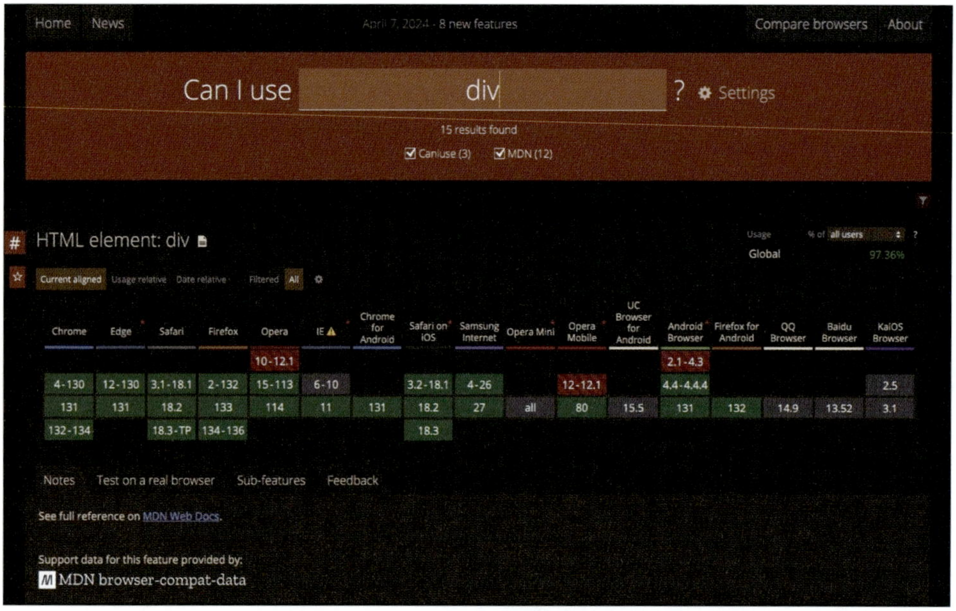

can i use 사이트에서 원하는 태그를 검색했을 때 각 브라우저의 숫자는 버전 숫자이며, 레드 컬러는 지원하지 못한다고 알려주고 있다. 즉, opera 10-12.1, Android 2.1-4.3 등은 호환되지 못한다고 경고하고 있다. 따라서 태그 사용 시 호환성을 꼭 체크해주고 웹페이지를 코딩해야만 한다.

1.5 Web Application Architecture & Markup Language (웹 시스템 구조 및 웹 데이터의 논리적 구성)

웹페이지는 HTML + CSS + JAVASCRIPT로 구성된다.

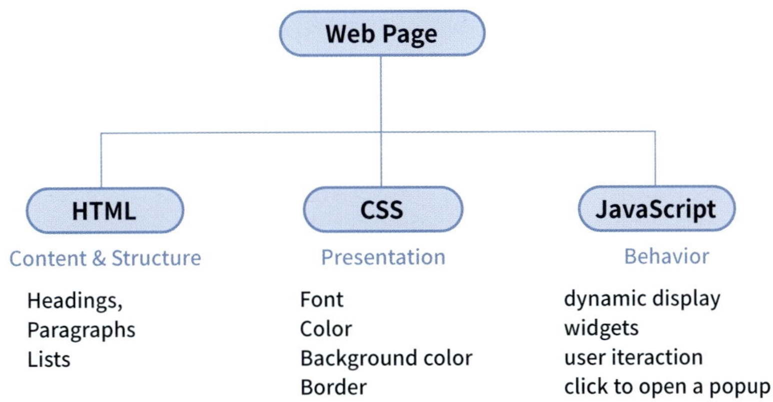

❶ html은 콘텐츠의 큰 뼈대를 구성한다.

content → html 태그를 구성하고, 크게 head 태그와 body 태그를 가진다.

head 태그는 meta 태그를 가진다.

body 태그 안에는 Text 구성을 위한 다양한 요소가 포함된다. 제목을 나타내는 〈H1〉~〈H6〉까지의 헤딩 태그, 문단을 구성하는 문단 태그 〈p〉, 목록을 나타내는 리스트 태그 〈ul〉, 〈ol〉, 〈li〉가 있고, img 태그 등의 기본 태그들이 있다.

❷ css는 html로 구성된 태그에 꾸미기 요소를 가진다. 그래서 Presentation(표현) 꾸미기 요소의 스타일을 적용할 수 있는데 color(글자의 컬러), font(폰트 꾸미기 변화), positioning(레이아웃 위치) 등의 스타일을 적용한다.

❸ javascript는 웹페이지의 뼈대인 html을 구성하고 html 요소인 큰 기둥을 선택하여 꾸미기 요소를 구성한 뒤 이를 웹상의 상호작용을 위한 사용자의 시스템 제어가 될

수 있게끔 행동 행위 요소를 담당한다. Behavior 요소가 여기에 해당된다. 프론트 또는 백앤드 개발 요소를 적용시킬 수 있다.

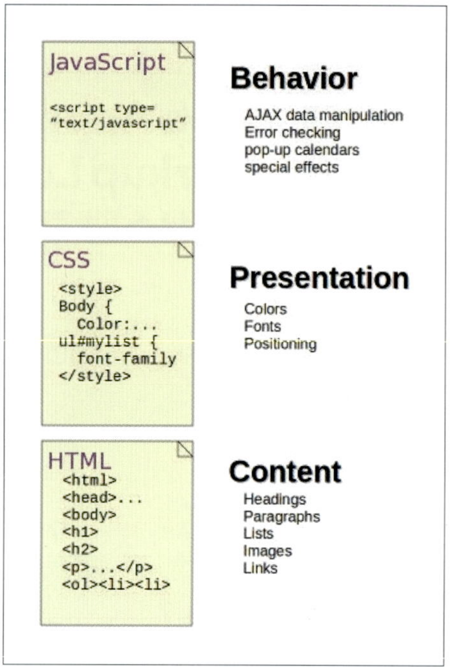

이러한 과정은 이미지 웹 초창기에서부터 차근차근 기술이 발전하여 오늘날까지 웹 구조 요소로 적용되고 있으며, 최근에는 프론트엔드 개발을 위한 React, Vue, Flutter 등 다양한 라이브러리 또는 프레임워크를 사용한다. 백앤드 개발은 nodejs를 이용하여 서버 구축을 할 수 있고, express를 이용하여 sql, nosql 데이터베이스를 구축할 수 있게 되었다. 특히 리액트를 배우게 되더라도 html, css를 사용하므로 웹 또는 앱 개발을 위한 학습자는 기초 중의 기초인 충실한 이해와 암기, 꾸준한 코드 작성 연습을 통해 자신감을 얻고, 반복된 훈련으로 숙달되도록 해야 한다.

Framework(프레임워크)는 기능 구현에 필요한 요소들을 갖춘 기본 뼈대를 제공하고, 여기에 사용자가 코드, 알고리즘, 데이터베이스 연동 같은 기능을 추가하여 개발한다. 이때 프레임워크 코드가 사용자 코드를 호출하여 설계하므로 더 빠른 애플리케이션 구축이 용이하다.

Library(라이브러리)는 단순히 도구들의 집합으로, 이미 만들어진 모듈/특정 기능 소스를 가져다 쓴다. 예컨대 글을 작성할 때 도서관에서 책을 빌려서 참고서적을 인용하는 경우라고 할 수 있다.

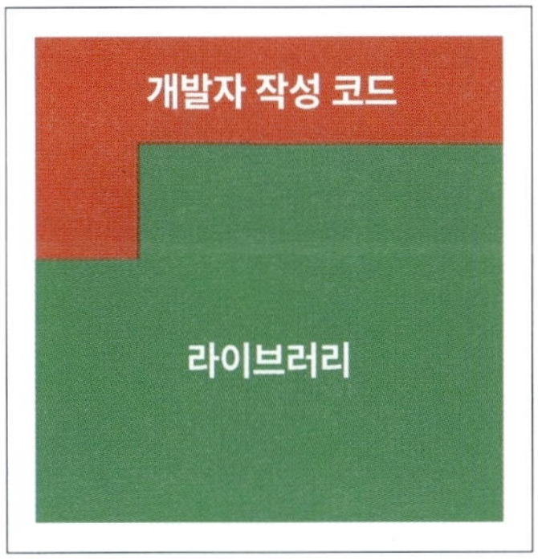

특징	프레임워크	라이브러리
코드	큰 틀을 활용함	독립적 작성
호출	프레임워크가 유저 코드를 호출	유저 코드가 라이브러리를 호출
실행	프레임워크가 제어	유저 코드가 제어
연동	프레임워크가 연동	독립적 연동

1.6 Browser 점유율

웹브라우저는 인터넷 접속을 위한 허브의 역할을 한다. 따라서 사용자들이 어떤 브라우저를 쓰느냐에 따라 서비스 업체는 그에 맞게 호환성을 고려하고 웹페이지가 문제가 없도록 살펴야 하며, 문제가 있다면 서비스 중단까지 될 수 있으므로 브라우저와 접속하는 서비스의 관계를 분석하는 것도 중요지표가 될 것이다. 따라서 사람들이 가장 많이 사용하고 전 세계의 국가들이 주도하는 브라우저에 대해 웹과 모바일까지 고려하여 브라우저 점유율을 잘 분석하는 것도 서비스를 잘 만드는 것의 과정이라고 볼 수 있다. 즉, 이는 서비스 분석을 위한 필수 과정이며 HTML과 CSS 편집을 위한 관계성이 있으므로 브라우저와 서비스의 점유율 관계를 이해할 필요가 있다.

전체 모든 플랫폼(데스크톱 + 모바일 + 테블릿)

아래는 2024년 9월 기준 국내 웹브라우저 점유율 통계자료이다.

순위	웹브라우저	점유율
1	구글 크롬	54.66%
2	삼성 인터넷	15%
3	사파리	11.76%
4	네이버 웨일	9.47%
5	마이크로소프트 엣지	7.15%
6	파이어폭스	0.71%

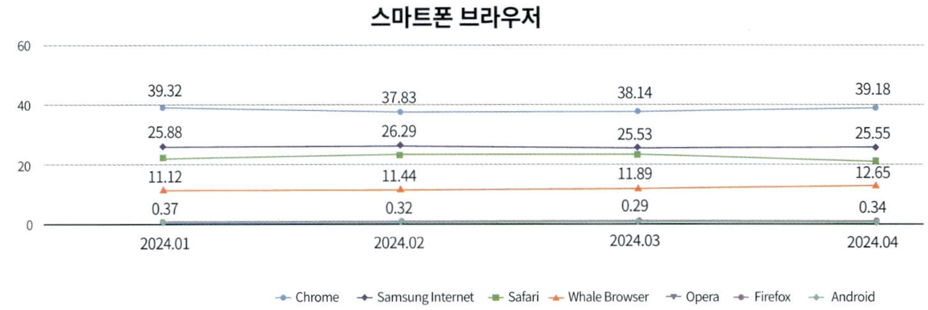

가장 점유율이 높은 것은 구글 크롬 브라우저이다. 그다음으로 많은 점유율을 차지하는 삼성 인터넷은 모바일 안드로이드를 사용하는 갤럭시 모바일 디바이스 점유율과 연관성이 있다. 사파리는 아이폰 유저와 관련된다.

데스크톱 환경

순위	웹브라우저	점유율
1	구글 크롬	71.49%
2	마이크로소프트 엣지	17.94%
3	네이버 웨일	5.55%
4	사파리	2.24%
5	파이어폭스	1.31%
6	오페라	0.78%

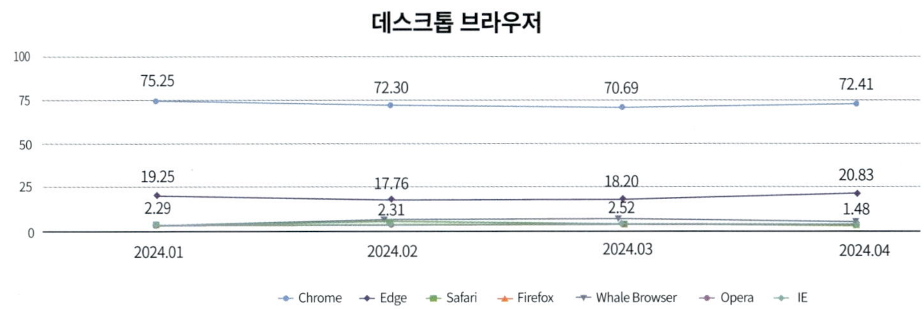

데스크톱 또한 구글 크롬 브라우저가 1위를 차지하고 있고, 윈도우 11 보급으로 인해 마이크로소프트 엣지가 그다음으로 많이 사용되고 있다.

참고로 세계 브라우저 점유율에서 가장 상위에 있는 것도 구글 크롬 브라우저이다.

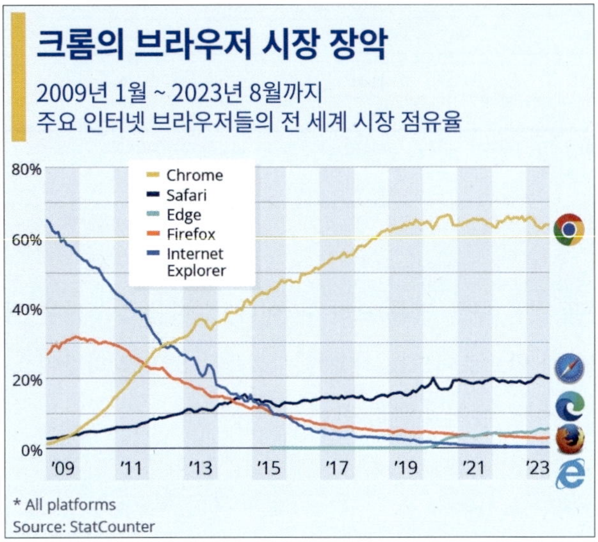

1990년대부터 오늘날까지 웹 1.0에서부터 수없이 많은 변화가 일어났고 새로운 서비스가 생겨났으며 현재도 진행 중이다. 초기 인터넷은 브라우저를 통해 사람들에게 인터넷 정보를 공유하고 네트워크 되는 모든 서비스를 시작하였으며, 웹페이지의 구성 방식은 매년 새로운 유행과 트렌드가 다양하게 나타나기 시작했다.

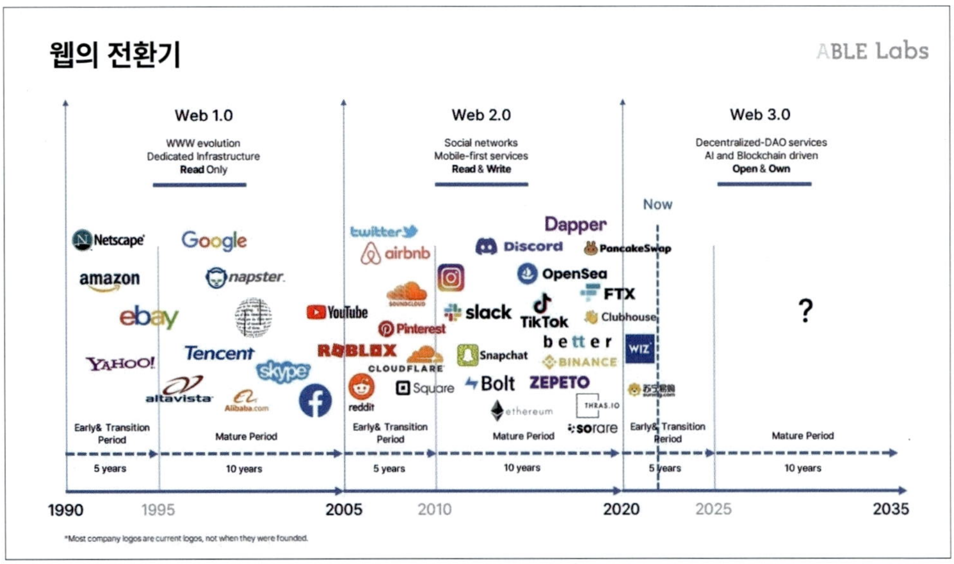

1990 ~ 2005년까지의 웹 1.0 시대는 pc 데스크톱의 점유율이 높았기에 pc 기반 서비스들이 중심을 이루었다. 즉, 읽기 전용 서비스가 주를 이루는 일방향 인터랙션 시대이다.

2005년은 모바일 중심으로 변화 강세를 드러내는 시대이며, 2005 ~ 2020년까지의 웹 2.0 시대는 읽고 쓰는 시대이다. 초기 인터넷은 정보를 제공하고 찾아보는 서비스가 주류를 이루었다면 모바일 2.0 시대는 읽기도 하고 사용자 스스로가 행동 사진 등의 일상을 쓰기 시작하는 시대이다.

1990년대 웹 초기 서비스는 정보를 읽기 위한 포털 사이트가 주요 핵심 서비스로 자리를 잡을 때이다. 국내 및 해외에서 다양한 서비스가 나타나며 경쟁이 매우 치열했고, 그중에는 오늘날까지 서비스를 사용하는 것도 있고 사라진 것도 있다. 초기 인터넷은 CLI 기반 데이터 정보통신 서비스(비디오 텍스트)를 시작으로 이용되었다.

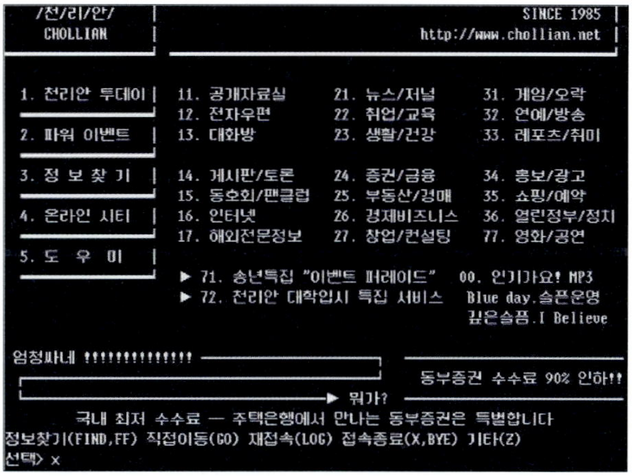

세계 시장에서는 야후닷컴이 점유율을 점령하고 있었다.

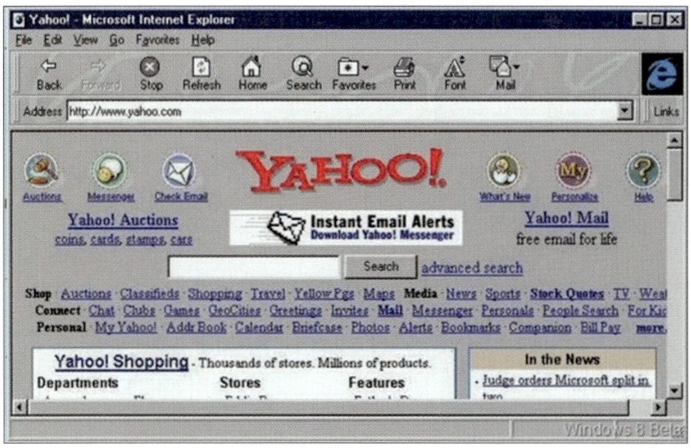

국내에서는 야후코리아, 네이버, 다음, 심마니, 한미르, 엠파스, 까치네, 코씨크 등의 포털 서비스를 중심으로 치열한 경쟁이 시작되었다.

daum
가입신청
쇼핑
금융정보
카페
뉴스
칼럼
MiZnet
More...
인터넷 친구
한진증권
분류에서
찾기
웹 디렉토리
Provided by NAVER
포탈사이트 "다음daum"의 메일서비스는 "한메일넷"입니다.
메일주소는 그대로 ID@hanmail.net을 사용하시면 됩니다.
news
[서울 외환] 원화, 1,170원대로 상승 .. [12:17]
종금등 부실책임 236명 1천억 가압류,50.. [12:00]
대우 매그너스, 대만 포모사에 14억$ 기술.. [11:37]
...More
E-mail
한메일넷
아이디:
비밀번호:
Login
@hanmail.net
무료 E-Mail + 카페 + 다음daum 서비스 모두를 한마
름 가입하세요!
증권시황 속보
자전동향(데이콤 39.5만주) .. [11:39]
국내기관 및 외국인 매매규모(11:30,체결.. [11:33]
자전동향(현대전자 15만주) .. [11:27]
...More
네티즌의 21C 정부개혁
우리가 참여합시다! Click!
증권정보(장종료까지 2:39)
지수
등락
종합지수 962.02 ▲23.26
KOSDAQ 223.85 ▲9.85
KOSPI200 116.44 ▲2.90
이벤트 소식
하나로통신 순천대 주최 - 정보활용경시대회
노다지랜드에서 월드컵복권을 공짜로 드립니다
카드짱!선물짱! 삼성마이젯 이벤트!
공지사항
다음daum CF-슈퍼땅콩 이벤트
다음커뮤니케이션 사원모집
코스닥 매매개시일 확정안내
Section
Shopping
Community
Club
뉴스
오늘의 상품
카페
여성 - MiZnet

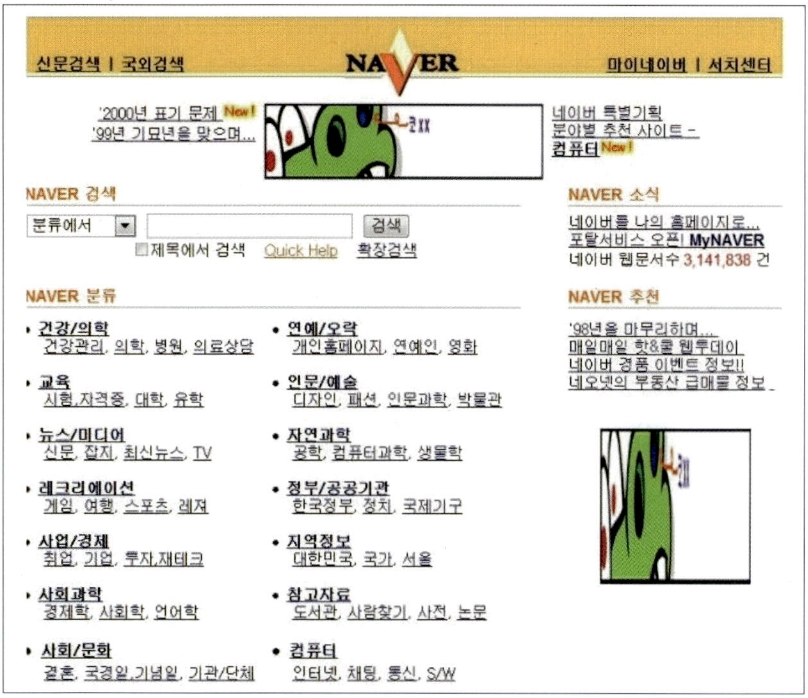
신문검색 | 국외검색
NAVER
마이네이버 | 서치센터
'2000년 표기 문제 New!
'99년 기묘년을 맞으며...
네이버 특별기획
분야별 추천 사이트 -
컴퓨터 New!
NAVER 검색
분류에서
검색
제목에서 검색
Quick Help
확장검색
NAVER 소식
네이버를 나의 홈페이지로...
포탈서비스 오픈! MyNAVER
네이버 웹문서수 3,141,838 건
NAVER 분류
건강/의학
건강관리, 의학, 병원, 의료상담
연예/오락
개인홈페이지, 연예인, 영화
교육
시험,자격증, 대학, 유학
인문/예술
디자인, 패션, 인문과학, 박물관
뉴스/미디어
신문, 잡지, 최신뉴스, TV
자연과학
공학, 컴퓨터과학, 생물학
레크리에이션
게임, 여행, 스포츠, 레져
정부/공공기관
한국정부, 정치, 국제기구
사업/경제
취업, 기업, 투자,재테크
지역정보
대한민국, 국가, 서울
사회과학
경제학, 사회학, 언어학
참고자료
도서관, 사람찾기, 사전, 논문
사회/문화
결혼, 국경일,기념일, 기관/단체
컴퓨터
인터넷, 채팅, 통신, S/W
NAVER 추천
'98년을 마무리하며...
매일매일 핫&쿨 웹투데이
네이버 경품 이벤트 정보!!
네오넷의 부동산 급매물 정보

핵심 요약

- 웹은 www로 World Wide Web(월드 와이드 웹)을 가리키는 것이다. 인터넷 접속은 웹페이지를 구성하는 HTML, CSS, JAVASCRIPT 구조로 이루어져 있다.
- HTML은 뼈대로서 구조적 큰 기둥에 해당되는 것이며, CSS는 HTML로 구성된 것에 꾸미는 요소이다. JAVASCRIPT는 이렇게 그려진 것의 동적 제어 시스템을 담당한다.
- 웹 표준화 접근성은 크로스브라우징이라고 하는데 이는 인터넷 정보를 누가 어디에서 어떤 브라우저를 열더라도 정상적 웹 정보에 접근성을 높이려는 것을 의미하며, 웹 표준 코드 규격을 엄격히 지켜야 한다는 의미이다. 따라서 html, css, js는 의도에 맞게 표준화를 적용하여 정확한 결과물을 누구나 볼 수 있게 해야 한다는 것이다.
- 웹 애플리케이션을 구축하기 위해 웹페이지는 html+css+javascript를 이용하며, 각 코드를 구성할 때 데이터의 논리적 구성에 맞게 쓰임을 이해하고 익히는 것이 중요하다. 오늘날은 프레임워크나 라이브러리가 많이 나와 있으며, 실무에도 많이 사용되기 때문에 html, css의 충분한 이해와 숙달된 코드 학습이 기초가 되어야 한다.
- 브라우저는 웹페이지를 보기 위한 허브의 역할이며, 가장 점유율이 높은 것에서부터 분석하는 이유는 웹 접근성의 표준화 정책과 실제 편집자가 구성한 웹앱 페이지가 제대로 작동하는지를 살피기 위해서이다. 그리고 웹 1.0 시대에서부터 오늘날까지 서비스 활용도를 이해할 필요가 있다.

2 장

HTML 기본 구조 및 필수 태그

학 습 목 표

- html의 기본 기초를 배운다.
- 태그를 실습해 본다.
- 인라인 태그와 블록 태그의 차이점을 이해한다.
- 시맨틱 태그를 이해한다.
- 폼 태그를 실습한다.
- 상대경로 / 절대경로를 이해한다.

2.1 HTML의 구조

HTML은 'Hyper Text Markup Language'의 약자이다. 풀어서 해석하면 하이퍼 텍스트는 종이에 쓰는 텍스트가 아닌 '초과된 텍스트'라는 의미처럼 인터넷의 링크를 통해 서로 연결되는 살아있는 텍스트라고 할 수 있다. 즉 단순히 정보를 읽기만 하는 것이 아니라 인터넷의 정보를 읽고 쓸 수 있으며 링크를 통해 누구든 네트워크로 접근 가능한 것이라고 유추할 수 있다. 마크업은 인터넷을 구성하는 웹페이지 또는 앱 등의 텍스트를 정의하고 구성한다는 의미로, '만들다, 짓다'라는 뜻처럼 구축된 정의와 구조를 표시한다. 즉 이러한 프로그램 언어를 의미할 수 있는데 '절대 동적 제어할 수 있다'기보다 '마크업 구조적 언어'라고 할 수 있다. 정의의 의미를 잘 기억하고 코드 생성과 태그 이해를 잘해야 머릿속에서 오랫동안 기억하고 쉽게 구조를 파악할 수 있다.

아래와 같이 기본 태그를 구성하는데 태그는 '〈시작〉-----내용-----〈/끝〉'의 구성으로 이루어진다.

```
<div>
내용
</div>

<div>내용</div>
```

태그를 작성할 때는 꺾쇠를 사용한다. 시작 태그는 〈중괄호〉를 사용하여 태그 명을 쓰고, 내용을 쓴 후 끝날 때는 동일 태그 명을 쓰고 〈/중괄호〉와 같이 슬래시를 넣어준다. 이렇듯 태그는 시작과 끝으로 구성되지만, 무조건 시작-끝으로만 만들어지는 것은 아니고 시작 태그만 있는 것도 있다. 편집자가 태그 내용을 줄 바꿈으로 쓸 수도 있고 붙여 쓸 수도 있으나, 컴퓨터는 모두 줄 붙여 읽어들인다. 따라서 편집자가 띄어쓰기나 줄 바꿈 쓰기를 해도 컴퓨터는 동일하게 인식한다.

```
<tagname> Content goes here… </tagname>
```

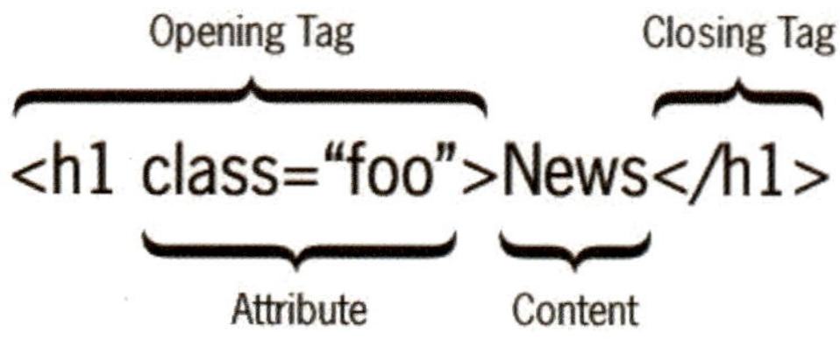

- 시작 태그(opening tag) : 시작 태그로 정보 값을 포함할 수 있고 태그의 시작 부분이다.
- 내용(content) : 알맹이에 해당되며 정보 텍스트를 넣을 수 있다.
- 닫기 태그(closing tag) : 닫기 태그는 동일 태그 명으로 앞에 반드시 슬래시(/)가 온다.
- 속성(attibute) : 속성 값을 넣을 수 있고, 보통 css 선택자 정보 값을 넣는다.

보통은 〈태그 열기〉 — 〈/태그 닫기〉 하지만 상황에 따라 〈열기만 하는 태그〉가 존재한다. 그 예로 〈img〉, 〈meta〉, 〈br〉 태그들이 있다. 그러나 〈p〉 태그처럼 열기만 하고 닫지 않는다면 vscode가 알아서 오류를 잡아주는 익스텐션도 있으니 걱정하지 않아도 된다. 하지만 문법을 올바르게 사용하려고 노력해야 한다.

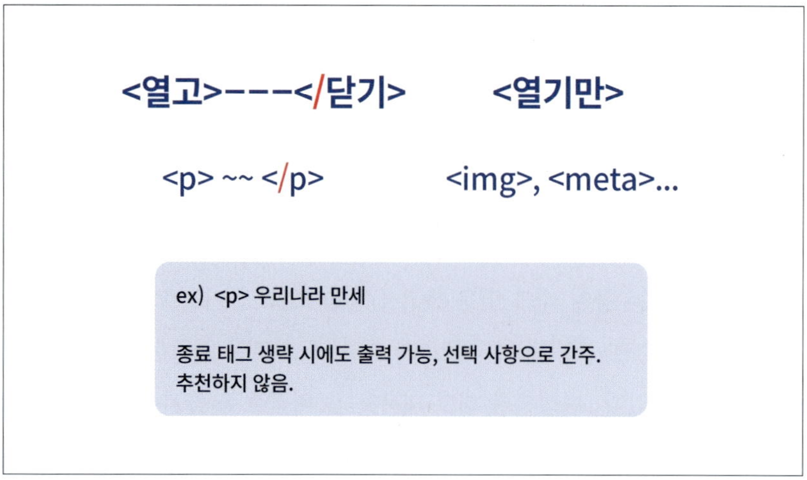

html 규칙은 들여쓰기를 한다. 예를 들어

```
<태그>
    <img src="http://google.com">
</태그>
```

와 같은 경우 태그와 태그 사이에 또 다른 태그를 작성할 때 들여쓰기를 하는 것이 원칙이다. 이럴 때 vscode의 extensions(추가 플러그인 받기) 검색 시 'indent'라고 쓰면 많은 익스텐션이 나타나므로 이를 다운받거나 활용하는 방법도 있다. 설치 버튼을 클릭해서 사용하면 된다. 보통 indent-rainbow를 많이 사용한다.

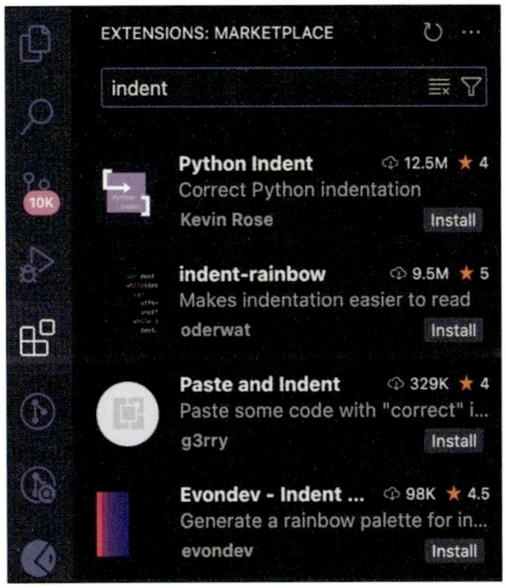

html 태그는 소문자를 사용하며, 파일명은 한글을 사용하지 않도록 한다.

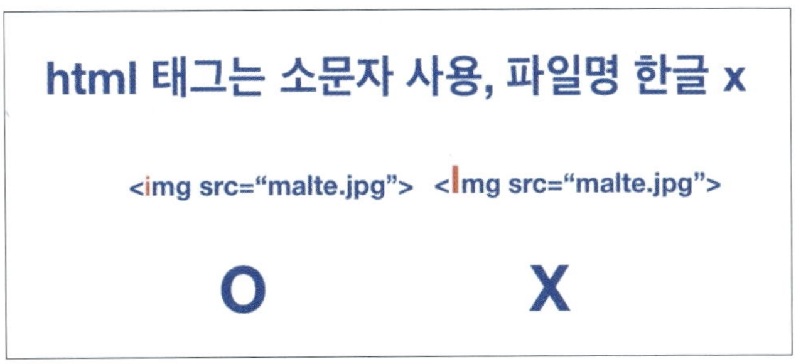

그림으로 나타내면 전체 문서의 큰 맥락은 다음과 같다.

```
<!DOCTYPE html>  → 이건 html 5문서야 라고 해석된다.
<html> → html 문서의 시작
```

```
<head> → 문서의 meta데이터 시작
 <title>Document</title>
</head> → 문서의 meta데이터 끝
<body> → 문서의 몸통이고, 실제 화면상의 보이는 태그
  <!-- 실제 내용 작성  -->
</body>
</html> html 문서의 끝
```

〈!doctype html〉은 문서의 시작을 의미하며 한 번만 작성하고, 현재 html5 버전까지 나와 있으므로 이 작성 글은 html5 문서를 지원한다는 의미이다. 그 이전에는 다음과 같이 작성되었다.

```
<!DOCTYPE html PUBLIC"-//W3c//DTD HTML 4.0.1//EN"
"http://www.w3.org/TR/1999/REC-html401-19991224/strict.dtd">
```

↓

<!doctype html>

or

<!DOCTYPE html>

Doctype = document type의 약자. (문서타입)

html 태그에 lang 언어를 포함한다.

```
<html lang="언어작성">   ← 원하는 국가의 언어 표기를 할 수 있다.



<!DOCTYPE html>
<html lang="en-US">   ← 영문 사용 해석
<body>
```

```
<!doctype html>
<html lang="ko">


...
</html>
```

de 독일어, en 영어, fr 프랑스어, ja 일본어, ko 한국어, zh 중국어

2.2

head 태그

head 태그는 실제 페이지에서 표현되는 것이 아닌 표현을 위한 메타 정보들이 있는 곳이다. 즉, 실제 무대 주인공이 아닌 스태프의 역할로서 가수가 노래를 잘 부를 수 있도록 도와주는 매니저 역할이라고 볼 수 있다. 그래서 중요한 설정 및 장치를 제어하는 태그들이 있다고 생각하면 쉽게 이해된다.

html 안에 head 태그에서 사용되는 meta(메타) 태그는 웹페이지 정보를 설명하고, 실제 페이지에서 표현되지 않지만 브라우저에 추가적인 정보를 제공하고 제목, 문자 인코딩, 페이지 설명, 모바일 반응형 설정, 작성자, 외부 파일, 스타일(css), 자바스크립트(script) 등등의 정보를 사용한다. 이는 메타 태그가 각 포털 검색에서 검색 엔진 최적화(SEO)에 영향을 줄 수도 있고 소셜 미디어에 보여지는 설정도 결정할 수 있는 부분이다.

meta 요소에는 다음과 같은 태그를 사용한다.

```
meta 데이터:
<title>, <style>, <meta>, <link>, <script>
```

인코딩

```
<meta charset="UTF-8">
<meta http-equiv="Content-Type" content="text/html; charset=UTF-8">
```

문서 형식을 지정하고 웹페이지 인코딩 방식을 설정한다. charset="UTF-8" 표준 인코딩으로 "한글 깨짐 방지" 설정이다. 요즘은 크롬 브라우저를 많이 사용하는데 구글에서 알아서 인코딩 자동 변환을 하므로 어렵지 않게 한글 깨짐이 자동 변환되어 에러를 잡을 수 있다.

혹시 그렇지 않고 한글이 특수 문자나 모르는 문자로 뜰 경우 인코딩을 체크해야 한다.

반응형 웹 표시

```
<meta name="viewport" content="width=device-width, initial-scale=1.0">
```

모바일과 pc 화면의 반응형 웹을 표시하기 위한 설정 값이다.

브라우저 타이틀

title 태그는 웹브라우저 상위 타이틀을 작성할 수 있다.

```
<html>
<head>
    <title>title element</title>
</head>
<body>
</body>
</html>
```

외부 경로

```
<link href="style.css" type="text/css" rel="stylesheet" />
```

link 값은 외부 경로를 작성하는 것이다. 보통은 css를 외부 경로로 작성해서 온라인/오프라인 등의 경로로 사용할 수 있다.

자바스크립트 작성

```
<script type="text/javascript" src="abc.js"> </script>
```

자바스크립트를 작성할 때 사용하는 태그이다. 보통 head 태그 안에 작성할 때도 있지만, 요즘은 </body> 태그 끝나는 지점 앞에 넣는다. 그 이유는 문서가 만들어지고 디자인 꾸미기(css) 형태가 나타난 후 동작에 해당되는 프로그래밍의 절차가 올바른 실행법이기 때문이다.

스타일시트 작성

```
<style type="text/css">
  body{
    color:#333;
  }
</style>
```

스타일시트(css)는 직접 head 태그에 작성할 때도 사용된다.

이 외에도 많이 있지만 모두 알 필요는 없고, 주요한 요소만 이해하면 충분하다.

2.3 body 태그

body 태그는 실제 화면상 표현되는 모든 부분의 태그를 사용한다.

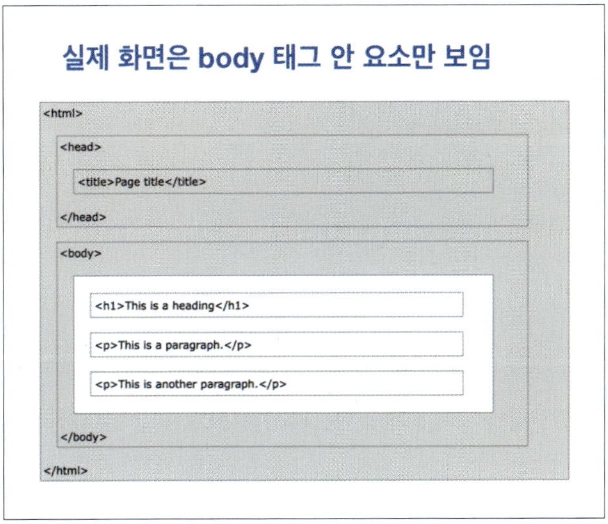

Heading Text(헤딩 텍스트)

간단한 타이틀 크기를 나타낼 때 사용된다.

〈h1〉이 가장 크고 〈h6〉이 가장 작다.

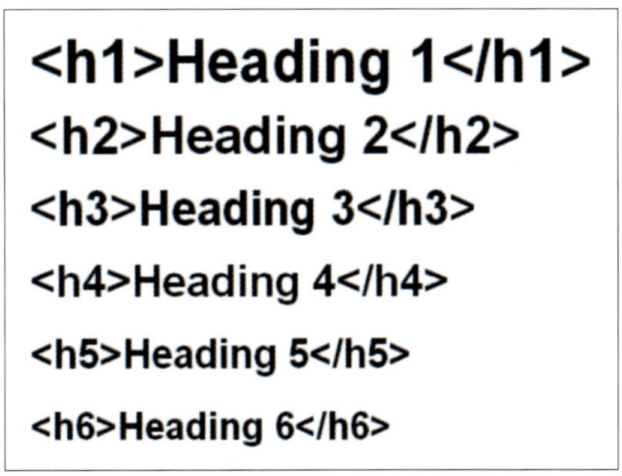

Text

html 요소에서 텍스트를 표현하는 태그들이다. 중요도에 따라 상위에서 하위로 작성된다. 다음과 같다.

```
<b> - Bold text(굵기 텍스트)
<strong> - Important text(중요도 텍스트)
<i> - Italic text(이탤릭체 텍스트)
<em> - Emphasized text(강조 텍스트)
<mark> - Marked text(마크 표시 텍스트)
<small> - Small text(작은 텍스트)
<del> - Deleted text(삭제 표시 텍스트) : 삭제태그 deleted
<ins> - Inserted text(밑줄 텍스트) : inserted
<sub> - Subscript text(하위 텍스트) sub sub
<sup> - Superscript text(상위 텍스트) nomal sub sup
```

주석 처리

주석은 코드를 컴퓨터가 인식하지 못하도록 한다. 따라서 인식이 불가능하기에 편집자가 부연 설명을 하거나 각 담당자의 코멘트 등 일시적 코드를 중지시킬 때 주석 처리를 하면 용이하다.

html 주석 처리는 다음과 같다.

```
<!-- html주석처리 -->
```

css 주석 처리는 다음과 같다.

```
/* css주석처리 */
```

주석 처리는 비주얼스튜디오 코드(vscode) 단축키 'ctrl + /'를 사용한다.

단축키가 안 될 때 등 가끔 에러가 날 경우 원인을 체크하고, 한글과컴퓨터 해제를 한다. → ㅎ 한컴입력기

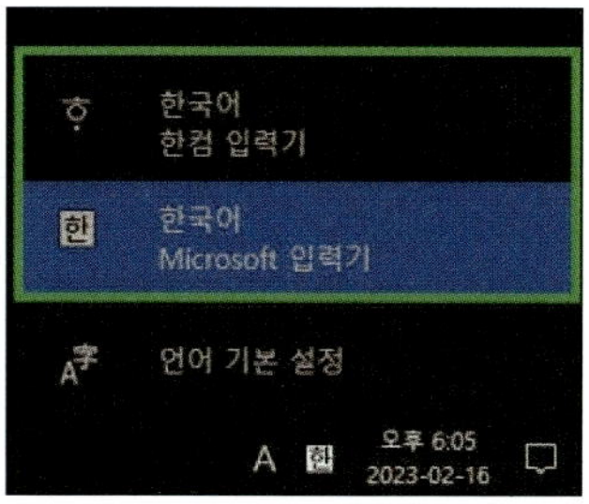

문단(paragraph) 태그

문단을 단락으로 표시하는 태그이다. 보통 텍스트를 사용할 때 사용하며, 자동 줄 바꿈이 된다.

```
<p>
    문장이 모여 하나의 중심 생각을 나타내는 덩어리…
</p>
<p>
    생각의 중심 잡기 맛있는 수박이네. 민수가 수박에 대해 아주 여러 가지 생각을 하고 있어.
    이대로는 무슨…
</p>
```

list 태그

리스트를 작성할 때 사용하는 태그이다.

- **ul** : unordered list, 순서가 없는 리스트에 속한다.
- **ol** : ordered list, 순서가 있는 리스트에 속한다.

```
<ul>
 <li>Coffee</li>
 <li>Tea</li>
 <li>Milk</li>
</ul>

<ol>
```

```
  <li>Coffee</li>
  <li>Tea</li>
  <li>Milk</li>
</ol>
```

img 태그

이미지를 사용할 때 쓴다. img 태그는 앞에서 설명한 것처럼 닫는 태그가 없다. src="경로", 경로 내용을 " " (따옴표) 안에 작성한다. alt는 이미지 오버 시 나타나는 텍스트이다. 보통은 생략한다. 때에 따라 옵션들을 넣어 사용하는데 width(가로), height(높이) 값을 지정할 수 있다. style(css) 값을 바로 적용할 수도 있다.

```
<img src="img01.jpg" alt="이미지">

<img src="img_girl.jpg" alt="Girl in a jacket" width="500" height="600">

<img src="img_girl.jpg" alt="Girl in a jacket" style="width:500px; height: 600px;">
```

알아두세요 무료 이미지를 사용할 수 있다.

```
http://placehold.co/300x200  //300*200사이즈 이미지가 나타난다.
```

이미지는 배경 이미지나 좌표 이미지도 만들 수 있다.

#참고1 백그라운드 이미지 style를 사용하여 배경 이미지를 만든다.

```
<body style="background-image:url('clouds.jpg');">
  <h2>Background Image</h2>
</body>
```

#참고2 맵 이미지 : 맵의 좌표를 이용한 이미지를 넣는 형태이다.

```
<img src="workplace.jpg" alt="Workplace" usemap="#workmap">
<map name="workmap">
  <area shape="rect" coords="34,44,270,350" alt="Computer" href="computer.htm">
  <area shape="rect" coords="290,172,333,250" alt="Phone" href="phone.htm">
  <area shape="circle" coords="337,300,44" alt="Coffee" href="coffee.htm">
</map>
```

2.4 공간 태그 : div/span

공간(레이아웃)을 만들기 위한 기본 html 공간 태그이다.

div 태그

div는 'division'의 앞 자를 딴 것으로, 영어 사전에서 어원을 이해하면 분할, 분배, 나눗셈, 나누기, 분열 등의 의미를 갖고 있다. 이러한 관점에서 '공간을 나눈다 또는 공간을 분배한다'라고 이해할 수 있다.

즉, div는 공간을 만드는 태그로, 실제 태그 사용률이 80% 이상으로 매우 높다. 따라서 이해를 먼저 한 후 익혀보는 것이 중요하다. 그리고 span과 비교하면서 특징을 잘 이해해야 한다.

또한 div는 Block 요소를 갖고 있는데, 이는 위에서 아래 방향으로 쌓이는 형태를 의미한다. 비록 공간이 비어 있는 곳이 있어도 div는 옆으로 혼자만 차지하고 다른 누구도 침범할 수 없다. 이것이 블록 요소의 특징이다.

아래에서 구역 1, 2는 블록 레벨 요소인 div를 사용하였다.

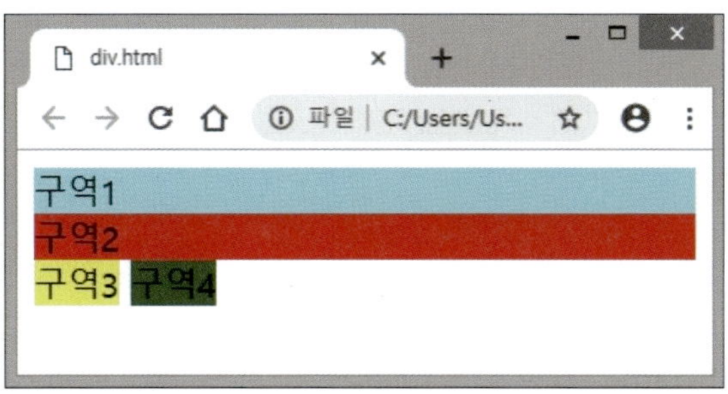

span 태그

span의 영어 사전 어원을 이해하면 '기간, 시간, 지속된 일, 포괄, 폭, 범위, 다양성' 등의 의미를 갖고 있다. 즉, 폭의 의미를 중점으로 서로 간의 사이, 폭, 간격의 의미가 있다.

div 공간 태그와 비교하여 이해하면 좋은데 span 태그는 서로 간의 폭 사이의 공간을 구성한다는 데 의미가 있다. 따라서 인라인 요소의 특징이 있는데 이는 in(안에 있다), line(요소에 들어 있다)의 의미이다. 즉, 공간을 구성할 때 '나와 함께, 우리 서로 옆으로 나란히' 배치된다는 의미이다.

정리하자면, div 태그는 서로 나란히 절대 붙어서 올 수 없고 빈공간이 있다고 하더라도 무조건 아래로 떨어지는 반면 span 태그는 무조건 서로 옆으로 나란히 붙는다.

아래에서 구역 3, 4는 인라인 레벨 요소인 span을 사용하였다.

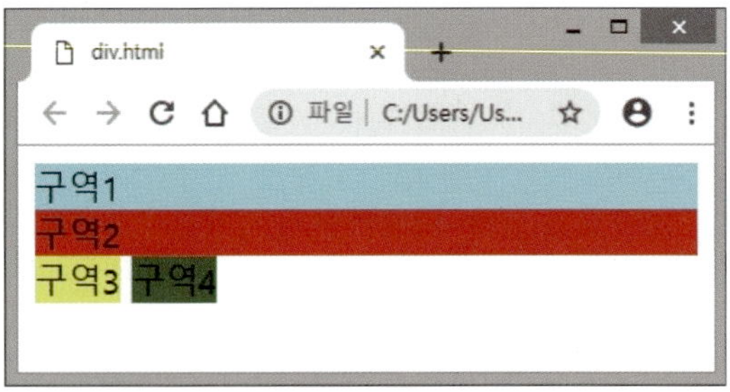

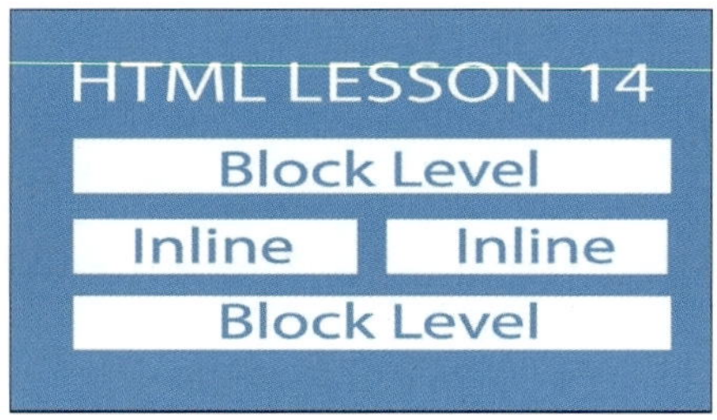

2.5

HTML&CSS

block level 태그/inline level 태그

앞에서 설명한 것처럼 가로 전체 100% 공간을 차지하는 특징을 가진다. 다음과 같은 태그들이 블록 레벨 태그이다. (중요도와 사용 빈도가 높은 것은 레드 컬러 표시)

```
<section><article><aside><footer><nav><header><main><address>
<div><dl><dt><dd><fieldset><figcaption><figure><blockquote><canvas>
<h1>-<h6><ol><ul><li><p>
```

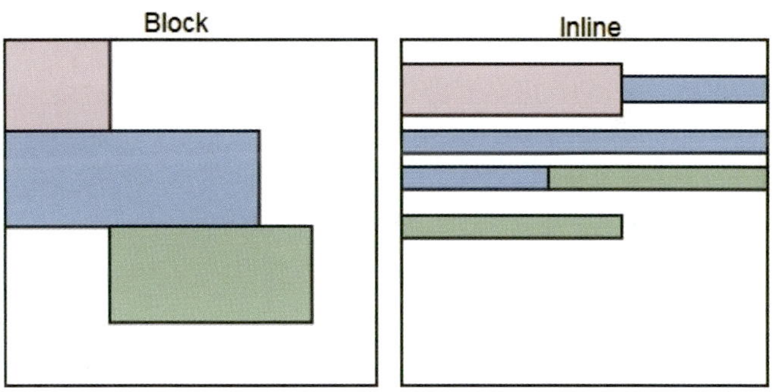

블록 요소와 인라인 요소는 다음 그림과 같이 이해하면 좋다. 블록 요소는 인접하는 태그들과 가로 100% 공간을 차지하고 옆 공간이 빈공간이라도 아래 블록으로 떨어져서 다음 공간을 만든다. 반면 인라인 요소는 서로가 폭을 유지하면서 라인 안으로 옆 공간을 만든다. 그림의 이해가 무엇보다 중요하므로 공간 특징을 이해하며 태그 사용을 해야 한다.

인라인 레벨 태그는 가로 콘텐츠 공간만 차지하여 서로가 함께 나란히 공간을 갖는다. 즉 서로가 옆으로 붙어서 공간을 만든다.

다음과 같은 태그들이 인라인 레벨 태그이다. (중요도와 사용 빈도가 높은 것은 레드 컬러 표시)

```
<a>, <img>, <object>, <br>, <sub>, <sup>, <span>, <input>, <textarea>,
<label>, <button>
```

2.6 semantic 태그

시맨틱 태그는 의미가 있는 태그 즉, 의미상의 문서 구조를 말한다.

semantic이라는 영어 어원은 '의미론적'이라는 뜻을 갖고 있다. 따라서 형태가 의미상의 구조를 갖는다.

즉, 레이아웃에서 상단 헤더, 네비게이션, 아티클, 풋터 등등의 구성은 레이아웃의 구분된 영역으로서의 의미만 있다는 것이다. 그것이 가로든, 세로든 정확한 공간을 지칭하는 것이 아닌 의미로서 공간을 이해해야 한다.

html4 버전일 때는 의미를 나타내기 위해 css 선택자로 구성하여 표현하였으나, html5 버전으로 오면서 시맨틱 태그를 사용함으로써 어떤 구성들의 콘텐츠가 들어갈지 알 수 있는 의미적 공간을 만들게 되었다.

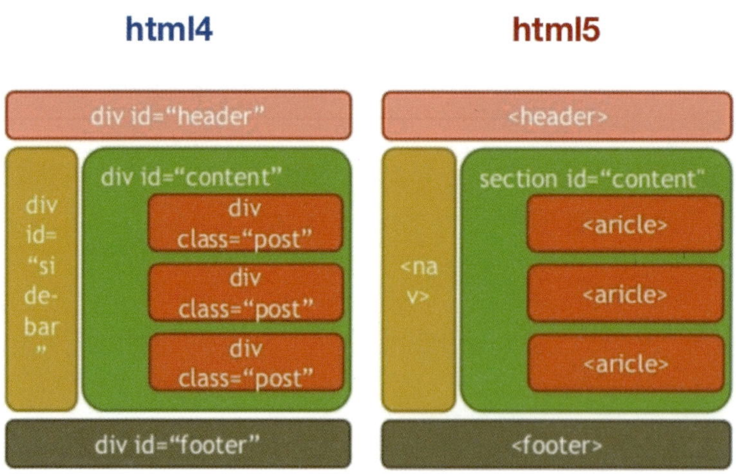

네이버의 웹페이지를 의미상의 시맨틱 태그로 구성해 본다면 다음과 같은 그림의 레이아웃으로 구성할 수 있다.

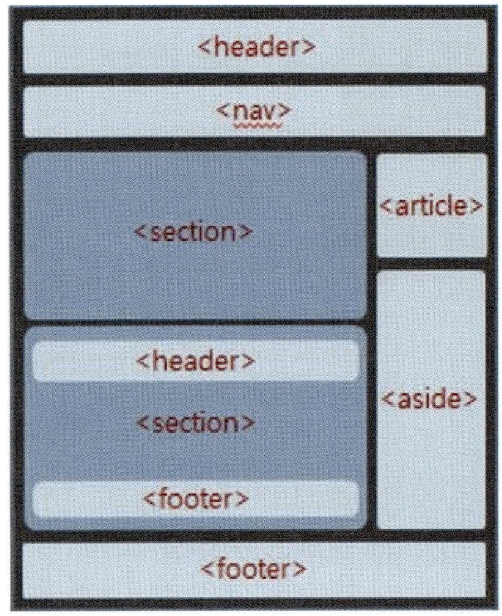

즉 header라는 영역을 의미적 관점으로 그룹핑된 공간이라고 인식을 해야 하면 무조건 상단에 있거나 가로 영역이거나 하는 것은 아니다. 반드시 공간의 의미로서의 해석이 중요하지 가로 영역으로만 들어간다, 세로 영역으로만 들어간다는 건 아니라는 것이다.

다음 공간을 나눈다고 할 때 일반적 웹페이지의 의미상의 공간 분할을 나눈 것이지, 꼭 저러한 레이아웃이 절대적인 것이 아니라는 것을 이해해야 한다.

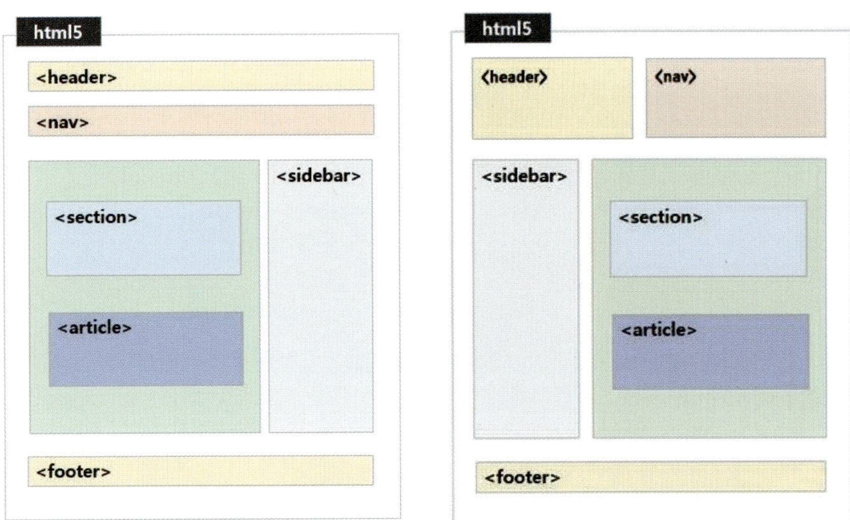

시맨틱 태그는 의미상의 그룹핑이므로 실제 레이아웃과 다르다는 걸 이해할 수 있다.

2.7 form 태그

폼 태그는 입력 폼과 같은 게시판 글쓰기 등의 요소를 작성하는 태그이다.

대표적인 태그는 infut(인풋) 태그이며, type 속성으로는 text, password, checkbox, radio, button, file, search, submit 등이 있다.

입력 폼은 인풋 태그를 활용한다.

폼 태그 안의 인풋 태그 예시이다.

```
<form>
  First name:<br>
  <input type="text" name="firstname"><br>
  Last name:<br>
  <input type="text" name="lastname">
</form>
```

라디오 버튼 예시이다.

```
<form>
  <input type="radio" name="gender" value="male" checked> Male<br>
  <input type="radio" name="gender" value="female"> Female<br>
  <input type="radio" name="gender" value="other"> Other
</form>
```

입출력 태그 예시이다.

```
<form action="/action.js">
  First name:<br>
  <input type="text" name="firstname" ><br>
```

```
  Last name:<br>
  <input type="text" name="lastname"><br><br>
  <input type="submit">
</form>
```


텍스트 영역 예시이다.

```
<textarea name="message" rows="10" cols="50">
 텍스트 영역
</textarea>
```

풀다운 메뉴 예시이다.

```
<form action="/action.js">
  <input list="browsers">
  <datalist id="browsers">
    <option value="Internet Explorer">
    <option value="Firefox">
    <option value="Chrome">
    <option value="Opera">
    <option value="Safari">
  </datalist>
</form>
```

인풋 태그는 다음과 같은 형태의 타입이 있다.

- input type="button">
- input type="checkbox">
- input type="color">
- input type="date">
- input type="datetime-local">
- input type="email">

- input type="file">
- input type="hidden">
- input type="image">
- input type="month">
- input type="number">
- input type="password">
- input type="radio">
- input type="range">
- input type="reset">
- input type="search">
- input type="submit">
- input type="tel">
- input type="text">
- input type="time">
- input type="url">
- input type="week">

기타 태그

멀티미디어 태그

비디오 태그는 비디오를 가져올 수 있다. 다음과 같은 예시 코드를 참조한다.

```
<video width="320" height="240" controls>
  <source src="movie.mp4" type="video/mp4">
  <source src="movie.ogg" type="video/ogg">
</video>
```

유튜브 자동플레이 예시이다.

```
<iframe width="420" height="315"
src="https://www.youtube.com/embed/tgbNymZ7vqY?autoplay=1">
</iframe>
```

오디오 플레이 예시이다.

```
<audio controls>
  <source src="horse.ogg" type="audio/ogg">
  <source src="horse.mp3" type="audio/mpeg">
</audio>
```

테이블 태그

table 태그는 과거 레이아웃을 구성하는 div 태그를 대신하여 많이 사용한 적이 있다. 현재는 자주 사용하지 않고 실제 기능인 테이블 요소를 구성할 때 사용한다. 예시를 보면 다음과 같다.

```
<table style="width:100%">
  <tr>
    <td>Name</td>
    <td colspan="2">phoneNumber</td>
  </tr>
</table>
```

- table : 테이블을 구성한다. 시작 – 끝을 만든다.
- tr : 가로 영역이다. row
- td : 세로 영역이다. cell
- row : 열, 줄, 옆으로 들어서 있는 줄, 가로 영역
- column : 기둥, 기념비 등 세로 영역
- rowspan : 위아래 합치는 것
- colspan : 좌우 합치는 것

예시로 그림과 같은 테이블 구성은 다음과 같다.

<table>
<tr><td>111</td><td rowspan="2">aaa</td></tr>
<tr><td>222</td></tr>
<tr><td colspan="2">333</td></tr>
</table>

```
<table>
      <tr>
         <td>111</td>
         <td rowspan="2">aaa</td> <!-- rowspan 위아래 합치기 -->
       </tr>
       <tr>
          <td>222</td>
       </tr>
       <tr>
          <td colspan="2">333</td> <!-- colspan 좌우 합치기 -->
       </tr>
</table>
```

외곽 라인을 스타일 시트에 입력하여 기본 스타일 박스를 1개의 줄로 변경 합치는 코드는 다음과 같다.

```
table, td {
  border: 1px solid black;
  border-collapse: collapse;
}
```

collapse는 '붕괴하다, 무너지다'라는 의미를 갖고 있다.

color

웹에서는 컬러를 표현할 때 모니터, 휴대 디바이스 휴대폰, 태블릿 등의 빛에 의한 삼원색을 사용하므로 red, green, blue 값을 기준으로 알아야 한다. 가산 혼합으로 3가지 색이 합쳐질수록 빛은 밝은 흰색을 만든다.

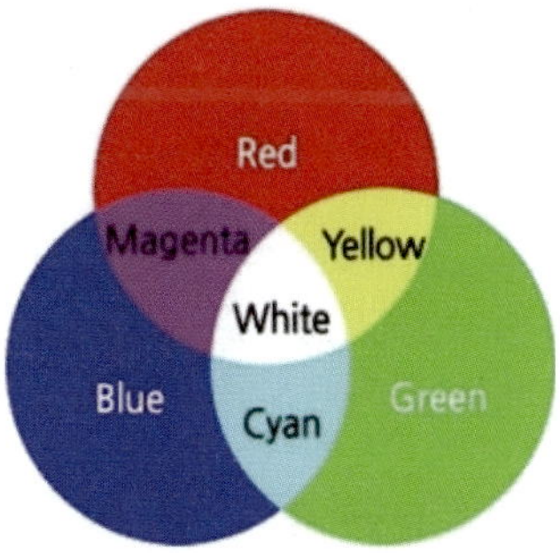

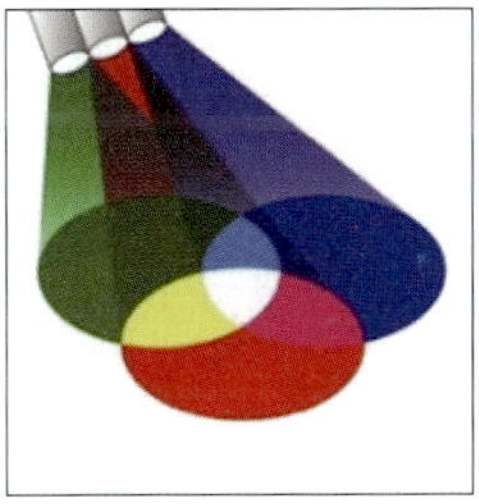

rgb 값은 각각 0~255의 정수 범위를 갖는데, 0을 포함하므로 최댓값은 255이다.

	0	#ff0000	rgb(255, 0, 0)
	15	#ff4000	rgb(255, 64, 0)
	30	#ff8000	rgb(255, 128, 0)
	45	#ffbf00	rgb(255, 191, 0)
	60	#ffff00	rgb(255, 255, 0)
	75	#bfff00	rgb(191, 255, 0)
	90	#80ff00	rgb(128, 255, 0)

	105	#40ff00	rgb(64, 255, 0)
	120	#00ff00	rgb(0, 255, 0)
	135	#00ff40	rgb(0, 255, 64)
	150	#00ff80	rgb(0, 255, 128)
	165	#00ffbf	rgb(0, 255, 191)
	180	#00ffff	rgb(0, 255, 255)
	195	#00bfff	rgb(0, 191, 255)
	210	#0080ff	rgb(0, 128, 255)
	225	#0040ff	rgb(0, 64, 255)
	240	#0000ff	rgb(0, 0, 255)

- HEX : #FFFFFF 십진법으로 사용한다. 중복된 내용이 있다면 6자리를 → 3자리로 축약할 수 있다.
- HEX : #FFF

2.9 상대/절대경로

상대경로(상대적 개념)	relative(산 중턱). 본인 위치 중심의 상대적 개념이다. 위로 갈 수도 있고, 아래로 갈 수도 있다.
절대경로(최상위 개념)	absolute(최정상). 기준점이 무조건 제일 상위인 root 값에서 아래로 내려간다.

이해가 어려울 수 있는데 산을 예로 들면, 산은 항상 정상이 존재한다. 큰 산이든 작은 산이든 최정상이 있다. 절대경로는 무조건 최상위 꼭대기에서부터 아래로 내려간다. 일방향이다.

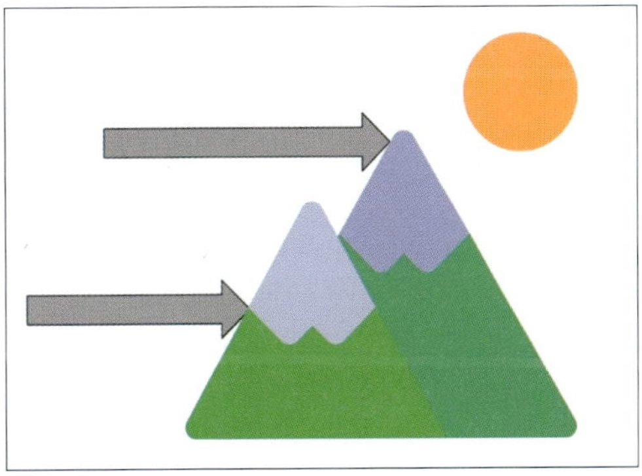

상대경로는 상대 값을 갖는데 산 중턱에서 시작한다면 위나 아래로 갈 수 있다.

경로를 따진다면 다음과 같다. 절대경로는 무조건 제일 앞에서부터 아래 하위 디렉터리로 들어간다. 그러나 상대경로는 중간에서 시작하며 내 위치를 기준으로 생각해야 한다. 그래서 다음과 같은 경로 표시를 할 수 있다.

상위 경로 : ../	현재 위치 경로 : ./	하위 경로 : /

실제 코드상 예를 들면 다음과 같다. 초보들이 경로 문제로 어려움을 느낄 수 있기에 정확히 이해하고 넘어가자.

```
<img src="picture.jpg"> 같은 곳에 속한 경로 이미지(같은 폴더 안)
<img src="images/picture.jpg"> 하위 경로
<img src="./images/picture.jpg"> 현재 위치에서 images 폴더 아래 이미지(상대경로)
<img src="/images/picture.jpg"> root 제일 상위 아래 상속 개념(절대경로)
<img src="../picture.jpg"> 현재 위치에서 상위 위로 올라간다.(상대경로)
```

알아두세요

하이퍼링크 관점에서 경로 paths 이해

절대 접속 파일 경로는 https://라는 것을 사용하여 홈페이지 온라인 직접 접속을 의미하고, 상대 접속 파일 경로는 로컬 파일(오프라인: 본인 pc 파일)에서 접근할 수 있다.

```
Absolute(절대) File Paths
<link rel="stylesheet" href="https://www.google.com/html/styles.css">

Relative(상대) File Paths
<link rel="stylesheet" href="/html/styles.css">
<link rel="stylesheet" href="styles.css">
```

핵심 요약

- html 구조는 대부분 시작 태그와 끝 태그가 있고 별도의 시작 태그만 있기도 하다. img 태그와 br 태그가 예시 태그이다.
- 닫기 태그 앞에 /를 넣어주면 된다.
- 태그는 소문자로 사용하고, 파일명은 한글 사용 불가이다.
- 〈!doctype html〉은 html5 문서라는 것을 알 수 있다.
- 〈html lang="ko"〉와 같이 한국어 등 각국 언어로 변경할 수 있다.
- head 태그는 body를 보조하는 태그이며 실제 표현되지 않고 설정 등의 내용으로, 그중 메타 태그는 title, style, meta, link, script 태그가 있다.
- body 태그는 실질적 내용을 표현하는 태그이다.
- 공간 태그인 div는 블록 레벨 요소이고, 빈공간이 있다 하더라도 수평으로 100% 공간을 차지한다. span 태그는 인라인 레벨 요소로 라인 안으로 서로가 폭 사이로 있는 것으로 수평으로 함께 공간을 차지한다.
- 시맨틱 태그는 의미상의 그룹된 내용으로 의미상의 관점이 더욱 중요한 것이고, 실제 레이아웃은 다를 수 있다.
- 폼 태그는 입력 게시판에 들어가는 태그를 말한다.
- 절대 경로는 가장 상위 root에서 아래로 내려오고, 상대 경로는 위아래 상대적 개념을 갖고 있어서 위로 또는 아래로 이동할 수 있다.

연습문제

01 div, span을 비교해서 공간을 만들어보자.

나만 차지하는 공간을 만든다1
나만 차지하는 공간을 만든다2
나만 차지하는 공간을 만든다3
옆으로 나란히 친구와 사이좋게1 옆으로 나란히 친구와 사이좋게2 옆으로 나란히 친구와 사이좋게3

```
<!DOCTYPE html>
<html lang="en">
<head>
   <meta charset="UTF-8">
   <meta name="viewport" content="width=device-width, initial-
   scale=1.0">
   <title>Document</title>
</head>
<body>
   <div>나만 차지하는 공간을 만든다1</div>
   <div>나만 차지하는 공간을 만든다2</div>
   <div>나만 차지하는 공간을 만든다3</div>


   <span>옆으로 나란히 친구와 사이좋게1</span>
   <span>옆으로 나란히 친구와 사이좋게2</span>
   <span>옆으로 나란히 친구와 사이좋게3</span>
</body>
</html>
```

02 다음 그림과 같이 테이블 구성을 연습해 보자

<table>
<tr><td>코딩</td><td>smart(이탤릭체)</td><td>응용소프트웨어</td></tr>
<tr><td rowspan="2">code</td><td>javascript</td><td>web개발</td></tr>
<tr><td colspan="2">html/css(볼드체)</td></tr>
</table>

```html
<!DOCTYPE html>
<html lang="en">
<head>
   <meta charset="UTF-8">
   <meta name="viewport" content="width=device-width, initial-
   scale=1.0">
   <title>Document</title>
   <style>
       table, td{
   border: 1px solid black;
   border-collapse: collapse;
       }
   </style>
</head>
<body>
   <table style="width:100%">
       <tr>
           <td>코딩</td>
           <td><p style="color:red"><i>smart</i></p></td>
           <td>응용소프트웨어</td>
       </tr>
       <tr>
           <td rowspan="2">code</td>
           <td>javascript</td>
           <td><p style="color:blue">web 개발</p></td>
       </tr>
       <tr>
           <td colspan="2"><b>html/css</b></td>
       </tr>
   </table>

</body>
</html>
```

3 장

CSS : 선택자, 박스 모델

학 습 목 표

- css 구조를 학습하고 개념 이해를 알아본다.
- css 기초 사용법을 배운다.
- 선택자를 깊이 이해하고 초보자 입장에서 이해를 우선으로 실습을 통해 제대로 학습한다.
- 레이아웃을 잡기 위한 박스 모델을 배운다.

3.1 CSS 구조와 이해

CSS 는 html과 가장 많이 상호작용하면서 사용하는 것으로 Cascading Style Sheets(케스케이딩 스타일 시트)의 약자이며, HTML이나 XML(XML의 방언인 SVG, XHTML 포함)로 작성된 문서의 표시 방법을 기술하기 위한 스타일 시트 언어이다. CSS는 요소를 화면, 종이, 음성이나 다른 매체의 렌더링에 어떻게 적용할지 일종의 스타일 꾸미기를 적용해 주는 것이라고 이해하면 된다.

즉, CSS(Cascading Style Sheets)는 웹페이지에 스타일과 레이아웃을 적용할 때 사용한다. 예를 들어 글꼴, 색상, 크기를 조절하고, 콘텐츠의 간격을 조정하고, 페이지를 여러 개의 열로 나누고, 애니메이션 등 장식을 추가할 수도 있다.

CSS의 기능

● 텍스트 스타일링

글꼴 지정, 굵기, 기울기, 행간, 자간, 그림자 등 다양한 표현에 해당되는 요소를 html 기본 뼈대 글꼴에 적용시킬 수 있다. 그리고 지정된 글꼴 페이지 적용 하이퍼링크를 스타일 넣어줄 수 있어서 모바일이나 웹페이지에 상호작용할 수 있다.

● CSS 레이아웃

html과 css를 이용하여 레이아웃을 구성하는 역할이 핵심 요소이다. html은 마크업 랭귀지이므로 기존 html로 큰 뼈대를 만들고 css로 꾸며준다. 부족한 html에 기능을 더한 css는 박스 위치, 디스플레이, 플렉스박스 등의 새로운 레이아웃을 구성할 수 있게 지원한다.

기타 기능

html과 css의 기능은 2 : 8 정도로 css가 더 다양한 스타일을 적용할 수 있다. 보통은 텍스트, 이미지 등 가시적으로 보여주는 요소를 꾸미는 것과 웹앱 등의 화면 레이아웃 요소를 적용하는 데 사용된다. 그 외에도 자동 계산이나 컬러, 폰트 등의 정보를 한 번에 정리하는 기능을 사용할 수 있다. 즉, html과 css를 사용함에 있어서 편리한 기능들도 포함되어 있다.

CSS의 기본 구조

다음은 CSS를 사용하는 기본 구조이다.

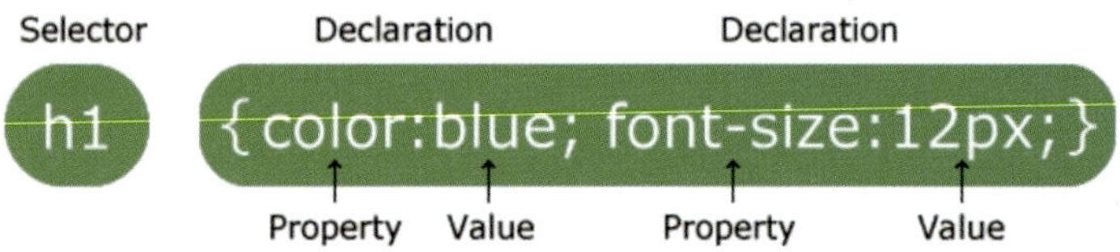

Selector

선택자라고 말하며, 여러 선택자 요소가 있다. 즉 html로 뼈대를 만들고 css는 html 요소를 선택하여 지정된 컬러, 폰트 등의 스타일을 적용한다. 따라서 누구를 어떻게 꾸밀 것인가의 의미로 선택자라고 이해한다. 자세한 사항은 셀렉터 내용을 참조한다.

Declaration

선택자에 스타일 적용을 할 수 있게 선언하는 것으로 그 안에는 속성과 값이 존재한다. { } 중괄호를 사용한다.

Property

속성명을 의미한다. 1개 이상의 값을 복수 선언할 수 있다. ; (semicolon)으로 구분하여 한 줄에 적용 가능하다.

Value

속성값을 의미한다. 속성에 각각 값을 적용해 주는 것으로 : (colon) 뒤에 값을 넣는다.

CSS는 한 번에 여러 페이지나 태그에 적용하기 위한 방법으로 사용되며, 스타일을 생성하고 편집하고 운영하여 사용한다. 눈에 외곽 박스 라인이 있다고 가정하며 사용하면 초보자들에게 쉬운 이해와 코드를 가시적으로 볼 수 있는 장점이 있다.

3.2 CSS 크로스브라우징 호환성 체크

css도 마찬가지로 한 번쯤 호환성 체크를 해야 하는데 익숙하게 몇 번을 한다면 반복적으로 할 필요는 없다. 다만 트렌드 css를 사용하지 않고 과거 전통적인 css를 사용하는 것이 호환성 측면에서 더욱 좋다. 새로운 css라고 하여 무조건 사용하게 되면 서비스별 호환되지 않는 디바이스가 있거나 서비스가 보이지 않아 작동 불가능할 수 있다. 따라서 초기 세팅 시 중요한 체크 사항이다. 켄아유즈 닷컴((https://caniuse.com)은 CSS 유무를 판단하고 해당 브라우저와 호환성에 문제가 있는지 확인하여 새로운 기술에 대한 검증 검수가 필요할 때 도움을 주는 사이트이다.

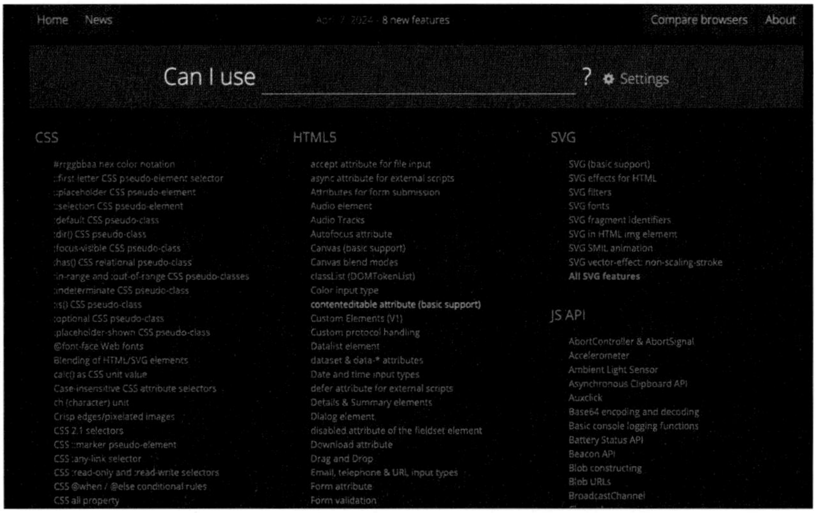

css 적용에 있어 다수가 많이 사용하고 있는 안정적인 css를 사용하는 것을 추천한다. 국내 서비스이든 해외 서비스이든 최신 css는 최신 트렌드라고 생각하지 말고 각자 만들고자 하는 서비스가 보이지 않거나 호환되지 않는다는 전제가 있어야 한다. 그래서 초기 호환성 체크는 반드시 고려되어야 할 내용임을 명심해야 한다.

3.3

CSS 초기화

초기화(Reset CSS)를 하는 이유는 웹사이트나 앱을 사용할 때 자주 사용하거나 빈도수가 가장 높은 것을 고려하여 세팅을 함으로써, 그 이후로 편리한 점과 불편한 레이아웃, 글꼴 등의 요소를 처음부터 잡아가기 위함이다. 다양한 방법이 존재하며 해외에서도 공유된 내용들이 많이 있다.

초기화 세팅의 예시는 다음과 같다.

```
html, body, div, span, applet, object, iframe,
h1, h2, h3, h4, h5, h6, p, blockquote, pre,
a, abbr, acronym, address, big, cite, code,
del, dfn, em, img, ins, kbd, q, s, samp,
small, strike, strong, sub, sup, tt, var,
b, u, i, center,
dl, dt, dd, ol, ul, li,
fieldset, form, label, legend,
table, caption, tbody, tfoot, thead, tr, th, td,
article, aside, canvas, details, embed,
figure, figcaption, footer, header, hgroup,
menu,
nav, output, ruby, section, summary,
time, mark, audio, video {
    margin: 0;
    padding: 0;
    border: 0;
    font-size: 100%;
    font: inherit;
    vertical-align: baseline;
}

article, aside, details, figcaption, figure,
footer, header, hgroup, menu, nav, section {
    display: block;
```

```
}
body {
    line-height: 1;
}
ol, ul {
    list-style: none;
}
blockquote, q {
    quotes: none;
}
blockquote:before, blockquote:after,
q:before, q:after {
    content: '';
    content: none;
}
table {
    border-collapse: collapse;
    border-spacing: 0;}
```

바탕, 마진, 배경, 안쪽 배경 등 리스트 스타일, 테이블 레이아웃, 블록 처리, 글꼴 등 각종 스타일 초기값을 미리 세팅한다. 그러면 이후에는 편하게 디자인에 맞는 코드를 간결하게 활용할 수 있다. 이는 필수가 아닌 어디까지나 누구나 많이 사용하고 빈도수가 높은 것을 미리 세팅을 한다는 의미로, 시대가 변화하면서 변경될 수 있음을 알아야 한다. 다음은 몇 가지 예시로 초기화 값을 잘 만들어 놓은 것을 공유하여 사용하는 사례이다.

- **Eric Meyer's Reset CSS** https://meyerweb.com/

사이트에 들어가면 css에 대한 자세한 정보를 가져올 수 있다. 초기화뿐만 아니라 여러 정보 꿀팁을 소개한다.

- **Normalize css** https://necolas.github.io/normalize.css/

깃허브(github)를 통해서 지속적인 업데이트를 해주고 있다. 누구나 사용할 수 있는 공유 정보이며, 버그 브라우저 간의 차이점을 알려준다. 아직은 공식적으로 명확한 가이드가 제시되지 않은 상태로, 유명한 css 초기값을 세팅하는 것에 의존할 수밖에 없다. 어디까지나 참고 사항이며, 사용자가 변경할 수 있다.

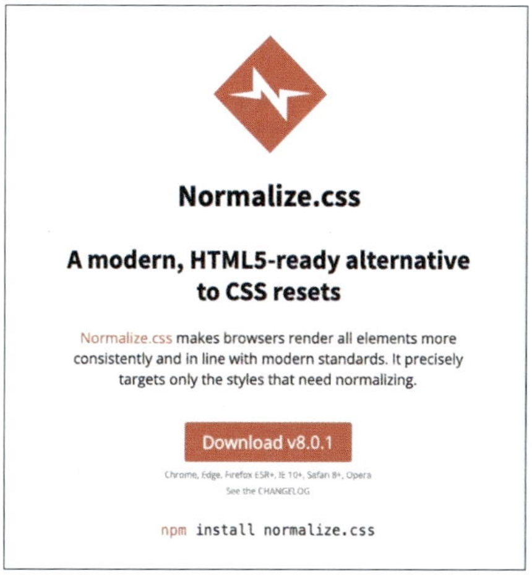

우리는 간단히 최소의 초기화 방법을 실행해서 최적화하기 위해 다음 코드를 활용하면 된다.

```
*{margin: 0;padding: 0;box-sizing: border-box;}
body{font-family: 'Helvetica', sans-serif ;}
li{list-style: none;}
a{text-decoration: none;}
```

최소의 레이아웃 마진 값, 패딩, 박스 사이즈를 초기화하였고 폰트와 리스트, 하이퍼링크도 초기화하였다.

3.4

CSS 사용법 3가지

EXTERNAL CSS(외부 링크)

외부 링크를 활용하여 CSS를 별도의 파일로 관리할 수 있다. link 태그를 활용하여 다음 예제와 같이 코드를 작성한다. 이 방법은 대형 프로젝트나 실제 실무 프로젝트를 구성할 때 사용한다. css 파일이 2개 이상 여러 파일로 구성되면 체계적인 인수인계가 가능하고, 유지보수에도 좋은 점이 있다. 따라서 실무에서 가장 활용하는 방법이다.

```
<head>
 <link rel="stylesheet" type="text/css" href="mystyle.css">
</head>
```

자주 접할 수 있는 link 태그는 CSS 파일을 넣을 때 다음의 코드 한 줄이 핵심이다.

- rel : stylesheet는 스타일 시트 파일이라는 의미이며, type = "text/css"는 텍스트 형식이 css라는 의미이다.
- href = "경로"는 외부 파일로 만들어진 css 확장자 파일이 있는 주소를 의미한다. 경로는 절대경로, 상대경로로 표시한다.

```
<link rel="stylesheet" type="text/css" href="mystyle.css">
```

INTERNAL CSS(STYLE 내부 작성)

내부 head 태그 안에 style 태그를 활용하여 작성할 수 있다. 이 방법은 html 파일 하나의 문서에 모두 작성할 수 있다는 장점은 있지만, 대규모 프로젝트를 구성할 때는 오히려 불편할 수 있고 여러 css를 관리하기에 부적합할 수 있다. 한 번에 간단한 학습을 위한 코드

일 경우 1개의 파일에 css / html을 한 번의 스크롤로 확인 가능하므로 학습용으로 용이하다.

```
<head>
<style>
 body {
    background-color: linen;
 }
</style>
</head>
```

3

CSS : 선택자, 박스 모델

INLINE CSS(body 태그에 삽입)

html에 직접 css를 삽입하는 형태로, css를 바로 적용해 볼 수 있는 장점이 있으나 실무에서는 이렇게 사용하면 직접적인 파일이 여러 곳에서 각각 적용되기 때문에 파일 관리와 데이터 관리가 어렵다. 그리고 작업자들이 공유할 때 다음 작업자의 파일 관리가 어렵기 때문에 간단히 적용해 볼 수 있는 상황일 때만 사용한다.

```
<p style="color:red;">This is a paragraph.</p>
```

3.5 Selector(선택자)

선택자는 말 그대로 선택을 한다는 의미이다. HTML에 사용된 태그를 어떻게 선택할 것인가의 내용이다.

Selector(선택자)를 처음 접하는 편집자라면 크게 2가지를 꼭 기억하면 되는데, class(클래스) 태그와 id(아이디) 태그이다. 물론 2가지만 있는 것은 아니며, 그 2가지 중에서도 가장 많이 사용되는 것은 클래스 태그이다. 중요한 것은 앞에 붙어 있는 특수 기호이다.

.(점)은 클래스 선택자이며, #(샵)은 아이디 선택자이다. 즉, .(점)으로 표현된 것은 클래스 선택자이고, #(샵)으로 표현된 것은 아이디라는 의미로 기억하면 된다. 그러면 이 두 가지의 쓰임새와 차이점은 무엇일까?

두 가지의 차이점은 클래스 선택자는 동일 반복 사용이 가능하고, 아이디 선택자는 독립적 요소로 유일하게 하나의 선택자라는 점이다. 하지만 구글에서 만든 크롬 브라우저에서는 이 두 개의 혼돈에 대해서도 관용적으로 허용해 주는 것이 사실이다. 어쨌든 기본 원리를 이해하고 실제 사용 빈도와 중요도에 따라 사용하면 된다.

따라서 반복적으로 동일 명으로 많이 사용되는 클래스 선택자는 css에서 많이 활용한다. 반면 독립적인 아이디 선택자는 보통 자바스크립트에서 독립적 선택 부분에 대해 동적 제어를 많이 사용한다. 물론 클래스를 사용해도 된다.

.class	#id

선택자는 css에서 중요한 내용이며 초보들이 이해하지 못해서 헷갈려 하거나 어려워하는 부분이 있다.

자주 쓰이는 선택자를 중심으로 한눈에 확인할 수 있도록 비교 정리를 하였다.

선택자 명	설명	예시 코드

전역 선택자	전체 영역에 해당된다. * 별 기호를 사용한다.	`* {`
		`  text-align: center;`
		`  color: blue;`
		`}`

내부 태그 선택자	기본 내부 태그를 사용한다.	`p {`
		`  text-align: center;`
		`  color: red;`
		`{`

class 선택자	.(점)으로 표현된 선택자로, 다중 반복 사용 가능하다.	`.center {`
		`  text-align: center;`
		`  color: red;`
		`{`

ID 선택자	#(샵)으로 표현된 선택자로, 독립적 요소를 갖고 있다.
	하지만 크롬 브라우저에서 관용적으로 허용한다.
		`#con {`
		`  text-align: center;`
		`  color: blue;`
		`{`

하위 선택자	하위 계층의 선택자이다.
	중요한 내용은 다음 내용에서 자세히 다룬다. 초보자들이 가장 이해하지 못하고 배울 때 어려워하는 부분이다.
		`p.center {`
		`  text-align: center;`
		`  color: red;`
		`}`

다중 선택자(그룹 선택자)	복수 선택자이다. ,(콤마)로 구분한다.	`h1, h2, p {`
		`  text-align: center;`
		`  color: red;`
		`{`

이 외에도 더 많은 경우의 선택자들이 있다. 우선적으로 사용 빈도와 중요도 순으로 기억하면 쉽다.

〈하위 선택자〉

선택자 명	설명	예시 코드
직후손 선택자	직속 자식 포함 후손까지 모두 다 상속된 관계로 띄어쓰기를 사용한다. 즉 띄어쓰기도 기호라고 생각해야 한다.	`body ul li{color:blue;}`
직속만 선택자	직속 자식(자손)에게만 > 사용한다.	`body > ul > li{color:blue;}`

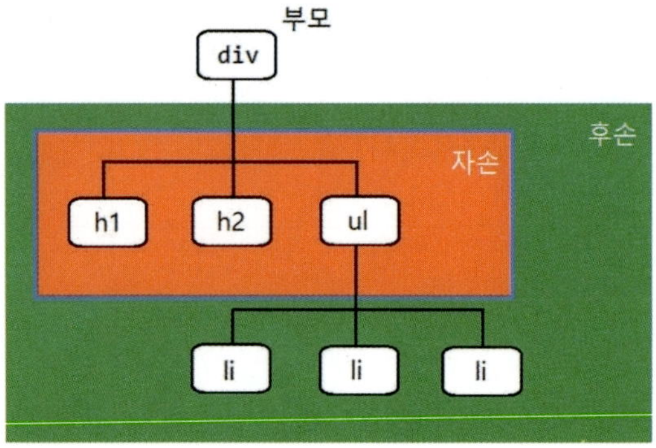


```
.className p ol li { color : red }
```

```
#id p > ol li{ color : red }
```

응용적으로 사용된 코드를 살펴보면 이렇게 복합적으로 선택자를 사용할 수도 있다.

그 외 선택자도 있으나, 외워서 사용할 필요는 없다.

선택자 명	설명	예시 코드

순서(구조) 선택자	순서 INDEX 1부터 시작 ~ 선택할 수 있음.
	P:nth-child(선택할 순서 번호)
		`li:nth-child(2) {`
		`color: lime;`
		`}`

속성 선택자	속성 값을 적용한다.
	h1[속성=값]
		`a[target] {`
		`background-color: yellow;`
		`}`

동위 선택자	동위 ~ (나와 동급인 선택자) + 나와 동급인 선택자 중 나와 바로 밑에 붙는 것
	h1+h1, h1~h1
		`h3~div{`
		`color:green;`
		`}`
		
		`h3+div{`
		`color:red;`
		`}`

반응 선택자	사용자 행동의 반응을 하는 선택자이다. a 태그에 마우스를 클릭했을 때 상태이다. a:active	`#id:active {color : blue;` `font-size : 50px;}`

상태 선택자	보통 폼 태그에서 사용되며 input 태그의 특성 상태 감지를 의미한다. input:focus	`input:focus { border : 2px solid red;}`
링크 선택자	하이퍼링크로 이동되는 것으로 a:visited	`#txt:visited {color : green; font-size : 50px;}`
문자 선택자	문자에 적용되는 것으로 가상 클래스에 해당된다. p:: after	`h1::after { content: url("mark.gif"); }`
부정 선택자	'~ 이 없을 경우'라는 반대의 부정 선택자이다. : not()를 사용한다.	`ul li:not(.item){ color: red; }`

이 외에도 세부적으로 디테일하게 또는 자세히 여러 가지 선택자가 나뉘지만, 처음 배울 때부터 모든 것을 외우려고 한다면 머리가 복잡할 수 있고 중도 포기할 수도 있다. 영어 사전을 외운다고 영어를 잘하는 것은 아닌 것과 동일하다.

3.6 background

background는 배경 이미지나 컬러를 적용할 수 있다. 보통은 백그라운드 이미지 설정을 위한 스타일 시트이다. 다음과 같은 속성들이 있다.

- background-color
- background-image
- background-repeat
- background-attachment
- background-position
- background(shorthand property)

배경 컬러는 background-color로 지정할 수 있다.

```
body {
  background-color: skyblue;
}
```

배경 이미지에 스카이 블루 컬러가 지정된다.

background-image는 컬러가 아닌 이미지를 삽입할 수 있는 속성이다. URL("경로")에서 지정된 경로에 있는 이미지가 반복적으로 나타난다.

```
body {
  background-image: url("paper.gif");
}
```

만약 반복된 패턴 이미지가 싫거나 단일로 나타내야 한다면,

- repeat : 반복된 패턴 이미지 x, y축 모두
- no-repeat : 단일 이미지
- repeat-x : x축으로 반복 패턴
- repeat-y : y축으로 반복 패턴
- space : 공간에 맞게 반복된다. 여백이 있다.
- round : 라운드 주변까지 반복된다. 여백이 없다.

background-repeat: no-repeat;를 적용할 수 있다. 그러면 반복된 패턴 이미지가 중지되고 단일 이미지가 나타난다.

```
body {
  background-image: url("paper.gif");
  background-repeat: no-repeat;
}
```

```
no-repeat :
```

```
repeat-x
```

background-attachment는 속성 값을 지정할 수 있고, background-attachment에 fixed 값을 추가하면 배경 이미지가 고정된다.

```
body {
  background-image: url("bgdesert.jpg");
  background-repeat: no-repeat;
  background-attachment: fixed; (이미지 고정)
}
```

배경 이미지는 스크롤에 반응하지 않고 고정된 위치에 그대로 존재한다.

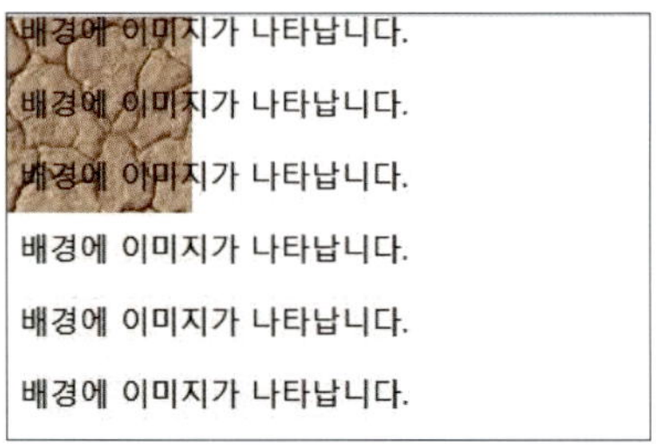

background-position은 배경의 위치를 지정할 수 있다.

```
background-image: url("img_tree.gif");
background-attachment: fixed;
background-position: center;    (중앙 위치로 지정한다.)
```

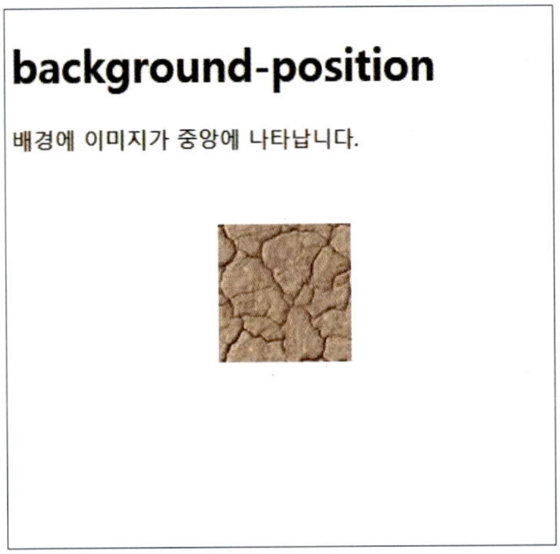

background는 현재까지의 속성 값을 한번에 넣을 때 사용한다.

```
background: skyblue url("img.png") no-repeat fixed center;
```

알아두세요

주석 처리

컴퓨터에서 인식되지 않고 실행되지 않게 하기 위한 코드 막음, 실행 불가 처리, 또는 코드 설명 등으로 주석 처리를 할 수 있다.

```
html  :
<!--   주석처리됨 - ->
css :
/*  주석처리됨 */
javascript :
//주석처리됨
```

3.7 Box Model - padding, border, margin

Box Model(박스 모델)은 레이아웃을 구성할 때 사용한다.

border, padding, margin 값은 요소의 전체 크기에 영향을 준다. 콘텐츠를 중심으로 시계 방향인 12시부터 3시→6시→9시 순서로 박스 모델 값을 계산하면 된다.

box-sizing : 박스 기준 설정

기본 박스 사이즈는 중앙 콘텐츠, 즉 이미지나 글 내용의 크기로 512 * 128 사이즈이다. 안쪽 여백인 padding이 있고, 외곽 테두리인 border가 있다. 일반적으로 기본값은(설정하지 않아도 적용되는 값인 디폴트값) box-sizing : content-box; 이며, 중앙에 있는 콘텐츠 중심으로 박스 사이즈가 정해진다는 의미이다. 보더라인까지 박스 모델 형태를 잡게 하려면 box-sizing : border-box; 라고 설정을 할 수 있다.

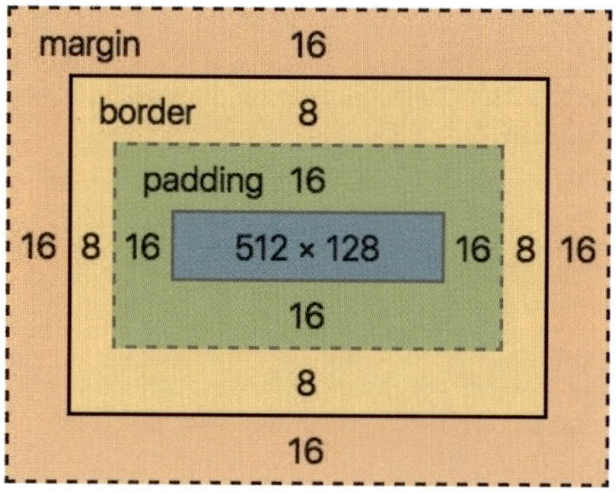

크롬 브라우저에서 '도구 더보기 > 개발자 도구'를 클릭하면 박스 모델 이미지가 나타난다.

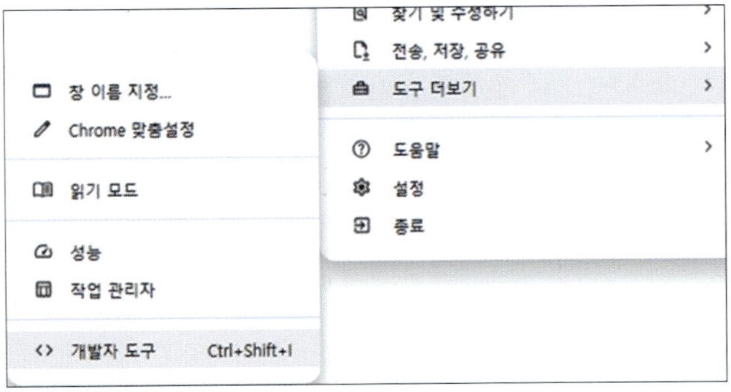

정리를 하면 box-sizing에서 가장 많이 사용하는 것은 아래 두 개이다.

CSS	세부 옵션
box-sizing :	content-box
	border-box

- **content-box** : 설정한 width, height 값을 결정하는 요인이 콘텐츠 요소에 있다.
- **border-box** : 설정한 width, height 값의 안쪽 여백과 테두리 모두 포함된 박스 모델 크기가 된다.

- **content-box**

기본 디폴트 값은 보더 기준이 아닌 콘텐츠 내용 중심으로 사이즈 형태가 결정된다.

```
div {
        background: rgb(255, 158, 174);
        padding: 20px;
        margin: 20px;
        border: 20px solid rgb(0, 159, 58);
        width: 500px;
        box-sizing: content-box;
    }
```

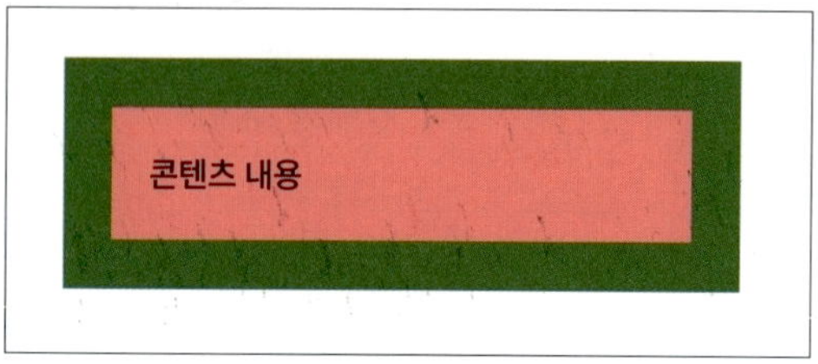

그러나 border-box 수정 시 다음과 같다.

- **border-box**

```
div {
        background: rgb(255, 158, 174);
        padding: 20px;
        margin: 20px;
        border: 20px solid rgb(0, 159, 58);
        width: 500px;
        box-sizing: border-box;
    }
```

콘텐츠 내용을 중심으로 안쪽 여백(padding)과 외곽 테두리(border)가 border-box 기준으로 나타난 결과이며 차이가 나타난다.

알아두세요

box와 관련된 css

박스의 가로 · 세로부터 최소 · 최대 사이즈 크기를 지정할 수 있다.

- width // 가로 사이즈
- height // 세로 사이즈
- min-width // 가로 최소 사이즈
- min-height // 세로 최소 사이즈
- max-width // 가로 최대 사이즈
- max-height // 세로 최대 사이즈

안쪽 여백 패딩을 지정한다.

- padding-top: 50px; // 상단 여백
- padding-right: 30px; // 오른쪽 여백
- padding-bottom: 50px; // 아래 여백
- padding-left: 80px; // 왼쪽 여백

보더 라인를 다음과 같이 정할 수 있다.

border : 1px solid black;

- border-width // 박스 외각 크기
- border-style // 박스 외각 스타일
- border-color // 박스 외각 컬러
- border-image // 박스 외각 이미지
- border-radius // 박스 외각 모서리 둥근 정도

바깥쪽(외곽) 여백을 지정한다.

- margin-top: 100px; // 상단 외곽 여백
- margin-bottom: 100px; // 하단 외곽 여백
- margin-right: 150px; // 오른쪽 외곽 여백
- margin-left: 80px; // 왼쪽 외곽 여백

box-shadow // 박스 외각 그림자

box-sizing // 박스 외각 size 기준선 선별

박스 모델은 html 요소와 css 요소가 박스 요소를 구성하는 기본 틀로서, 박스 안에는 텍스트와 이미지 등의 content(콘텐츠), 글 안쪽 여백인 padding(패딩), 글 테두리에 해당되는 외각 라인인 border(보더), 그리고 글 외곽 라인 바깥 여백인 margin(마진 값)으로 이루어진 모델 구성을 의미한다. 즉 content, padding, border, margin 값을 측정하고 모델을 구성에 맞게 코딩하여 화면을 그리는 형태 틀을 말한다.

이런 박스 모델을 기준으로 하여 레이아웃 화면을 기초 구성하면, 머릿속에 그려진 화면을 구축할 때 레이아웃 또는 콘텐츠를 보다 효율적으로 코딩할 수 있다.

그리고 위치 값을 생각하면서 시계 방향으로 상위 위치는 top, 오른쪽 위치는 right, 아래쪽 위치는 bottom, 왼쪽 위치는 left 순서로 숙지해야 한다. 그 이유는 다음과 같다.

content를 중심으로 한 박스 모델의 요소 중 padding, border, margin 값들의 개수에 따라 값의 의미가 달라지기 때문이다.

자세한 것은 요소들의 형태를 배우면서 알아보자.

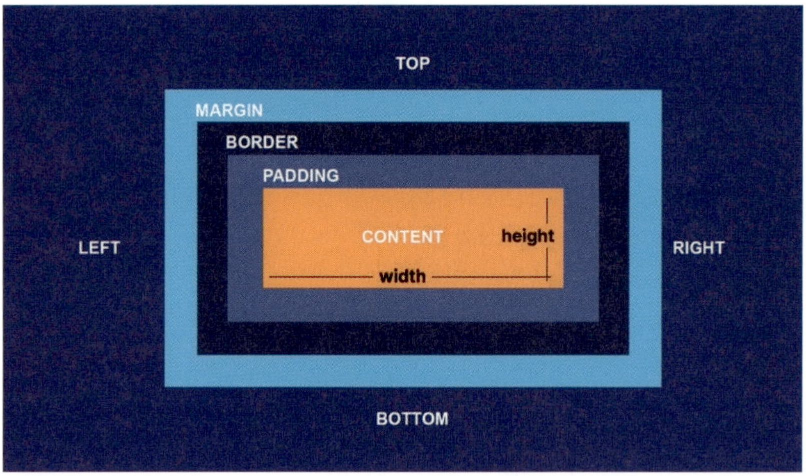

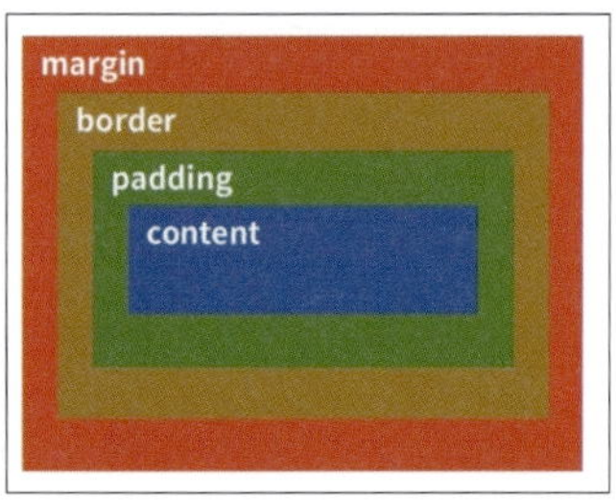

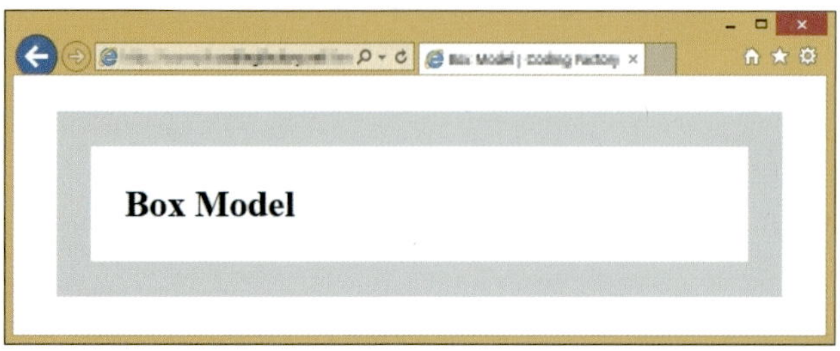

먼저 content는 파란 영역에 있는 모든 것을 의미하는데 보통 텍스트, 이미지가 이에 해당한다.

그러면 padding, border, margin 값과 그 값을 계산하는 것만 이해하면 된다. 값은 크게 두 가지 방향으로 나뉘며, 각각의 요소의 값이 지정된 이름으로 표현되는 것이 있다. margin-bottom : 5px; 라고 하면, 바깥 여백 하단만 5px 여백 값을 준다.

3가지 박스 모델

● padding : 안쪽 여백 값

- padding : 상/하/좌/우 모든 값을 표현할 수 있음.
- padding-top : 상위만 해당된 안쪽 여백 값
- padding-right : 오른쪽만 해당된 안쪽 여백 값
- padding-bottom : 하단만 해당된 안쪽 여백 값
- padding-left : 왼쪽만 해당된 안쪽 여백 값

예를 들어 padding-top: 50px; 라고 하면, 상단 안쪽 여백만 50px 여유 공간을 만든다. 즉 이런 특정 지정된 값만 사용할 때 값을 쓸 수 있으며, padding은 모든 상/하/좌/우 값을 표현할 수 있다.

```
div {
  padding: 10px 50px 100px;
}
```

위와 같이 3개의 값으로 들어가면 10px은 상단 여백이다. 시계 12시 방향이다.

50px은 시계 3시 방향인데 중앙 값은 좌우 값이므로 왼쪽과 오른쪽이 똑같이 50px이다.

100px은 시계 6시 방향이므로 하단 여백이다. 자세한 내용은 다음 내용을 참조한다.

〈결과〉

박스 내용들어갑니다. 안쪽 여백을 지정할수 있습니다. 안쪽 여백 시계방향으로 확인합니다.

border : 외곽 테두리

- border : 상/하/좌/우 모든 값을 표현할 수 있음.
- border–top : 상위만 해당된 외곽 테두리
- border–right : 오른쪽만 해당된 외곽 테두리
- border–bottom : 하단만 해당된 외곽 테두리
- border–left : 왼쪽만 해당된 외곽 테두리

- border–width : 굵기를 설정할 수 있음.
- border–top–width : 상위만 해당된 외곽 테두리의 굵기
- border–right–width : 오른쪽만 해당된 외곽 테두리의 굵기
- border–bottom–width : 하단만 해당된 외곽 테두리의 굵기
- border–left–width : 왼쪽만 해당된 외곽 테두리의 굵기

- border–style : 스타일을 설정할 수 있음.
- border–top–style : 상위만 해당된 외곽 테두리의 종류
- border–right–style : 오른쪽만 해당된 외곽 테두리의 종류
- border–bottom–style : 하단만 해당된 외곽 테두리의 종류
- border–left–style : 왼쪽만 해당된 외곽 테두리의 종류

- border–color : 색상을 설정할 수 있음.
- border–top–color : 상위만 해당된 외곽 테두리의 색상
- border–right–color : 오른쪽만 해당된 외곽 테두리의 색상
- border–bottom–colo r: 하단만 해당된 외곽 테두리의 색상
- border–left–color : 왼쪽만 해당된 외곽 테두리의 색상

- border–block, border–inline, border–collapse
- border–image

다음 코드는 보더라인 예시이다.

```
border-width: 2px;
border-style: solid;
border-color: red;
p {
  border: 2px solid red; // 한 번에 사용, 개별 사용 가능
  border-radius: 5px;
}
```


margin : 바깥 여백 값

- margin : 상/하/좌/우 모든 값을 표현할 수 있음.
- margin–top : 상위만 해당된 바깥 여백 값
- margin–right : 오른쪽만 해당된 바깥 여백 값
- margin–bottom : 하단만 해당된 바깥 여백 값
- margin–left : 왼쪽만 해당된 바깥 여백 값

```
p {
  margin: 5px 50px 50px 100px;
}
```

노란색이 바깥 여백이므로 상단 5px, 오른쪽 50px, 하단 50px, 왼쪽 100px로 지정되어 나타난다.

〈결과값〉

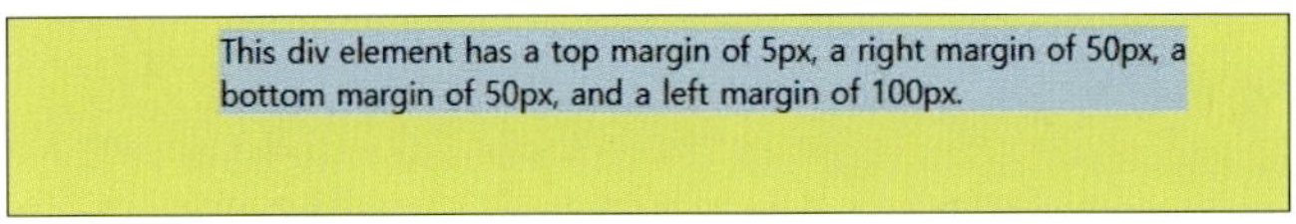

알아두세요 박스 모델의 여백 값을 사용할 때 가장 활용도가 높은 것은 padding과 margin이다. padding : 안쪽 여백 값 / margin : 바깥 여백 값을 한번에 넣는다. 하지만 값의 개수에 따라 지정 값이 다르다.

시계방향 1~4개 개수별 차이

● 4개의 값 모두 넣을 때 : 모두 각각 값

margin : 10px, 20px, 30px, 40px; 라고 한다면, 각각의 콘텐츠는 시계 방향으로 처음 값을 기준으로 top 10px, right 20px, bottom 30px, left 40px 값으로 지정된다.

시계 방향 12시는 top, 3시는 right, 6시는 bottom, 9시는 left이다.

● 1개의 값을 넣을 때 : 모두 동일 값

margin : 100px; 라고 하면 모두가 동일한 값이다. 즉, top 100px, right 100px, bottom 100px, left 100px이라는 의미이다.

● 2개의 값을 넣을 때 : 상하좌우 대칭 동일 값

margin : 30px, 60px; 라고 한다면, 무조건 top부터 시계 방향으로 시작한다. 그래서 top, bottom(상/하) 값이 30px이고, 다음 시계 방향이 right이므로 60px이며, 대칭된 left도 60px에 해당한다.

즉 top 30px, bottom 30px이고, right 60px, bottom 60px이다.

● 3개의 값을 넣을 때 : 중앙 값만 좌우(right/left) 값(중요!!!)

margin : 10px, 50px, 100px; 라고 하면 시작은 top부터이므로 top 10px, 다음은 right(3시 방향) 50px이고 이때 중앙값이므로 좌우 값이 동일하다. 즉 left 값도 50px이다. 그다음 6시 bottom은 100px에 해당한다.

margin, border-width, border-style, border-color, padding도 동일한 방법으로 사용 가능하다.

```
h1 {margin-top: 10px;
    margin-right:20px;
    margin-bottom:30px;
    margin-left:40px;}
```

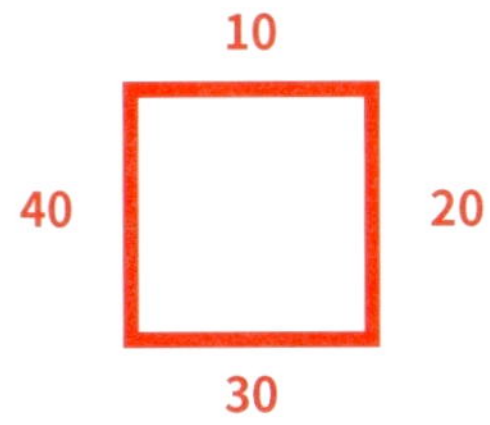


```
h1 {margin: 10px}
```

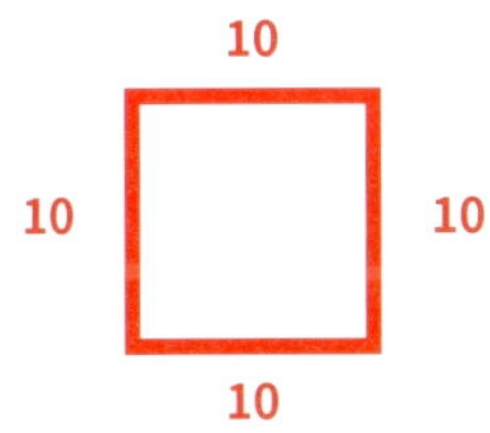


```
h1 {margin: 10px 20px}
```

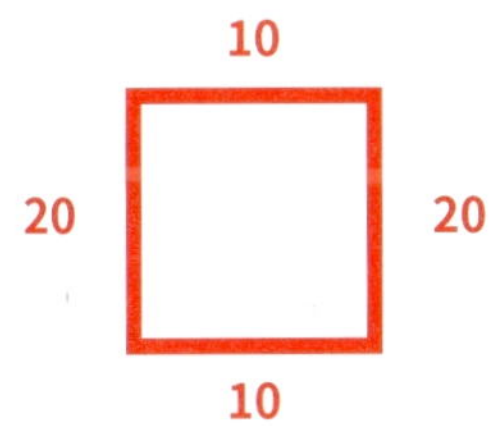


```
h1 {margin: 10px 20px 30px}
```

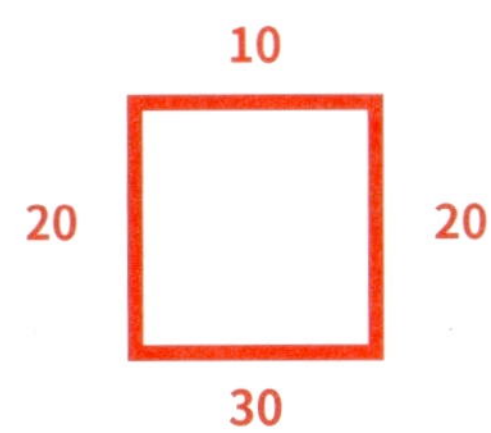


```
h1 {margin: 10px 20px 30px 40px}
```

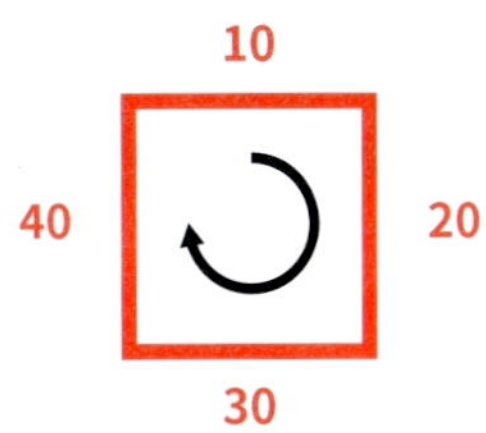

핵심 요약

- css는 3가지 방법이 있다. 외부 링크 태그를 활용하여 별도의 파일로 저장한다. 실무에서 사용하며, 많은 내용을 관리할 수 있어서 대형 프로젝트에 적합하다. head 태그에 넣을 수도 있고 body 태그 안에 직접 넣을 수도 있다.
- 크로스브라우징은 css가 호환된 브라우저에서의 적용 유무를 알 수 있다. 최신 css라고 무조건 사용하면 안 된다. 다수의 유저를 확보하는 것이 우선이다. 한정된 유저에게만 보여진다면 서비스 가치의 의미가 떨어질 수 있기 때문이다.
- css 초기화 방법은 웹 또는 앱 문서의 최적화를 위한 방법이다. 간단한 초기화 방법도 많이 사용하므로 익히거나 이해하면서 머릿속에 코드를 상기하길 바란다.
- 선택자는 매우 중요하다. css를 사용하려면 우선 누구에게 무엇을 어떻게 꾸밀 것인가의 문제가 있다. 이때 누구를 선택하느냐의 문제에서 선택할 수 있는 방법은 다양하다. 이 중 가장 많이 사용하는 선택자에서부터 사용 빈도순으로 익혀 나가는 것을 추천한다.
- 백그라운드는 배경에 이미지 컬러를 적용하는 기능이다. 다양한 기능 중에 사용 빈도수가 높은 이미지 넣기와 반복 방지 설정을 알아두면 좋다.
- 박스 모델은 중요한 내용이다. 우선 html과 css는 배우는 목적과 이해를 위해 웹 페이지 코드를 구성하여 화면 설계를 위한 마크업 도구로써 사용하는 것이 주 목적이다. 따라서 레이아웃을 어떻게 구성하느냐의 문제에서 필수적인 내용이며, 이해와 원리 등을 우선 생각하고 암기를 해야 한다. 원리 이해를 기본으로 갖춘 상태에서 사용해야 하는 점은 오랫동안 기억에 남을 것이다. 박스 모델에서는 안쪽 여백부터 padding, 외곽 라인 border, 바깥 여백 margin 순으로 동일한 박스 모델이 적용된다. 시계 방향으로 1개에서 ~ 4개 값에 따라 적용법이 달라진다. 꼭 기억해야 하는 부분이다.

연습문제

이미지에 롤 오버 시 메뉴

```
<!DOCTYPE html>
<html>
<head>
<meta name="viewport" content="width=device-width, initial-scale=1">
<style>
body {font-family: Arial, Helvetica, sans-serif}
* {box-sizing: border-box;}

.bg-img {
 background-image: url("https://cdn.pixabay.com/photo/2020/09/19/19/
37/landscape-5585247_960_720.jpg");
 min-height: 380px;
 background-position: center;
 background-repeat: no-repeat;
 background-size: cover;
 position: relative;
}

.container {
 position: absolute;
 margin: 20px;
```

```
 width: auto;
}

.topnav {
 overflow: hidden;
 background-color: #273261;
}

.topnav a {
 float: left;
 color: #f2f2f2;
 text-align: center;
 padding: 14px 16px;
 text-decoration: none;
 font-size: 17px;
}

.topnav a:hover {
 background-color: #ddd;
 color: rgb(224, 24, 24);
}
</style>
</head>
<body>

<h2>이미지위 메뉴</h2>
<div class="bg-img">
 <div class="container">
   <div class="topnav">
     <a href="#">홈페이지</a>
     <a href="#">뉴스피드</a>
     <a href="#">고객센터</a>
    <a href="#">이메일문의</a>
   </div>
 </div>
</div>

</body>
</html>
```

4 장

CSS : 폰트, 크기

학 습 목 표

- 폰트, 텍스트 방법을 이해한다.
- 박스 모델에서 배운 것처럼 가로, 세로, 고정, 가변, 화면 가로뷰 · 세로뷰 등을 이해한다.
- em / rem 단위를 이해한다.
- 폰트에서 사용되는 라인 높이 값을 이해한다.
- 폰트에서 사용되는 버티컬 얼라인 값을 이해한다.

4.1 font, text

폰트는 기본 중의 기본이다. 초기의 웹페이지라고 앞부분에 소개했던 사이트에서 볼 수 있듯 초기 웹페이지는 순수 html로만 만들어져 전체 텍스트로만 이루어진 웹페이지이다. 즉 정보를 볼 수 있고 하이퍼링크가 있어서 서로의 페이지로 이동할 수 있는 메인과 서브의 구조를 갖춘 형태였다. 물론 css가 없어서 다소 레이아웃이 보기 어렵거나 이쁘지 않았지만 웹페이지로서의 기본은 갖춘 형태이다. 이 중 가장 초기 폰트를 사용해서 웹페이지를 만든다는 것인데 폰트 또는 텍스트에 대한 내용을 소개한다. 우선 폰트 꾸미기를 하려면 컬러 값을 변경한다. 그래서 초기에 이미지가 나오기 전에는 글로만 표현되었고, 폰트를 꾸미는 css는 color라는 것으로 사용되었다. 즉 웹페이지는 화면이므로 rgba 값으로 표현된다.

```
#mybox {
  color: blue;
  color: rgb(255, 0, 34);
}
```

이렇게 표현할 때 css에서 사용된 color는 텍스트 컬러를 의미한다.

css는 Text의 컬러, 정렬, 대소문자 표현, 기타 스타일 등의 설정에 사용되는데, color는 이 중 가장 많이 사용하고 빈도수가 높은 것으로 이해하면 된다.

텍스트 컬러

```
body {
  color: blue;
}
```

텍스트 정렬

```
h1 {
  text-align: center;
}
```

텍스트 대문자 표현

```
p {
  text-transform: uppercase;
}
```

텍스트 데코레이션

● 글자 밑줄

```
h1 {
  text-decoration-line: overline;
}
```

● 밑줄 없애기

```
a {
  text-decoration: none;
}
```

● 앞글자 들여쓰기

```
p {
  text-indent: 50px;
}
```

- **자간(간격) : 글자 간의 간격을 줄 수 있다.**

```
h1 {
  letter-spacing: 5px;
}
```

- **단어 간격 : 단어와 단어 간의 간격을 줄 수 있다.**

```
p.one {
  word-spacing: 10px;
}
```

글자 그림자 표현

text-shadow // 글자 그림자 표현을 할 수 있다.

text-shadow: 가로 방향 px 세로 방향 px 그림자색

```
text-shadow:3px 3px red
```

〈결과값〉

Text-shadow effect!

Font

폰트 종류 및 스타일 크기를 변경하기 위한 방법으로 font라는 스타일을 적용할 수 있다.

- **폰트 종류 변경**

```
p {
  font-family: "Times New Roman", Times, serif;
}
```

가장 일반적인 서체 변경 코드로 사용된다. 서체를 우선으로 출력되도록 한다. 순서별로 리스트 목록을 넣을 수 있고 데이터가 사용자에게 없을 경우 기본 컴퓨터 서체로 나타난다. 처음부터 우선순위로 출력된다.

font-family는 속성을 사용하지만, @font-face는 지시어를 사용하여 서체를 다운로드할 것을 알리면서 사용된다. 보통은 .ttf 서체 파일이나 .otf 웹 폰트 라이선스를 갖는다. eot, woff, svg 타입으로 변환하며 일부 브라우저에서 미지원되는 부분도 있기 때문에 꼼꼼히 폰트 호환성을 체크해야 한다.

- **@font-face : 텍스트 종류 전체 감싸는 스타일**

```
@font-face {
  font-family: myFirstFont;
  src: url(sansation_light.woff);
}
```

- **폰트 스타일을 이탤릭체로 변경**

```
p.italic {
  font-style: italic;  (스타일 이탤릭체)
}
```

- **폰트 크기 변경**

```
h1 {
  font-size: 40px; (폰트 사이즈) 원하는 숫자 값을 쓸 수 있다.
}
```

- **폰트 두께 변경**

```
p.thick {
  font-weight: bold;  (폰트 굵기) normal(보통), bold(굵게)
  font-weight: 300;  숫자 100~900(100단위)로 사용함.
  예를 들면 font-weight:200; 2배 굵기가 됨.
}
```

4.2 width/height, px, %, vh, vw

width 값은 가로 값을 말한다. 즉 박스 모델을 기준으로 한 가로 값을 줄 수 있고 px와 같은 고정 값을 주거나 %와 같은 가변 값을 줄 수 있다. 또는 vh, vw처럼 화면에서 보여지는 값을 설정할 수도 있다. 태블릿 PC를 포함한 모바일 버전으로 나오는 화면에서는 vw, vh 값을 사용한다.

heigth 값은 높이 값을 말한다. 즉 웹 화면은 보통 2d 기준으로 가로, 세로 값을 설정하여 크기 값을 조정한 후 레이아웃을 만들 수 있다.

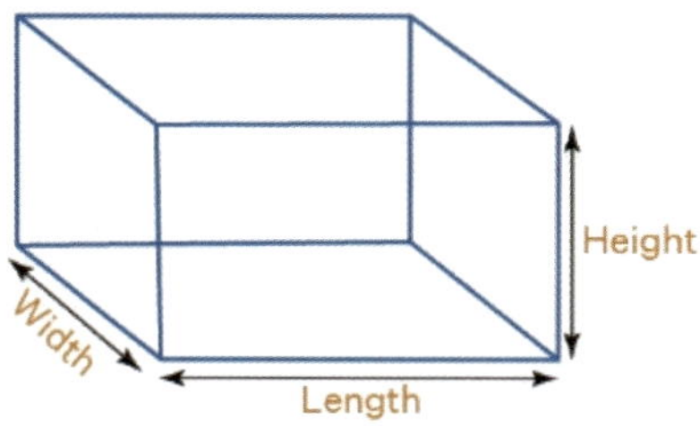

웹앱은 화면의 모니터를 기준으로 값을 설정하므로 최소 단위인 px(픽셀) 값으로 고정 값을 지정한다. 즉, width = 34px이라고 하면 고정 가로 값 34를 정해서 말한다. 반대로 %라고 하면 width = 34%로 상대적 개념인 34%의 할당된 값을 말한다. 화면이 변경되거나 가로, 세로 화면 변경 시 값이 달라진다.

PX(pixel) 고정 : 기본 절댓값

px값은 사용자의 모니터 해상도에 따라 다르다.

동일 px도 사용자마다 보이는 크기가 다르기 때문에 다른 모니터에서 크게 보이는지 확인 과정이 필요하다.

%(percent) 가변 : 상댓값

사용자 모니터 크기를 기준을 100%로 하여, width:70%; 로 설정하면 모니터 너비의 70% 크기로 보여진다.

viewport에 대응하여 크기를 지정하는 값이다.

VW(viewport width)

%는 부모 태그가 만들어준 공간 안에서의 너비 비율, 즉 〈body〉 태그 대비 % 값이며, VW는 순수한 모바일 액정 화면을 기준으로 한 너비 비율 값이다.

➜ 바디 태그 자체의 공간이 있어서 VW는 body보다 넓게 표시된다.

VH(viewport height)

순수한 모바일 액정 화면을 기준으로 한 높이 비율 값이다.

➜ 모니터나 액정 화면 크기의 높이만큼 사용하고자 할 때 사용한다.

4.3 em/rem

폰트를 사용하다 보면 em 또는 rem 단위를 볼 수 있다. 먼저 그 원리와 어원을 이해한다면 어렵지 않다. 웹사이트를 영문권 기준에서 볼 때 모든 영문 글자가 포함되고, 공동의 크기로 묶을 수 있는 알파벳 단위가 무엇일까? 전자시계의 경우 시간을 표시하기 위한 1~10단위의 숫자 중 모든 숫자를 표현할 수 있고, 공동의 크기로 나타낼 수 있는 숫자는 8이다.

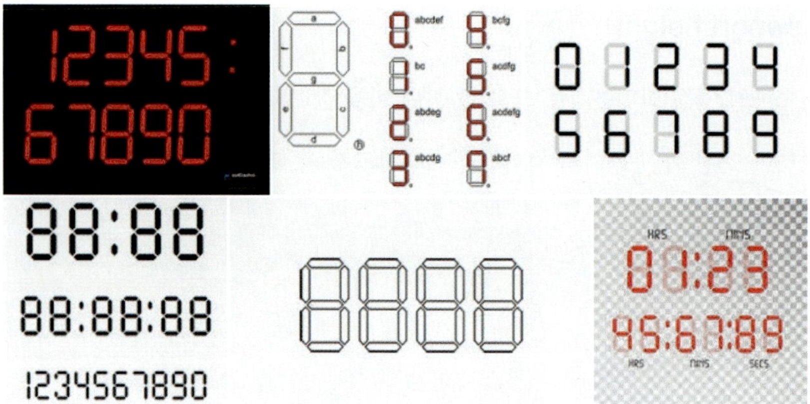

이처럼 영문에서도 A~Z까지 모든 알파벳을 담을 수 있는 것을 생각해 보면 M이다. 활자 인쇄소에서 하나의 단위를 선택한다면 M 단위의 크기를 기본 설정 값으로 사용하여 인쇄한다. 따라서 M 단위가 1em 단위가 되고, 발음상 '이엠'이 아니라 '엠'이다. 알파벳 'M'이다. 즉, 엠 영역(Em Space)의 정사각형 형태에 모든 알파벳을 담을 수 있다는 의미이고, 상대적 기준으로 부모의 엘리먼트에 대한 크기를 설정할 수 있다.

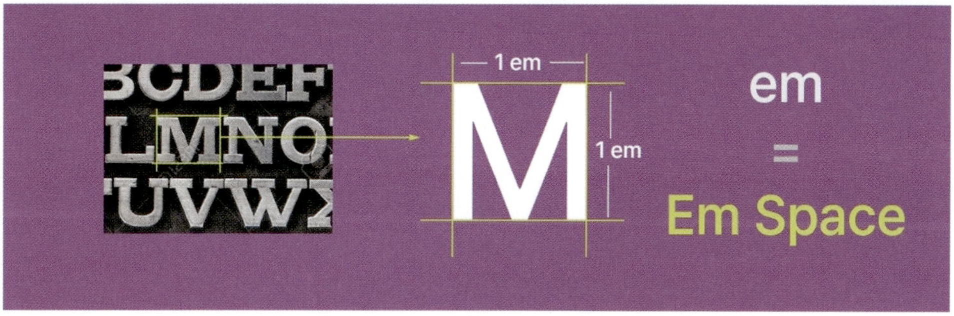

그러면 rem은 무엇일까? r + em의 뜻으로, 가장 상위 root, 즉 html 문서에서 body 문서와 같은 상위 값의 부모 요소로부터 상속된 값의 영향을 받는다는 의미이다. 따라서 상위 요소에서 별도로 값을 지정하지 않았거나 기본 브라우저의 값을 변경하지 않았다면 그 기본값은 다음과 같이 동일하다.

```
1rem = 1em = 16px
```

크롬 브라우저 기준 설정 > 모양 > 글꼴 맞춤 설정에 들어가면 다음 값에서 serif 16 값으로 크기 설정이 되어 있다.

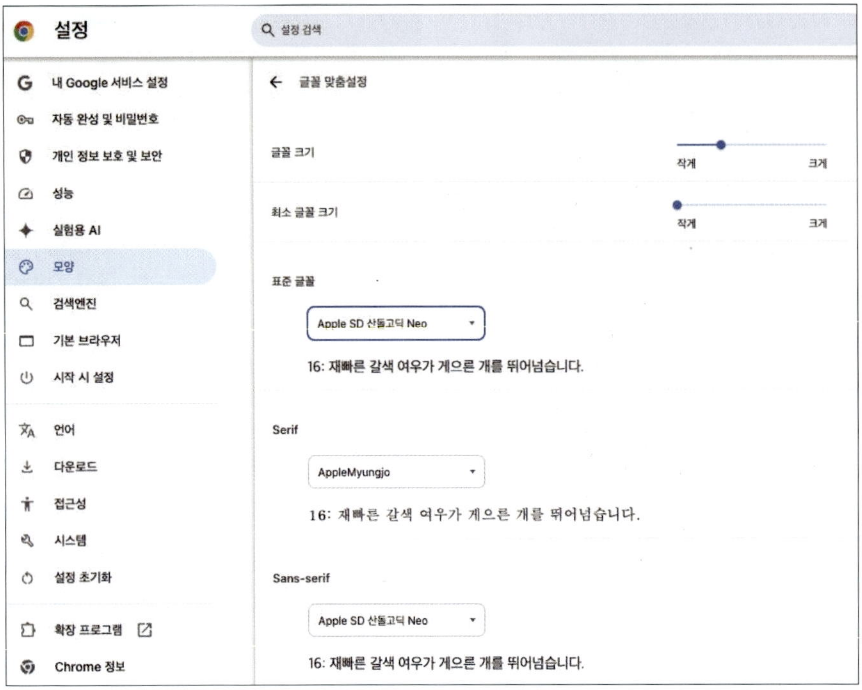

만약 브라우저에서 글꼴 크기 값을 변경한다면 rem 값이 변경되어 표현된다. 즉 root 값에 영향을 받아 상대적인 값으로 변경된다.

em : 상대값이다. (1em=16px)

○ em 단위가 쓰여진 곳의 폰트 사이즈의 배수

○ 적용 예시

- body{font-size:16px; } → body의 폰트 사이즈를 모두 일괄로 16px로 잡고 다음과 같은 값을 가질 수 있다.
- h1{font-size:1.5em;} → body 요소 내에 있는 h1 태그는 16px의 1.5배 크기로
- h2{font-size:1.2em} → h2 태그는 16px의 1.2배 크기로
- p{width:70%; font-size:1em;} → p 태그의 너비는 body 요소의 70%, 글자 크기는 16px의 1배 크기로

rem : 문서의 default 크기(16px)의 배수이다.

○ 적용 방법은 em과 동일하다(body 폰트 사이즈 설정 필요 없음). → 브라우저 폰트 크기를 기준으로 root

○ 기본값을 16px에서 다른 사이즈로 바꾸기 위해서는 root(상위 위치) 사이즈를 변경한다.

:root{font-size:12px;}

웹사이트에서 단위별 points, pixels(PX), em, percent(%) 값을 기준으로 동일 값이므로 외우지 말고 이해하는 차원에서 표를 알아두면 되며 그중 100% 값을 꼭 기억해야 한다.

```
12pt = 16px = 1em = 100%
```

Points	Pixels	Ems	Percent
6pt	8px	0.5em	50%
7pt	9px	0.55em	55%
7.5pt	10px	0.625em	62.5%
8pt	11px	0.7em	70%
9pt	12px	0.75em	75%
10pt	13px	0.8em	80%
10.5pt	14px	0.875em	87.5%
11pt	15px	0.95em	95%
12pt	16px	1em	100%
13pt	17px	1.05em	105%
13.5pt	18px	1.125em	112.5%
14pt	19px	1.2em	120%
14.5pt	20px	1.25em	125%
15pt	21px	1.3em	130%
16pt	22px	1.4em	140%
17pt	23px	1.45em	145%
18pt	24px	1.5em	150%
20pt	26px	1.6em	160%

4.4

line-height

line-height(라인 하이트)라는 것은 글자의 line-box의 높이를 설정하는 css 속성이다. 즉 일반적으로 텍스트 줄 사이 간격 거리를 의미한다.

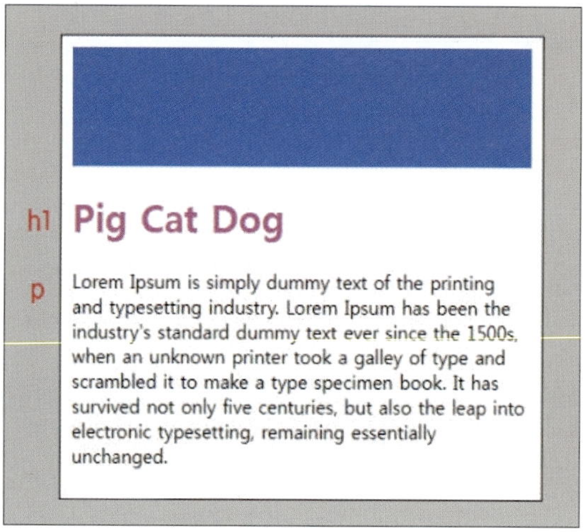

태그 속성에 따라 글자 위아래 간격이 다를 수 있다. 기본 값이 존재하면 사용자가 가변적으로 변경 가능하다.

즉 기본 값(디폴트)에서 줄 간격에 따라 행간의 크기가 달라진다.

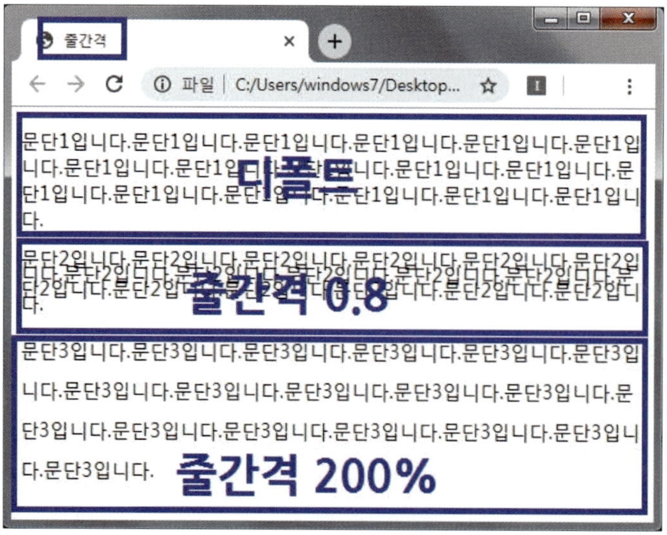

영문 기준에서 다음의 영어 단어를 기준으로 영역을 구분한다.

line-height라는 것은 글자뿐 아니라 글자에서 차지하는 위아래 여백 또한 포함된 값으로, 참고 이미지와 같이 폰트 사이즈와 line-height는 다르다.

글자 폰트의 값을 뺀 위아래 여백 값을 half leading 값이라고 하며, 폰트의 종류에 따라 line-height 값과 half leading 값은 서로 다를 수 있다. 즉, 고정 값이 아닌 가변적일 수 있다는 말이다.

보통 웹상에서 font-size 값의 기본 사이즈는 16px 값으로 볼 수 있으며, line-height : normal; 값으로 기본 디폴트 값이 주어진다. 서체 종류에 따라 line-height : 1 값이 기본 서체 크기 값과 동일할 수 있다.

다음의 값을 normal 기본 값 '1'처럼 숫자 고정 값을 넣을 수도 있고, % 가변 값으로도 넣을 수 있다.

```
div.a {
  line-height: normal;
}
div.b {
  line-height: 1.6;
}
div.c {
  line-height: 80%;
}
div.d {
  line-height: 200%;
}
```

알아두세요 박스 높이 height :100px

line-height:100px

height와 line-height가 같을 경우 상하 중앙에 위치한다.

4.5 vertical-align

폰트 버티컬 얼라인(vertical-align)은 글자 수직(vertical)+정렬(align) 즉, 폰트에서 수직으로 정렬 값을 줄 때 사용된다. 초보자들에게 어려운 부분이다.

영문 기준으로 폰트의 높이 값은 아주 세밀한 공간의 값을 가진다. 반드시 단어들은 같은 라인에 속한 인라인 레벨에 속해야만 가능하다.

즉 inline, inline-block과 같은 속성 값을 가질 때 사용됨을 주의해야 한다. 이해를 하면 당연한 일이다. 단어들의 수평 기준으로 높이 값을 알기 위함이기 때문이다.

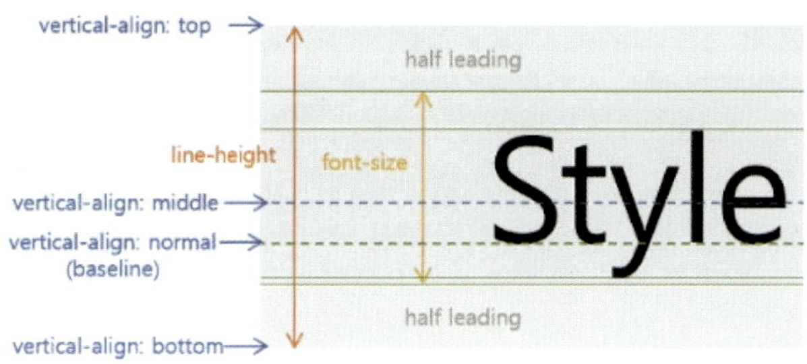

기본 속성 값은 다음과 같다.

```
vertical-align: baseline|length|sub|super|top|text-top|middle|bottom|
text-bottom|initial|inherit;
```

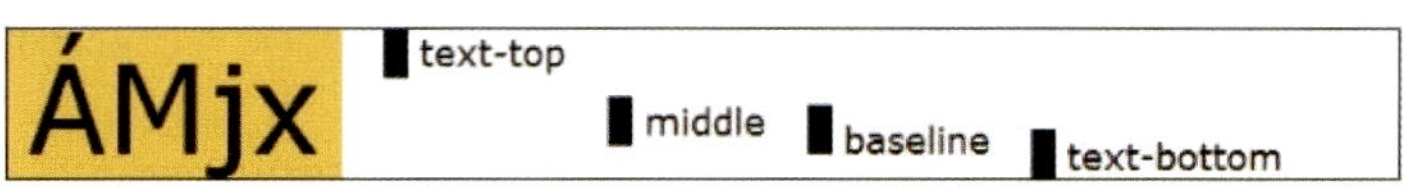

line-height 값은 여백까지 포함된 전체 높이라고 할 때 글자 중심에서부터 버티컬 얼라인의 위치는 디테일한 부분을 이해해야 하고, 특히 영문에서 baseline 값은 style처럼 y의 꼬리 값을 제외한 글자들이 전깃줄 위에 참새처럼 올려져 있는 값이라고 이해하면 쉽다.

테이블 정렬 시 보통 table-cell(테이블셀) 디스플레이 기준일 때 내부 버티컬 얼라인 값을 정할 수 있는데 아래 테이블 셀은 내부 셀 칸들을 기준으로 수직 정렬 값을 정한다.

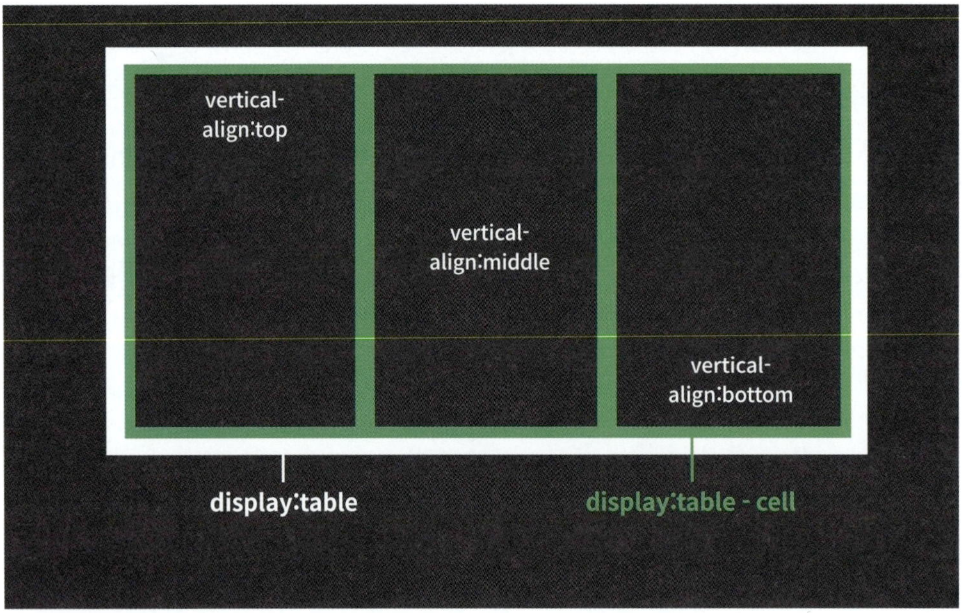

핵심 요약

- 폰트의 크기와 최소 폰트를 꾸미기 위한 내용으로 텍스트 크기, 컬러 값, 정렬, 대소문자, 그림자, 밑줄, 자간, 행간, 글꼴 변경 등 다양한 폰트 스타일 형태를 변경할 수 있다.
- width / height 값은 박스 모델 기준 가로, 세로 값을 지정할 수 있다. 그 속성의 값으로는 고정 값 px, 가변 값 %가 있다. 요즘은 모바일 형태의 디바이스로 표현되므로 vw, vh를 사용해서 화면상 가로, 세로 값을 지정해 줄 수 있다.
- em / rem은 폰트 크기 값을 지정하는데, 보통 모든 숫자를 다 표현할 수 있는 숫자는 8이다. 즉 전자시계를 떠올리면 이해할 수 있는데, 알파벳 문자에서도 모든 활자를 표현하기 위해 M자를 이용한다. em은 M 단위 의미를 말하고 1em 단위가 12pt, 16px, 100% 값과 동일한 값으로 사용된다.
- 행간은 line-height를 이용하여 가변적으로 값을 변경하여 레이아웃에 영향을 줄 수 있다.

연습문제

텍스트와 입력폼 테이블

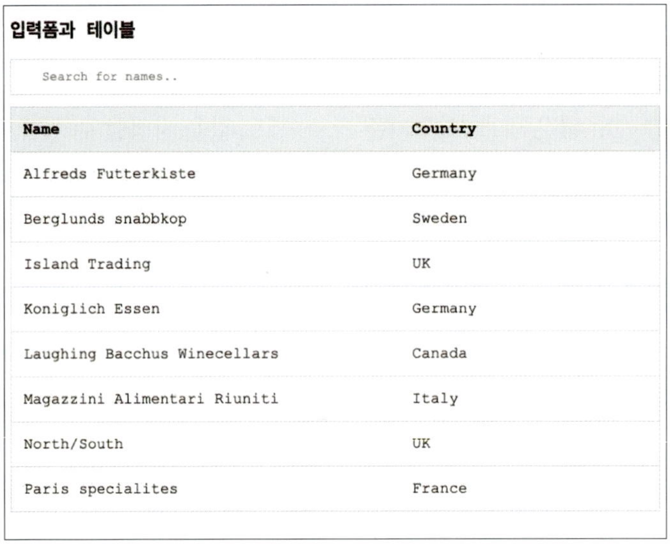


```
<!DOCTYPE html>
<html>
<head>
<meta name="viewport" content="width=device-width, initial-scale=1">
<style>
* {
 box-sizing: border-box;
 font-family: 'Courier New', Courier, monospace;
}

#myInput {
 width: 100%;
 font-size: 16px;
 padding: 12px 20px 12px 40px;
 border: 1px solid #ddd;
 margin-bottom: 0.9em;
}
```

```
#myTable {
 border-collapse: collapse;
 width: 100%;
 border: 1px solid #ddd;
 font-size: 1.2em;
}

#myTable th, #myTable td {
 text-align: left;
 padding: 1rem;
}

#myTable tr {
 border-bottom: 1px solid #ddd;
}

#myTable tr.header, #myTable tr:hover {
 background-color: #f1f1f1;
}
</style>
</head>
<body>

<h2>입력폼과 테이블</h2>

<input type="text" id="myInput" placeholder="Search for names.."
title="Type in a name">

<table id="myTable">
 <tr class="header">
   <th style="width:60%;">Name</th>
   <th style="width:40%;">Country</th>
 </tr>
 <tr>
   <td>Alfreds Futterkiste</td>
   <td>Germany</td>
```

```
</tr>
<tr>
  <td>Berglunds snabbkop</td>
  <td>Sweden</td>
 </tr>
 <tr>
  <td>Island Trading</td>
  <td>UK</td>
 </tr>
 <tr>
  <td>Koniglich Essen</td>
  <td>Germany</td>
 </tr>
 <tr>
  <td>Laughing Bacchus Winecellars</td>
  <td>Canada</td>
 </tr>
 <tr>
  <td>Magazzini Alimentari Riuniti</td>
  <td>Italy</td>
 </tr>
 <tr>
  <td>North/South</td>
  <td>UK</td>
 </tr>
 <tr>
  <td>Paris specialites</td>
  <td>France</td>
 </tr>
</table>

</body>
</html>
```

5 장

CSS : layout 1

학 습 목 표

- 가상 엘리먼트를 이해하고 실무에서 사용되는 엘리먼트에는 어떤 것이 있는지 학습한다.
- 고전적 레이아웃 방법인 float 방법을 이해하고 블록포맷팅을 반드시 함께 이해한다.
- 디스플레이 방법을 이해한다.

5.1

가상 엘리먼트

앵커 가상 클래스

앵커 가상 클래스는 특정 요소에 커서가 갔을 때, 디자인의 컬러 변경 등 스타일 변형을 동적으로 하기 위한 css이다.

```
a:link {
  color: green;
  background-color: transparent;
  text-decoration: none;
}

a:visited {
  color: pink;
  background-color: transparent;
  text-decoration: none;
}

a:hover {
  color: red;
  background-color: transparent;
  text-decoration: underline;
}
```

다음의 문법 형식으로 사용된다.

```
a : 가상 엘리먼트 요소 속성값 {
    css 값 설정
}
```

a: link는 앵커(a) 하이퍼링크 값으로 되는 선택자로, 다음 링크의 컬러 값을 변경한다.

- link : 방문 전 앵커 클래스
- visited : 방문한 앵커 클래스
- hover : 마우스 오버 시 앵커 클래스
- active : 선택한 또는 활성화된 앵커 클래스

순서의 가상 클래스

: first-child는 li 중 첫 번째 요소에 해당하고, : last-child는 li 중 마지막 요소에 해당하며, :nth-child(n)은 li 중 n번째 요소에 해당한다.

```
ol li:first-child {
        border: none;
    }

ol li:last-child {
        border: none;
    }

ol li:nth-child(4) {
        border: none;
    }
```

가상 요소

가상 클래스가 실제로 존재하는 것에 클래스를 추가하거나 그렇지 않은 경우 디자인을 입히거나 또는 변형 액션을 취하기 위한 것이라고 한다면, 없는 요소를 실제 가상으로 만들어 주는 가상 엘리먼트가 있다. 이는 보통 기존 요소의 앞이나 뒤에 콘텐츠를 삽입하여 만들 수 있다.

```
::before, ::after
```

다음과 같은 특징이 있다.

block1
block2
block3

inline1 inline2 inline3

인라인 요소(inline element)에 들어가며 width, height 값을 가질 수 없다. 크기 값을 변경하려면 inline-block 디스플레이로 변경해야 한다.

- content : ‘ ’는 함께 사용할 수 있다.
- margin 값의 좌우 요소인 left, right는 가질 수 있지만, 세로 요소인 top, bottom은 가질 수 없다.
- padding 값은 상하좌우 모든 방향으로 값을 가질 수 있다.

```
p::after {
  content: "가상요소 뒤에 들어감";
  background-color: yellow;
  color: skyblue;
}
```

가상엘리먼트 요소 가상요소 뒤에 들어감

```
<style>
p::after {
 content: "가상요소 뒤에 들어감";
 background-color: yellow;
 color: skyblue;
}
</style>
</head>
<body>

<p>가상엘리먼트 요소</p>

</body>
```

5.2 box-sizing

box-sizing 값은 어디를 기준으로 정할 것인가를 선택하는 속성이다. 기본 content-box를 기준으로 하는데 콘텐츠를 중심으로 보더 값을 시작할 수 있다. 그러나 가로 전체를 100%로 계산을 할 때 보더 라인이 많이 생기면 계산하기에 어려움을 느낄 수 있다. 따라서 보더 박스를 포함된 값으로 변경해야 한다.

```
box-sizing : border-box;
```

수정 후 박스 크기의 비율을 나눌 수 있다.

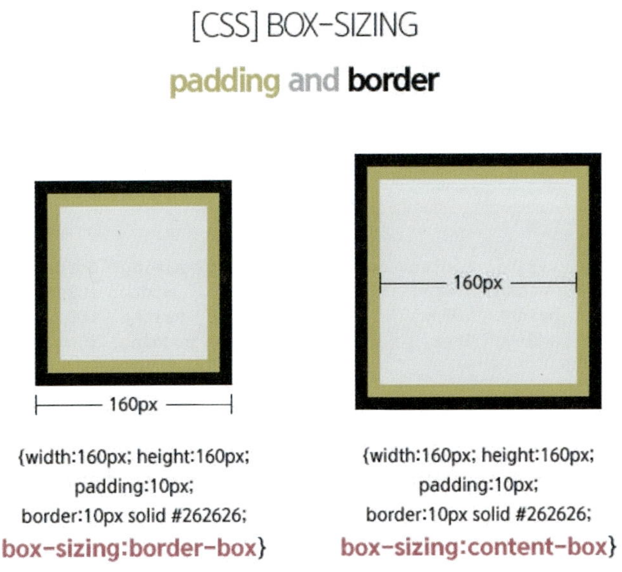

보통 박스의 보더 값을 포함한 전체에서 사이즈 값을 정한다.

- 2박스 : 50%
- 3박스 : 33.33%
- 4박스 : 25%
- 5박스 : 20%
- 6박스 : 16.66%
- 7박스 : 14.28%

즉 콘텐츠를 중심으로 하느냐 보더 라인을 중심으로 하느냐에 따라 박스는 크기가 달라진다는 점을 유의하자.

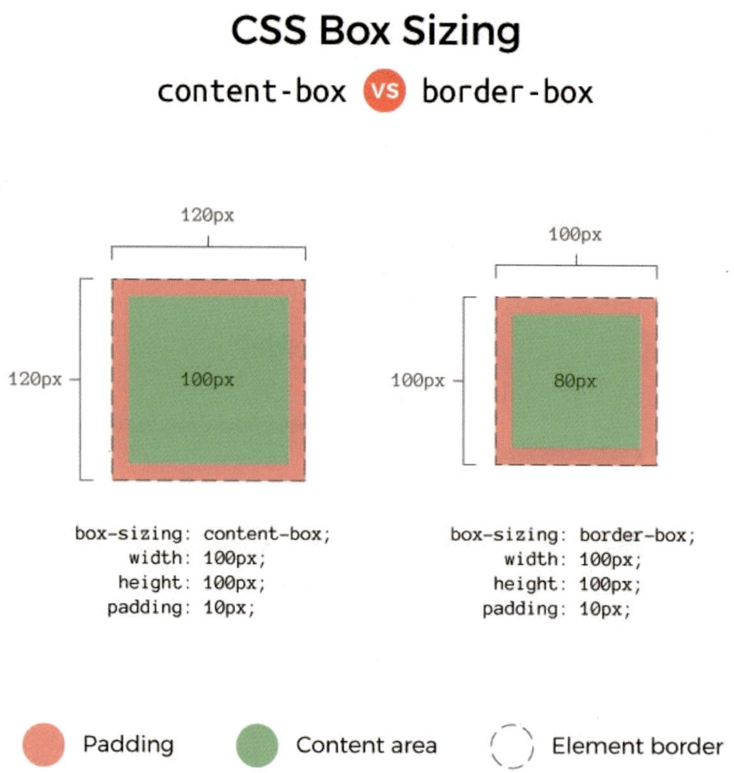

5.3 고전적 float : left

float가 왜 고전적 방법인가에 대해 이해하기 위해 과거에 어떻게 사용되었는지를 알아보자. html로 구성되었던 초기 웹페이지는 단순한 레이아웃 형태를 갖고 있었다. 초기 웹페이지가 있기 이전에는 신문 인쇄 매체에서 비롯된 레이아웃을 갖고 있고, 가로와 세로 형태의 줄 정렬로 그리드 시스템을 구축하면서 가독성을 구성했을 것이다.

앞에서 말한 것처럼 블록 레벨 요소, 인라인 레벨 요소 등과 같이 처음부터 가로 또는 세로 방향으로 배치되는 속성을 갖고 있는 태그들이 있다. 이들의 움직임을 강제로 가로 또는 세로로 변경하기 위한 방법이 바로 float이다. 블록 레벨 요소는 무조건 위아래로 배치가 된다. 나의 크기가 전체 100%처럼 꽉 차지 않더라도 나 외 그 누구도 여기 땅으로 들어올 수 없다는 것이 바로 블록 레벨 요소이다. 즉 빈공간이 많더라도 나 외 누구도 옆으로 올 수 없다는 것이다.

우선 html과 css는 영어에서 왔기 때문에 영어 어원 즉 float의 뜻을 살펴봐야 이해할 수 있는 부분이 있다. 왜 만들었고, 어떻게 사용을 하고 있는지를 꼭 기억해야 css를 이해할 수 있고 다양하게 활용할 수 있다. 초보자 또는 중급자 이상도 잘 모르는 사람도 많이 있기 때문에 필히 이해하면서 익히길 권장한다.

float는 '물 위를 떠가다, 뜨다, 액체 위로 띄우다'라는 뜻으로, 한마디로 '뜨다'라는 의미이다.

그렇다면 왜 뜨는지 알아야 한다. 그리고 원래 본연의 float의 기능을 만든 것과 이를 이용한 레이아웃으로 왜 사용하는지를 알면 쉽게 이해할 수 있고 저절로 암기가 가능하다. 더 중요한 것은 이것을 왜 사용해야 하고 왜 배워야 하는지, 요즘은 flex, grid 레이아웃처럼 현대적 방법이 많이 있는데 굳이 옛날 방식을 왜 배워야 하는지도 알아야 한다. 그 이유는 코드 방식이 아직도 float : left 레이아웃을 사용하고 있고, 회사에서 사용된 코드를 수정해야 하고 업데이트해야 하기 때문이다. 코드를 쉽게 변경하거나 바꾸지 않는 이유는 금융, 국가기관 등과 같이 여러 가지 보안, 정책 등으로 인해 웹사이트를 업데이트하거나 변경하는 것이 어려운 부분도 있고, 운영 이슈 등 과거 css를 고집하는 단체 및 국가들도 많이 있기 때문이다. 또한 국내는 인터넷이 빠른 인터넷 강국이지만, 해외는 아직도 과거 코드를 그대로 사용하는 업체가 많다. 따라서 최신 코드가 무조건 좋은 것은 아니며, 과거 코드를 이해해야 코드를 정확히 쓸 수가 있다.

float

1. (물 위나 공중에서) 떠가다 2. (가라앉지 않고 물에) 뜨다 3. (액체 위에) 띄우다

float는 가로 정렬 시 좌우의 이미지와 글이 배치가 잘 어우러지도록 하는 방법의 css이다. 아래 이미지처럼 인쇄 신문 등의 레이아웃에서 흔히 볼 수 있는 형태인 이미지와 글이 함께 있는 방식의 요소로써 사용되는 것으로 출발하였다. 그래서 이미지를 두고 좌우 또는 모양에 따라 글의 변화를 주는 것과 같이 인쇄 등의 편집 디자인에서 사용되는 레이아웃을 웹상에서도 추구하였다.

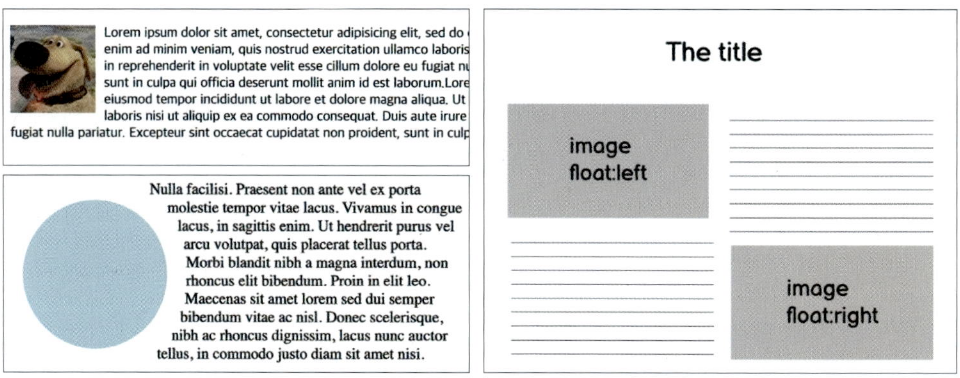

그러나 여러 가지 레이아웃을 활용하고 응용하다 보니 고전적 레이아웃으로 float를 활용하여 사용한다. 따라서 div(block level element) 공간을 만드는 태그를 활용하여 공간 구성을 자유롭게 한다. div는 원래 블록 레벨 요소로, 위아래로만 배치된다. 어떠한 공간이 남아도 무조건 아래로 떨어진다는 사실을 기억한다. 이때 강제적으로 좌우로 배치하기 위해 float : left 또는 right를 사용한다. 그러면 가로 정렬이 되면서 원하는 가로 배치를 할 수 있게 된다.

이제부터 문제는 가로 정렬만 되면 좋으나 블록 포맷팅이라는 문제가 발생한다는 것이다. 이 문제의 원인을 알고 충분히 이해해야 내가 원하는 레이아웃을 적절하게 구현할 수 있고, 쉬운 코딩을 할 수 있다.

알아두세요 **블록 포맷팅(block formatting context)**

위아래 영역을 차지하는 블록 레벨 요소는 포맷팅으로 인해 파괴된 형태가 된다.

> float의 의미는 앞에서 설명한 것처럼 물 위로 '뜨다, 띄우다' 등의 '뜬다'라는 의미 요소가 담겨 있다. 즉, '뜬다'는 높이 층이 다르다는 의미이며, 이것을 이해하기 위해 입체적으로 설명이 필요하다. 기본 바탕의 높이가 아닌 한 층 위로 떠오른 형태이다.

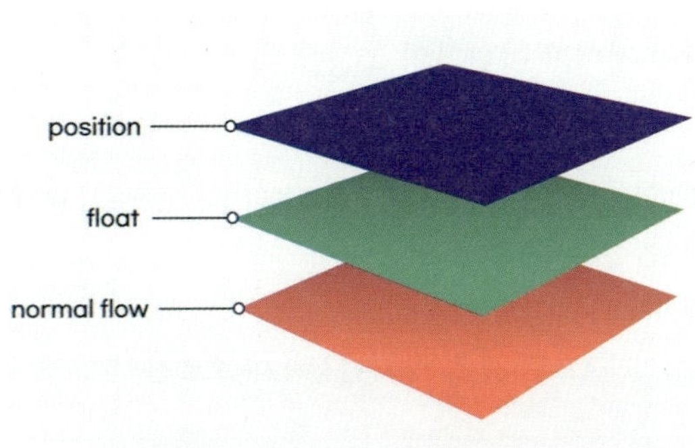

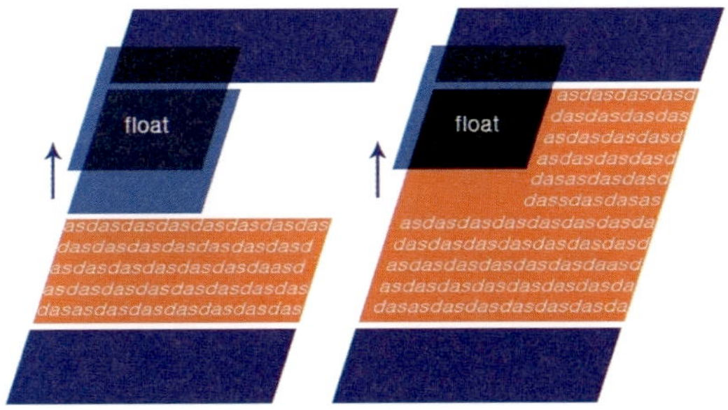

블록 포맷팅으로 float 형태가 위로 뜬다. float의 뜬 자리에 기존 아래의 글자 콘텐츠가 밑으로 깔려 채워진다. 이런 현상으로 레이아웃이 포맷팅하는데, 이해할 수 없는 모양으로 변경됨에 따라 어려워할 수 있다. 그리고 레이아웃의 정렬이 원하지 않는 모양일 때 이를 바로잡기 위한 방법을 다음 장에서 모색해 본다.

5.4 overflow

overflow는 요소의 콘텐츠가 너무 커서 요소 내에 모두 보여주기 힘들 때 어떻게 보여줄 것인지를 결정하는 것이다. 어원으로 의미를 파악하면 'overflow'는 '과하다, 넘치다'라는 의미를 갖고 있다. 따라서 요소 콘텐츠가 '과하게 넘친다'라는 가정이 있고 이런 가정을 접한 상황에서 숨길 것인가, 스크롤바를 추가하여 스크롤로 보여줄 것인가, 아니면 자동으로 스크롤바를 추가할 것인가 아닌가의 속성을 제어할 수 있다.

- visible : 기본 디폴트 값이 넘칠 때 콘텐츠를 상자 밖으로 보여준다. (콘텐츠가 넘친다)
- hidden : 넘치는 콘텐츠만 안 보이게 한다.
- scroll : 스크롤바를 추가하여 넘치지 않게 한다.
- auto : 콘텐츠의 넘침에 따라 스크롤바를 추가할지 안 할지 자동으로 선택된다.

```
<style>
div.container {
    overflow: visible;
    border:solid 1px green;
    height: 100px;
    width: 100px;
}
</style>

<div class="container">
    <p>overflow</p>
</div>
```

〈overflow : visible;〉

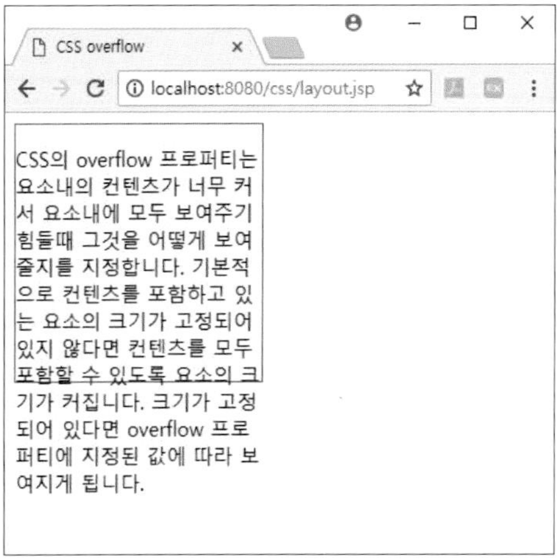

〈overflow : hidden〉

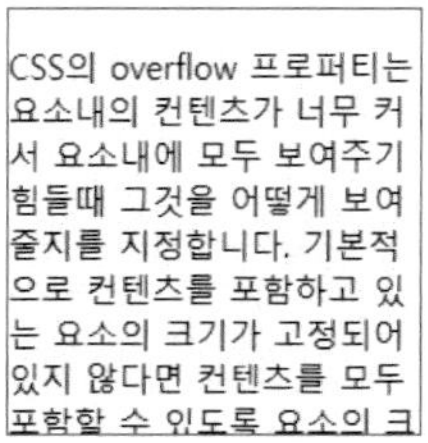

〈overflow : scroll〉

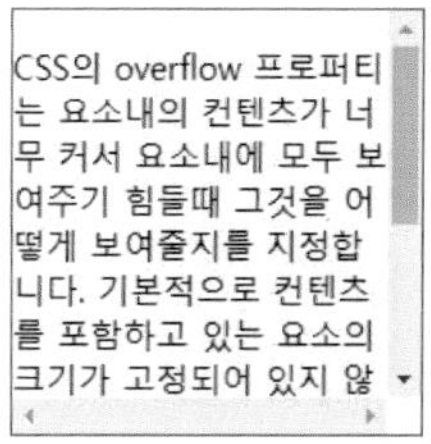

5.5 display

요소를 어떻게 보여줄지 강제적으로 레이아웃을 지정하는 속성이다. 디폴트 값은 inline 값으로, 옆으로 나란히 정렬된다.

display : none

요소를 렌더링하지 않게 하여 보이지 않는다.

display : inline

요소 태그들이 인라인 레벨 태그들에 해당한다. span, a, i, b, img 등의 태그로 옆으로 나란히 줄지어 정렬된다. 블록 요소와 달리 width, height 여백을 지정할 수 없다.

display : block

요소 태그가 블록 레벨 요소로 된다. div, p, h, li, form 태그 등으로 블록 레벨 태그 형태를 갖춘다. 가로 영역을 모두 차지하여 항상 줄 바꿈 아래로 줄 정렬된다. width, height 속성을 지정할 수 있다.

display : inline-block

인라인 요소도 있으면서 블록 요소도 동시에 있다. 줄 정렬 시 inline 요소처럼 동작하지만 줄 바꿈은 되지 않고 요소 내부에서 블록 요소처럼 동작한다. 즉 블록처럼 크기 여백을 지정할 수 있다.

display : flex

flexbox 형태를 가로 방향이나 세로 방향으로 배치할 수 있고, 컨테이너에 적용되는 속성은 아이템의 정렬과 배치에 영향을 준다.

레이아웃을 변경할 때 현대적 레이아웃으로 활용한다.

display : grid

grid 시스템의 레이아웃을 적용시킬 때 사용한다. column(세로), row(가로)의 비율이나 크기를 지정하여 레이아웃을 원하는 크기에 맞게 변경한다.

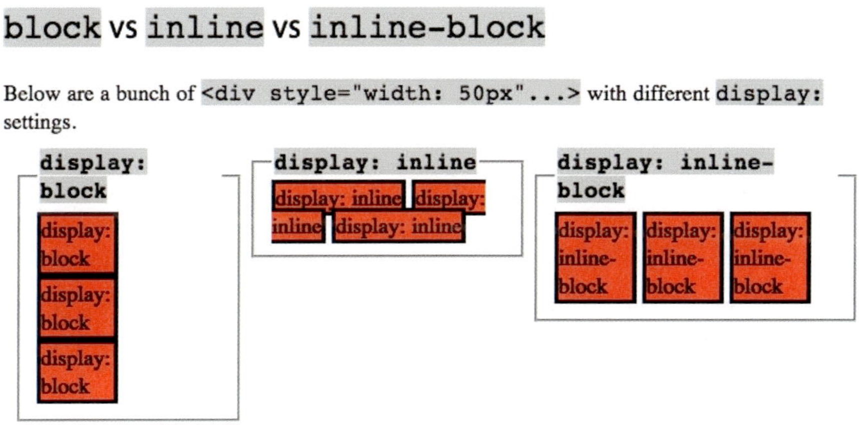

5.6 Block Formatting Context(BFC)

블록 포맷팅은 고전적 float : left를 적용하는 순간 생긴다. 즉 블록 요소가 포맷화되었다고 할 수 있다. 이런 블록 포맷팅을 다시 원상태로 변경하기 위한 방법은 다음을 참고하여 기억하면 된다.

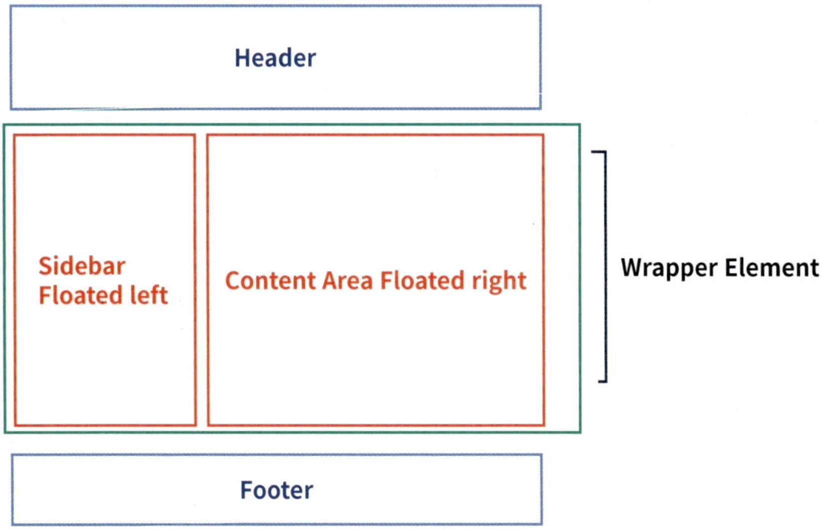

위 이미지를 보면 블록 레벨 요소의 레이아웃 공간은 아래로 줄 바꿈으로 떨어진다. div 태그를 주로 사용한다. 그러나 div 태그를 이용하여 위아래가 아닌 좌우의 수평 레이아웃을 가질 때 float : left를 사용한다. 이때 그냥 사용하는 것이 아닌 한 번 더 감싸주는 부모의 요소 즉 상위 요소와 자식 요소를 그 안에 넣어준다. 그러면 부모가 감싸고 있고 그 자식들의 크기와 형태를 묶을 수 있다. 하지만 블록 포맷팅은 벗어날 수 없다. 이것을 확인하기 위해 크롬 브라우저 기준 설정으로 들어가기 위해 상단 오른쪽 점 3개 세로인 것 클릭 > 도구 더보기 > 개발자 도구를 클릭한다.

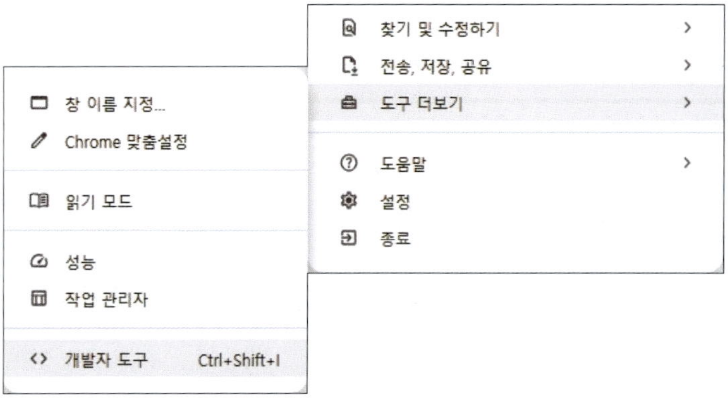

부모가 감싸고 있는 컨테이너 클래스 명에 float : left를 넣어준다. 그러면 div 블록 레벨 요소가 변화를 만든다. 동시에 블록 포맷팅이 되며, 아래에 있는 footer 공간이 위로 올라온다. 즉 float는 부모의 container 박스가 위로 뜬 상태이며, footer 박스가 그 아래로 올라온 상태가 된다.

```
<style>
        .header{
            border:  solid 2px black;
        }
        .container{
            float: left;
            border: solid 10px green;
        }
        .box{
            border: solid 2px red;
        }
        footer{
            border: solid 2px black;
        }
  </style>


<body>
    <div class="header">header</div>
    <div class="container">
        <div class="box">sidebar</div>
        <div class="box">content</div>
    </div>
    <footer>footer</footer>
</body>
```

〈코드 결과 값〉

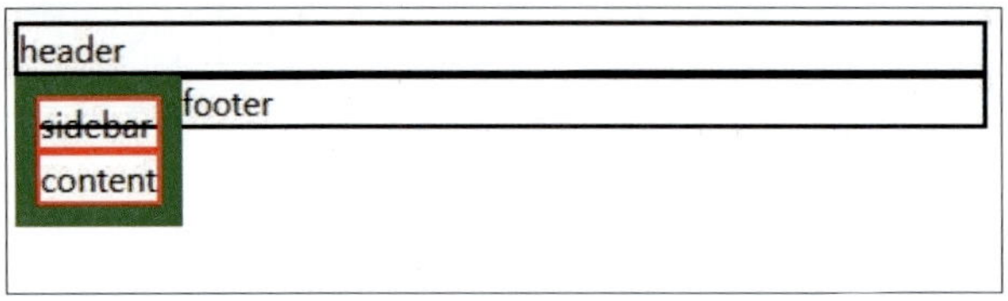

이렇듯 footer는 header 바로 아래로 정렬되어 붙어 있고 container 이하 자식까지 위로 뜬 상태이다.

이것이 블록 포맷팅이다. 이를 해결하기 위한 방법은 다음 장에서 자세히 살펴보도록 하겠다.

핵심 요약

- css 레이아웃의 방법으로 몇 가지 알아야 할 요소가 있다. 가상 엘리먼트는 실제 레이아웃을 표현할 때 가상 엘리먼트 ::after 요소를 사용한다. 뒷부분에 들어갈 콘텐츠를 연결하는데 content : '' 요소 공간을 만들어 주어 실제 코드로 작성한 것이 아닌 가상 요소를 만든다. 이는 레이아웃 블록 포맷팅에서 유용하게 사용한다.

```
p::after {
  content: " 가상 요소 뒤에 들어감";
}
```

- box-sizing은 border-box와 content-box의 크게 두 가지가 있다. 레이아웃 방법에는 border-box 사이즈를 이용하여 보더까지 계산해서 사용한다. 좌우의 박스 개수에 따라서 % 단위로 나누기할 수 있으며, 정확한 계산을 하기 위해 border-box를 사용한다면 쉽게 공간을 나눌 수 있다.

> - 2박스 : 50%
> - 3박스 : 33.33%
> - 4박스 : 25%

- 고전적 레이아웃으로 float를 사용하는데 원래는 이미지와 글자의 배치를 위해 사용한다. 레이아웃에서도 활용하는데 문제는 블록 포맷팅이 일어난다는 것이다. 이를 해결하기 위한 방법을 같이 알고 있어야 기존 코드를 수정 업데이트할 수 있다.
- overflow는 콘텐츠가 넘쳐나는 것을 어떻게 처리할 것인가의 문제이다. 넘친 것만 안 보이게, 스크롤이 생기게 등 다양한 옵션을 조정할 수 있다.
- display는 기존 속성인 블록 레벨 속성과 인라인 레벨 속성을 자유롭게 변경하거나 강제 수정할 수 있다. 이 둘의 동시 기능을 갖는 것은 inline-block(인라인 블록)을 사용할 수 있다.

연습문제

〈결과 보기〉

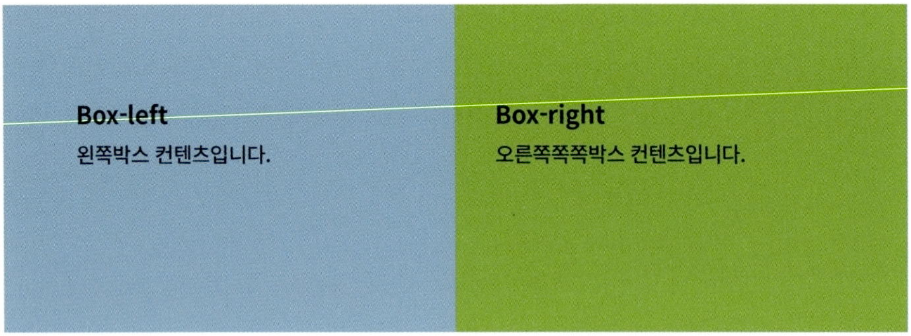


```
<!DOCTYPE html>
<html>
<head>
<style>
* {
  box-sizing: border-box;
}
.box {
  float: left;
  width: 50%;
  padding: 50px;
  height: 300px;
}
.box1{
    background-color: skyblue;
}
.box2{
    background-color: yellowgreen;
}
.clearfix::after {
  content: "";
  clear: both;
  display: table;
}
</style>
</head>
```

```
<body>
<div class="clearfix">
  <div class="box box1">
  <h2>Box-left</h2>
  <p>왼쪽박스 컨텐츠 입니다. </p>
  </div>
  <div class="box box2">
  <h2>Box-right</h2>
  <p>오른쪽쪽쪽박스 컨텐츠 입니다. </p>
  </div>
</div>
</body>
</html>
```

6 장

CSS : layout 2

학 습 목 표

- 블록 포맷팅으로 인해 발생하는 레이아웃 문제를 해결하기 위한 클리어픽스 방법을 알아보고 이해하면서 연습문제로 실습해 본다.
- 고전적인 레이아웃 방법을 배우는 이유는 기존 웹페이지 운영 및 소스를 편집해야 하기 위해서라는 사실을 논리적으로 이해하고, 코드 수정까지 가능한 스킬을 키운다.
- 현대적 방법인 flex 방법과 grid 방법을 활용하여 레이아웃을 만들어 본다. 고전적 방법과 달리 반드시 브라우저 호환성을 체크해야 하며, 모바일 호환성 또한 체크해야 한다는 사실을 기억하며 학습한다.
- 마크업 언어인 html과 css를 익히면서 스스로 레이아웃을 만들 수 있는 능력을 키워보자.

6.1 layout 1 : clear : both;

앞 장에서 학습했듯이 float : left와 같은 레이아웃의 고전적 방법을 배워야 하는 이유는 기존 웹사이트 및 전체 웹사이트에서 아직도 float 형태의 레이아웃을 사용하고 있기에 사용된 형태를 수정하거나 편집할 수 있는 능력을 키워야 하기 때문이다. 웹사이트는 쉽게 새로운 신규 코드 소스를 도용하지 않는다. 그 이유는 호환성 문제와 웹페이지 코드를 전 세계 사용자를 대상으로 만들기 때문이다. 우리나라는 웹서버의 웹기능에서 빠른 기능과 성능을 도입하지만, 해외에서는 아직도 호환성 문제가 있거나 느린 속도 등으로 웹서비스가 좋지는 않다. 그리고 기업체의 웹페이지, 모바일 페이지 등의 도입에서도 쉽게 변경하거나 리뉴얼하기에는 비용적 측면이나 기술적 측면에서 완전한 변경을 꺼려할 수 있다. 따라서 기존 웹페이지를 구성하거나 편집을 위해서 과거 고전적 방법 또한 알고 있어야 하고, 수정할 수 있는 능력이 필요하다. 이후 현대적 방법도 같이 배우니까 안심하고 둘 다 알고 있어야 한다고 강조한다. 오히려 현대적 방법은 너무나도 간단하고 쉽다. 문제가 되지 않는다.

float 형태의 레이아웃에서 블록 포맷팅이 일어난다고 설명했다. 즉 블록 형태의 초기화로 인해 float가 적용된 것은 뜨게 된다. 그 뒤 블록은 앞으로 당겨지며 레이아웃이 이상하게 변경된 것을 알 수 있다. 이는 다음과 같은 방법으로 해결할 수 있다. 완전한 방법은 아니며, 마지막 clearfix까지 이해하면서 레이아웃의 3가지 방법을 꼭 기억하길 바란다.

첫째로 clear : both;를 적용해 주면 된다.

앞 장에서 코드 작성 시 아래와 같이 footer 공간이 위로 올라오는 현상이 나타났고, 부모의 요소는 float를 적용했기 때문에 상위로 뜬 경우이다. 현재 그림으로 이해하기 어렵지만 2D 화면이 아닌 3D 화면이라고 생각해야 한다.

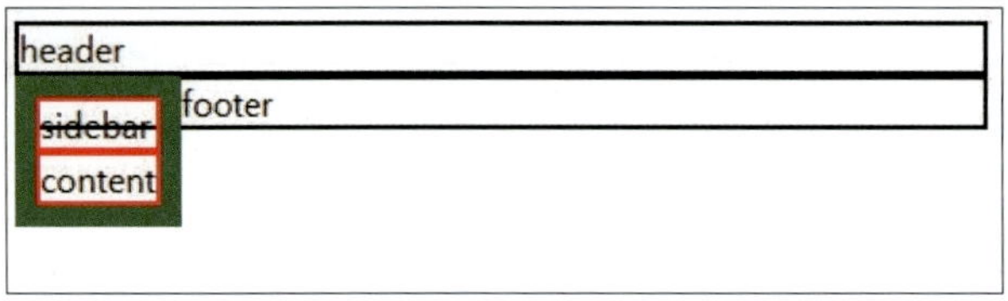

그러면 다음과 같이 코드를 수정하면서 결과 값을 확인하기 위해 footer 태그에 clear : both;를 넣어보자.

```
<style>
        .header{
            border:  solid 2px black;
        }
        .container{
            float: left;
            border: solid 10px green;
        }
        .box{
            border: solid 2px red;
        }
        footer{
            clear: both;
            border: solid 2px black;
        }
</style>
<body>
    <div class="header">header</div>
    <div class="container">
        <div class="box">sidebar</div>
        <div class="box">content</div>
    </div>
    <footer>footer</footer>
</body>
```

〈결과 값〉

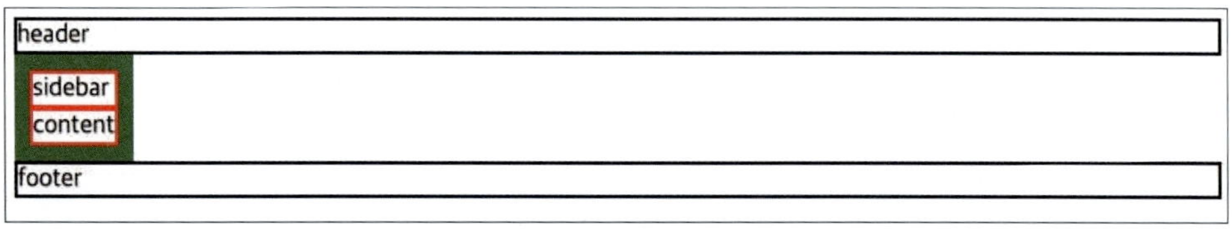

부모 요소가 감싸는 콘텐츠 뒤로 footer가 정상적으로 블록 뒤로 떨어진 것을 확인할 수 있다.

즉 clear는 '취소하다, 청소하다'라는 의미로 float : left가 되면서 블록 포맷팅을 청소해 주는 역할을 한다.

clear 값에는 none, left, right, both 값이 있으며, none은 아무것도 실행하지 않은 상태이고, left는 왼쪽, right는 오른쪽, both는 양쪽 다를 의미한다. 여기에서는 양쪽 다 청소를 하겠다는 의미로 both를 사용하였다. 즉 clear : both는 양쪽 다 청소하겠다는 의미이며, css에서 많이 사용한다.

6.2 layout 2 : overflow : hidden

앞 장에서 설명한 overflow는 넘치는 콘텐츠에 대해 css 속성값으로 처리한다고 하였다. 간략한 코드를 살펴보면 다음과 같다.

```
<style type="text/css">
   .overflow{
     border: 1px solid #000;
     width: 100px;
     font-size: 300%;
   }
 </style>


<body>
 <div class="overflow">overflow</div>
</body>
```

〈결과값〉

코드에 추가로 css 속성값 overflow를 넣어주면 넘치는 값을 어떻게 할지 판단할 수 있다. overflow : hidden 값을 추가로 넣어주면 박스를 넘치는 글자가 숨겨진다.

```
.overflow{
     border: 1px solid #000;
     width: 100px;
```

```
        font-size: 300%;
        overflow: hidden;
    }
```

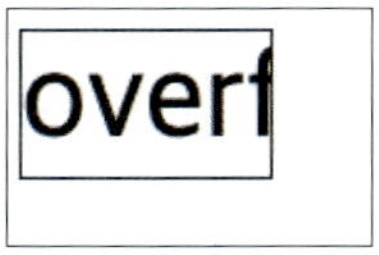

css에서 블록 포맷팅 컨텍스트(Block Formatting Context : BFC)는 overflow를 사용할 때 박스 자체가 하나의 미니 레이아웃 개념을 갖게 된다. 즉, 박스 외부의 다른 콘텐츠와 겹치지 않게 만드는 효과를 만들 수 있기 때문에 overflow : hidden;으로 처리하게 되면 블록 포맷팅을 막을 수 있다. 따라서 기존의 코드에서 부모 요소인 감싸는 박스에 overflow : hidden;을 추가하게 되면 더욱더 안전하게 블록 포맷팅을 막을 수 있다. 전체 코드는 다음과 같다.

```
<!DOCTYPE html>
<html>
<head>
 <style>
      .header{
          border: solid 2px black;
      }
      .container{
          float: left;
          overflow: hidden;
          border: solid 10px green;
        }
      .box{
          border: solid 2px red;
        }
      footer{
          clear: both;
          border: solid 2px black;
      }
</style>
</head>
```

```
<body>
    <div class="header">header</div>
    <div class="container">
      <div class="box">sidebar</div>
      <div class="box">content</div>
    </div>
  <footer>footer</footer>
</body>
</html>
```

〈결과값〉

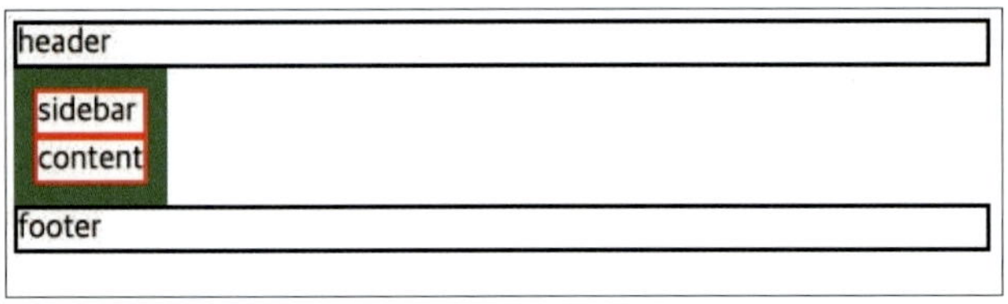

참고로 overflow : hidden을 사용하거나 overflow : auto로 사용해도 된다.

6.3 layout 3 : clearfix

clearfix(클리어 픽스)란 가장 일반적으로 많이 사용하는 방법으로 앞에서 사용한 모든 코드를 동원하여 사용하고 더 안전하게 추가 코드를 넣어 만든 것이라고 이해하면 된다. 즉, 블록 포맷팅 현상을 한 번에 해결하기 위한 방법으로 별도의 css 스타일 시트로 만든 것이다.

다음의 코드를 이용하여 사용된다.

```
.clearfix ::after{
   content: ' ';
   clear:both;
   display: block;
}
```

css 선택자는 클래스 명을 clearfix(클리어 픽스)라고 하고, 가상 엘리먼트 요소인 ::after 또는 ::before를 사용한다. 이때 content : ' ' 를 함께 사용하고, 이렇게 사용하는 이유는 앞 장에서 설명한 것처럼 가상 요소를 만듦으로써 after, before 단어 그대로 앞부분이나 뒷부분에 글을 작성할 수 있기 때문이다. 이렇게 함으로써 실제로는 글을 쓰지 않고 콘텐츠 영역만 만들면 공간 확보가 되므로 뒤에 따라오는 콘텐츠가 더 이상 붙지 않게 되어 블록 포맷팅을 막을 수 있다.

clear : both;를 사용하고, display 요소는 block(블록)으로 지정하면 가장 안전하게 블록 포맷팅을 막을 수 있다. 때로는 display: table; 형태로 변경해도 무방하다. 여기에 overflow : hidden;을 추가해도 된다.

다음 이미지는 div 공간 태그 요소의 가로 영역으로 레이아웃을 만들 때 클리어 픽스를 활용한 것으로 소스 코드는 다음과 같다.

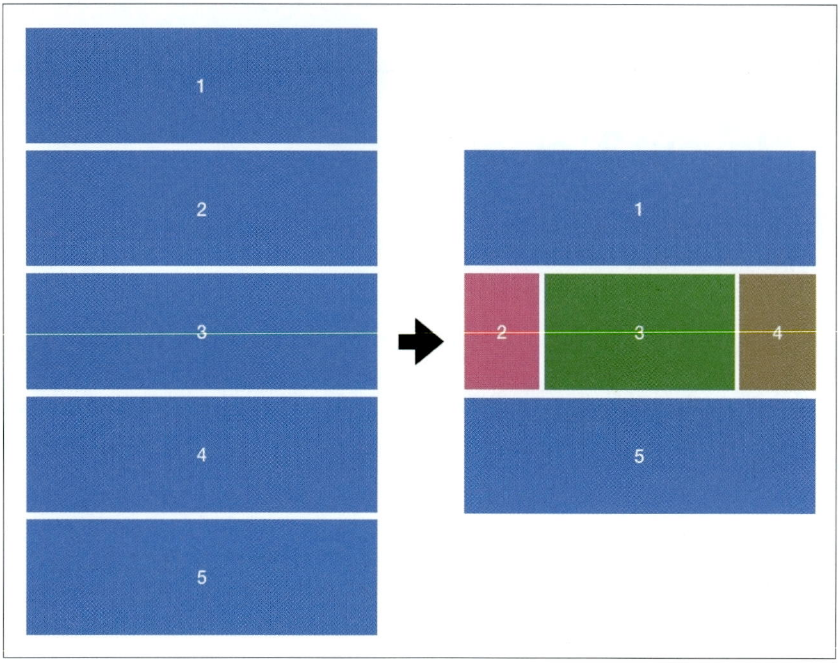


```
<!DOCTYPE html>
<html>
<head>
    <style>
        .header{
            background-color: skyblue;
            width: 600px;
            height: 100px;
        }
        .container{
            /* float: left; */
            /* border: solid 10px green; */
        }
        .clearfix::after{
            content: "";
            clear: both;
            display: block;
            overflow:hidden; /* 생략해도 됨*/
        }
        .box{
            float: left;
      }
```

```
        .box1{
            background-color: rgb(255, 0, 179);
            width: 200px;
            height: 100px;
        }
        .box2{
            background-color: rgb(46, 153, 0);
            width: 200px;
            height: 100px;
        }
        .box3{
            background-color: rgb(118, 128, 15);
            width: 200px;
            height: 100px;
        }
        footer{
            background-color: skyblue;
            width: 600px;
            height: 100px;
        }
    </style>
</head>
<body>
    <div class="header">header</div>
    <div class="container clearfix">
        <div class="box box1">body1</div>
        <div class="box box2">body2</div>
        <div class="box box3">body3</div>
    </div>
    <footer>footer</footer>
</body>
</html>
```

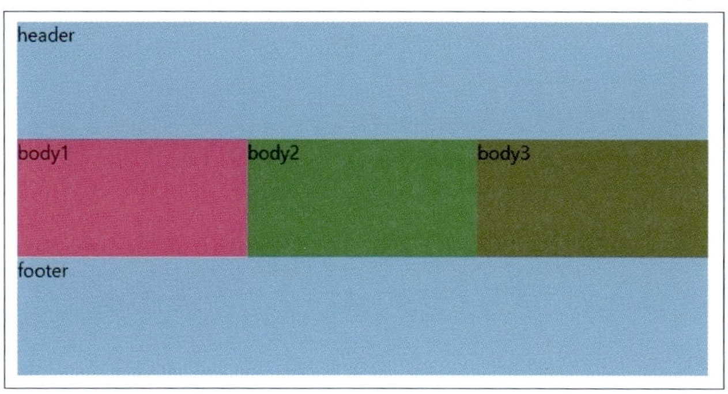

6

CSS : layout2

clearfix(클리어 픽스)를 활용하여 블록 포맷팅되는 것을 방지하고, 원하는 레이아웃을 마음껏 활용할 수 있다. 이렇듯 초기 블록 포맷팅의 코드를 이해하면서 원리와 코드를 하나씩 추가하고 이를 해결하기까지는 코드 연습과 학습이 필요하다. 또한 그렇게 함으로써 다른 사람의 코드를 수정할 수 있고 이렇게 쓴 이유를 이해할 수 있다.

```
.clearfix ::after{
  content: ' ';
  clear:both;
  display: block;
  overflow:hidden; /* 생략가능 */
}
```

즉 레이아웃은 div 태그를 활용하여 공간을 만든다. 그리고 공간을 만들기 위해 가로, 세로 다양한 형태가 존재하기 때문에 블록 레벨 요소인 div 태그를 강제적으로 인라인 레벨을 만들어서 레이아웃 배치를 할 수 있다. 따라서 블록 레벨 요소를 기본으로 하고 적절한 레이아웃을 인라인 레벨 요소로 변경해 주기만 하면 된다. 2개, 3개 합친다면 먼저 옆면을 만들지, 윗면을 만들지 결정해야 한다. 그리고 반드시 부모와 자식 간의 관계 속성과 고전적 방법인 float 원리, 이어 이를 해결하는 값까지 넣어 주는 것을 이해한다면 어떤 레이아웃도 만들 수 있는 능력을 키울 수 있다. 최근에는 현대적 방법인 flex, grid와 같은 방법이 있지만 때로는 우리가 이미 짜여 있는 소스 코드를 수정 · 편집도 해야 하기에 과거 코드를 어떻게 써왔는지 꼭 알아두어야 할 필요가 있다. 이는 실전 실무에 자주 일어나는 일이므로 코드를 어렵게 생각하지 말고, 스스로 잘못된 코드도 직접 해결해봐야 이해할 수 있다.

6.4 position / z-index

position

포지션은 위치를 잡는 CSS로 원하는 위치로 이동 배치하도록 할 수 있다. 초보자들이 어려워할 수 있는 부분이 몇 가지가 있지만, 2가지만 차이를 기억하면 나머지는 쉬워진다.

포지션은 다음의 5가지이다. 그중 2번 relative(상댓값), 3번 absolute(절댓값) 두 가지만 꼭 기억하면 나머지는 어렵지 않다. 이 두 가지가 가장 많이 헷갈리고 어려워하는 부분이기 때문이다. 앞에서 설명한 고전적 레이아웃 방법인 float와 position은 입문자들이 가장 어려워하고 이해가 힘들어서 포기가 많은 부분이므로 반드시 이해하면서 포기하지 않고 충분히 본인 것으로 흡수하길 기대한다. 알고 보면 매우 재미있는 부분이다.

1-static(일반 기본값)
2-relative(상대) 자기 자신의 자리 유지, 같은 레벨에서 기존 자리 기준 좌표 값 계산
3-absolute(절대) 자기 자신의 자리 없어짐, 부모 위치의 (0,0) 기준 좌표 값 계산
  div라고 해서 absolute가 되면 width=100% 해제
4-fixed(고정 위치) : html 기준 좌표 값(root 상위 부분 기준으로 고정됨)
5-sticky(스크롤 시 원자리 그대로) : 호환성 체크를 반드시 해야 함.

static

기본값을 의미한다. 즉 이는 쓰지 않은 것과 동일하다. 그럼, 왜 사용하는 것일까? 원상태로 돌아가야 할 때 필요하다. 즉 변경한 후 다시 원상태로 돌아가야 할 경우에 사용한다. 처음부터 사용해도 아무런 변화가 없다. 사용은 포지션을 사용하고, 속성값을 쓴다.

```
div{
    position: static;
  }
```

- **fixed**

무조건 움직여도 고정된 위치 값으로 변하지 않는 고정 위치를 만들기 위한 것이다. 즉, 스크롤을 움직여도 고정 위치이다. 모바일 하단 또는 상단 메뉴바 등 스크롤은 위아래로 움직이지만, 메뉴는 사용자에게 그대로 보이는 것이 이에 해당할 수 있다.

```
div{
    position: fixed;
  }
```

- **sticky**

속성을 적용한 박스 내 일반 static과 동일한 상태이다가 일정한 임계점에 이르면 fixed로 변경하는 값을 갖는다. 즉, static-fixed가 혼합된 요소로 사용된다. 그래서 탭을 이용하거나 할 때 상단에 고정되었다가 다시 풀리는 위치 값을 잡을 경우 많이 사용된다.

```
div{
    position: sticky;
  }
```

- **relative(상대)**

relative와 absolute가 가장 많이 사용된다. 두 가지의 차이점과 원리를 꼭 이해해야 한다. 앞 장에서 언급한 것과 같이 float는 뜬다. 그러면 position 값은 그 위로 더 뜬 상태이며, 원하는 위치로 어떻게든 갈 수 있는 여유가 있다. 우리가 보는 화면 즉, 모바일 웹이나 pc 화면은 정면을 보지만 꼭 2d 정면으로만 생각하지 말고, 3D 입체라는 사실을 꼭 기억해야 한다.

쉽게 말해 상대인 relative와 절대인 absolute를 비교하면서 기억해야 한다.

relative는 자기 자신의 자리는 유지가 된다. 즉, 위로 위치 값을 바꾸기 위해 뜬 상태이지만, 아래에 있는 공간 값이 위로 올라오지 않는다는 것이다. 비워진 자리이지만, 공간을 그대로 유지해 주어 누구도 침범하지 않는 상태이다. 상대적 개념을 갖는다. 이때 기존 자리 값을 기준으로 x, y는 2D의 좌표 값을 갖는다.

relative 값은 자기 자신의 값을 그대로 유지하면서 본인의 값 좌표에서 이동될 수 있다. 조금은 제한된 상대적 값으로만 위치 이동된다.

- **absolute**(절대)

절대적 값을 갖는다. 즉, 뜬 상태일 때 화면의 전체 좌표인 0,0 즉, 부모의 좌표 값을 기준으로 계산된다. 쉽게 말해 화면의 좌표 값과 동일하다는 뜻이다. 본인 자리와 상관없이 화면의 0,0 값으로 초기 세팅된 상태라고 이해하면 된다. 그래서 자기 자신의 위치 값은 무시되고 없어진다. 완전히 새로운 값으로 재세팅된 상대로 어디든 위치시킬 수 있다. 아래 그림과 같이 relative 값과 absolute 값의 위치는 자신의 값을 기준으로 하는가의 차이가 있다. relative 값은 원래 자신의 값을 유지하고 누구도 침범하지 않으며 위치를 이동시킬 좌표 기준은 본인의 위치를 기준으로 이동된다. 상대적으로 제약된 공간으로 이동될 수 있다. 반면 absolute는 모든 공간의 초기 값으로 세팅되고 본인의 위치 값도 없어진 상태이며 새로운 공간으로 이동되기 위해 화면 좌표 0,0을 기준으로 위치 선정을 할 수 있다는 차이가 있다.

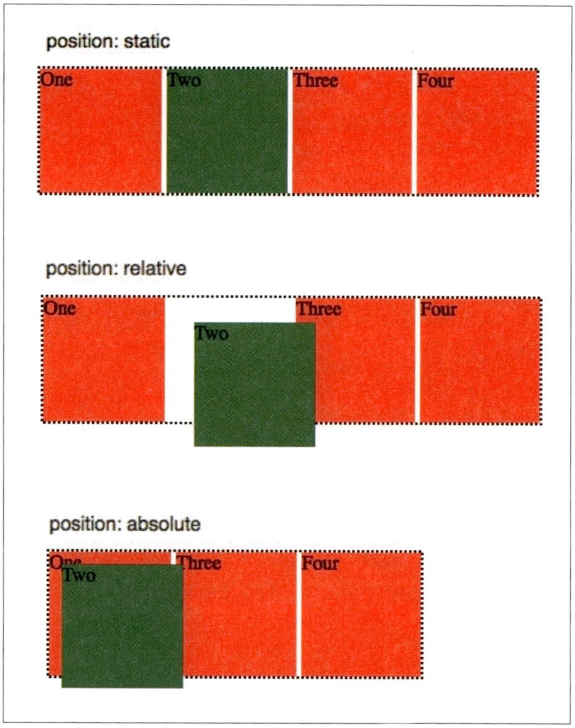

relative와 absolute의 차이점을 이해한다.

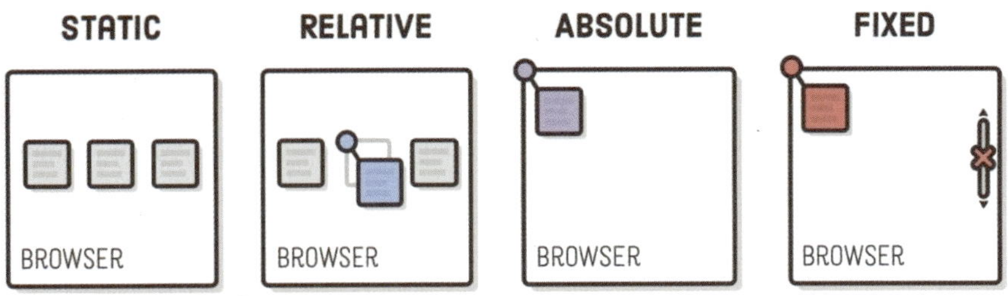

크게 4가지로 구분되는 위치 값의 차이점을 이해하면 브라우저에서 좌표와 위치 기준을 쉽게 파악할 수 있다.

보통 부모의 요소에는 relative 값을 사용하고 자식은 absolute를 활용한 레이아웃을 실무에서 많이 활용한다.

부모 요소인 container는 포지션을 relative 즉, 자신의 자리를 그대로 유지한 상태를 의미하고 부모 위치 좌표 값으로 계산된다. 자식의 위치인 topLeft 글자는 부모 요소 전체를 기준으로 어디든 위치시킬 수 있다. absolute를 활용하여 원하는 위치 값으로 이동된다.

```
<style>
.container {
  position: relative; /* 부모 */
}
.topLeft {
  position: absolute; /* 자식 */
  top: 8px;
  left: 16px;
  font-size: 18px;
}
img {
  width: 100%; height: auto; opacity: 0.3;
}
</style>

<body>


<div class="container">
  <img src="imgwide.jpg" >
  <div class="topLeft">Top Left</div>
</div>

</body>
```

즉 원하는 자식을 부모 요소에 한정된 공간에서만 자유롭게 배치시킬 수 있다.

z-index

z-index 값은 X축, Y축을 가로, 세로 방향이라고 한다면 Z축은 깊이를 의미한다. 즉 z-index는 깊이의 층별 단계를 의미한다. 숫자가 높을수록 위로 떠서 높이가 높아짐으로써 앞에 보이게 되고, - (마이너스) 값으로 갈수록 깊이 내려가서 뒤에 배치된다. 아무 값도 지정하지 않은 기본 디폴트 값은 숫자 0이다.

```
div{
    z-index: 5;
}
span{
    z-index: -3;
}
p{
    z-index: auto;
}
```

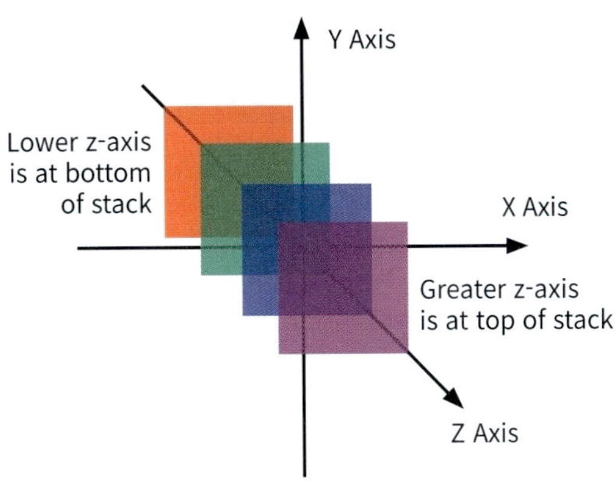

6.5 현대적 flex

flex box는 뷰포트나 요소의 크기가 불명확하거나 동적으로 변할 때, 효율적으로 레이아웃 배분과 배치를 하고 정렬, 분산하는 새로운 css3의 레이아웃 방식이다. 따라서 현대적인 방식의 레이아웃에 속한다. 고전적 float 방법처럼 복잡한 계산 없이 크기와 순서를 유연하게 배치할 수 있고, 그룹 단위나 요소 단위로 한 번에 속성을 적용할 수도 있어서 상대적으로 편리하게 사용할 수 있다. 정렬, 방향, 순서, 크기 등의 속성 값을 유연하게 설정할 수 있어서 초보자들도 다양한 css 레이아웃을 쉽게 구현하는 것이 장점이다. 몇 가지 개념을 이해하고 나서 코드를 익혀보자.

앞에서 부모와 자식 간의 상호 상속 관계를 가진 것처럼 flex도 부모 자식의 상속 관계를 갖는다.

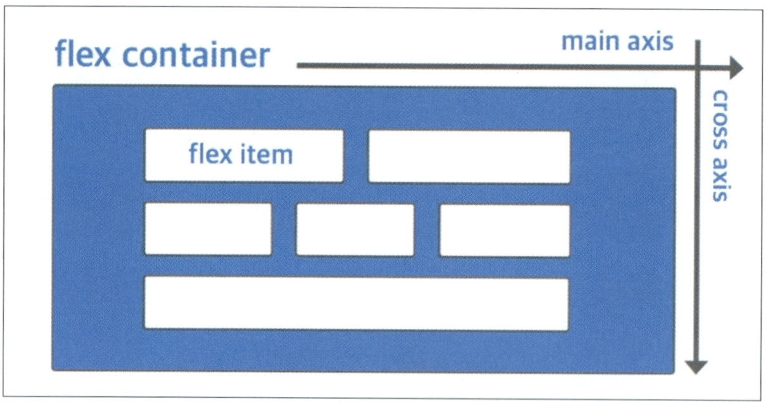

- flex container : 부모 요소 전체를 그룹으로 묶은 개념, 상위 태그에 속한다.
- flex item : 자식의 아이템 요소에 속한다.

```
.flexContainer {
  display: flex;
}
```

부모 속성에 display : flex를 지정하면 된다.

부모와 자식 요소에 들어가는 속성은 다르다. 따라서 부모 속성에는 어떤 것이 있고 자식 속성에는 어떤 것이 있는지 파악하고, 사용할 때는 어디에 속한 것인지 이 점을 꼭 기억해야 한다.

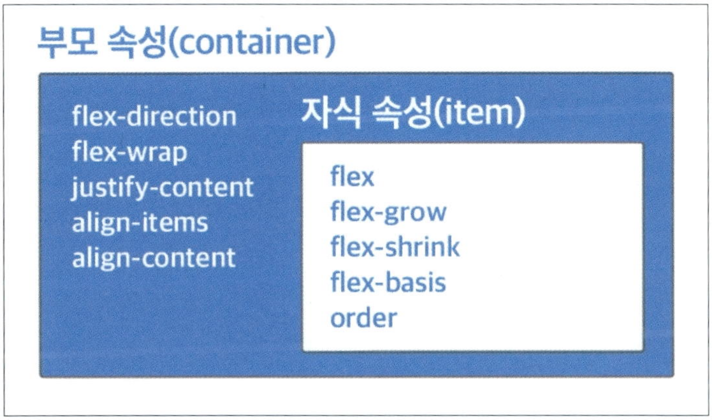

부모 속성

flex-direction은 플렉스 정렬의 방향 값을 지정할 수 있다. 총 4개의 값을 지정한다. 다음 그림을 이해하고 지정할 수 있다. row(가로), column(세로)이라는 것을 기억하면 이해하기 쉽다.

- row : 가로 왼쪽-오른쪽
- row-reverse(반대) : 가로 오른쪽-왼쪽
- column : 세로 위-아래
- column-reverse(반대) : 세로 아래-위

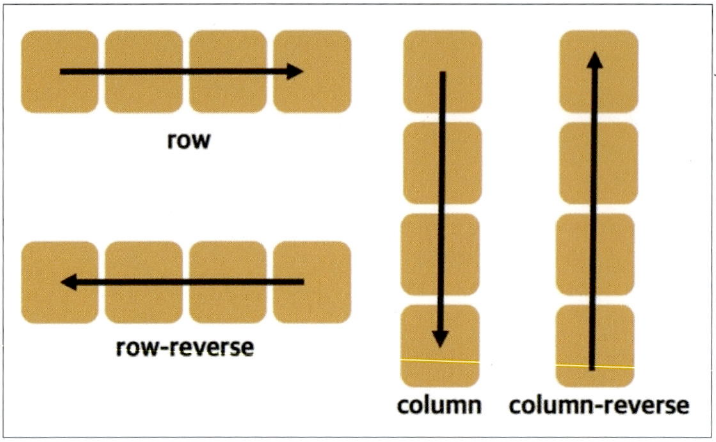

justify-content(정렬 방법)는 정렬을 어떻게 할지 정하는 정렬 방법의 속성 값으로 6가지 속성이 있다.

- flex-start : 처음 시작에서부터 정렬
- flex-end : 끝에서부터 정렬
- center : 가운데 정렬
- space-between : 사이 중심 공간 간격 – 좌우 margin:0
- space-around : 시작과 끝 지점 여백(좌우) 포함 간격
- space-evenly : 각 항목을 고르게 배분하여 정렬 즉, 항목 서로 간에 동일한 여백을 가짐.

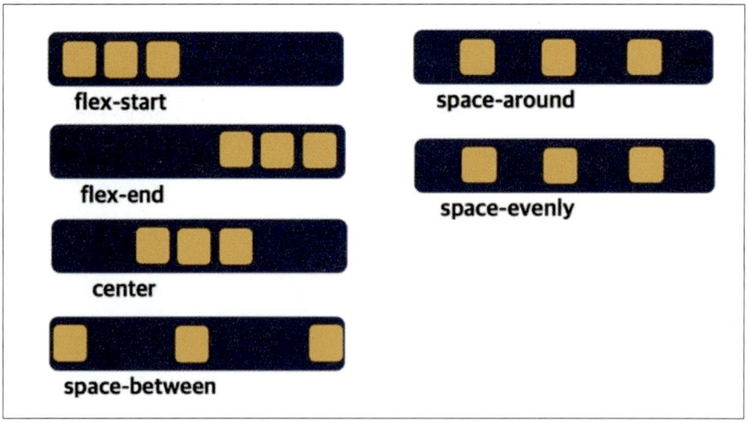

flex-warp은 한 줄 배치 묶음의 개념을 가지고 있다. 같은 줄에 강낭콩처럼 한 줄에 묶을 것인가, 아닌가를 판단할 수 있는 속성 값이다.

- nowrap (기본값) : 한 줄 묶지 않음.
- wrap : 왼쪽에서 오른쪽으로 한 줄 정렬
- wrap-reverse : 반대 방향으로 한 줄 정렬

align-items : verical align는 문자의 상하 정렬에서 학습했던 내용으로, 아이템 요소(자식 요소)들의 상하 정렬을 어떻게 할지 결정하는 속성이다.

속성 값은 수없이 많으나 가장 많이 사용되는 것 중심으로 본다면 다음과 같다.

- flex-start : 상하 기준 상위 시작 지점을 기준으로 세로 정렬
- flex-end : 상하 기준 하위 끝 지점을 기준으로 세로 정렬
- stretch : 상하 동일한 크기 100% 꽉 찬 화면으로 세로 정렬
- baseline : 글자 베이스라인을 중심으로 정렬
- center : 부모 속성의 중앙 중심으로 세로 정렬

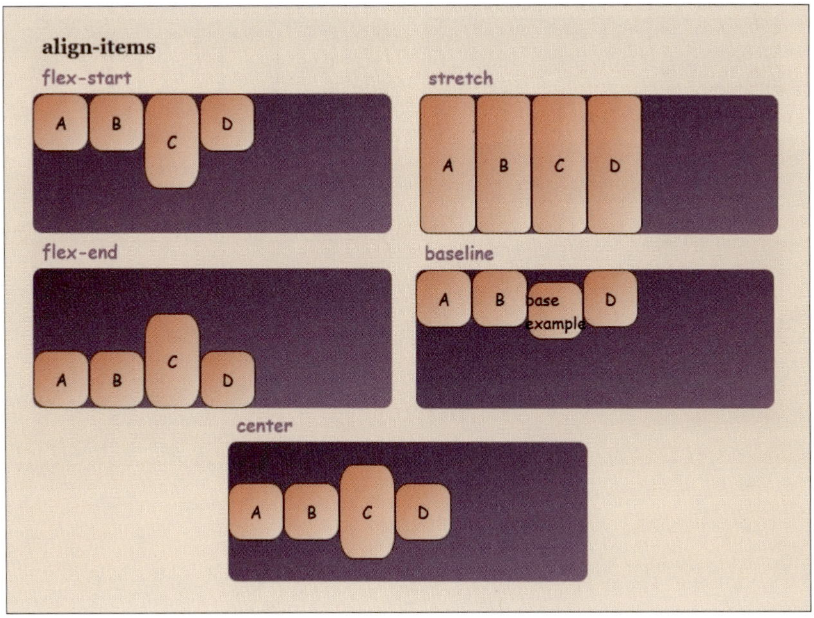

align–contents는 align–items과 유사하나 차이가 있다. align–items는 단 1줄을 정렬할 때 기준점을 고려한다면, align–contents는 2줄을 기준으로 이루어진다는 점이다. 그림을 비교해 보면 정렬 방식이 차이가 난다. 즉 콘텐츠(centents)는 내용이므로 두 줄 이상일 때 정렬의 형태가 드러난다.

- flex-start : 상하 기준 상위 시작 지점을 기준으로 세로 정렬(두 줄 정렬 기준)
- flex-end : 상하 기준 하위 끝 지점을 기준으로 세로 정렬(두 줄 정렬 기준)
- center : 부모 속성의 중앙 중심으로 세로 정렬(두 줄 정렬 기준)
- stretch : 상하 가득 채운 정렬(두 줄 정렬 기준)
- space-around : 양쪽 끝 상하 여백이 있고 균등 배분(두 줄 정렬 기준)
- space-between : 상하 시작과 끝으로 정렬 사이 최대 여백(두 줄 정렬 기준)

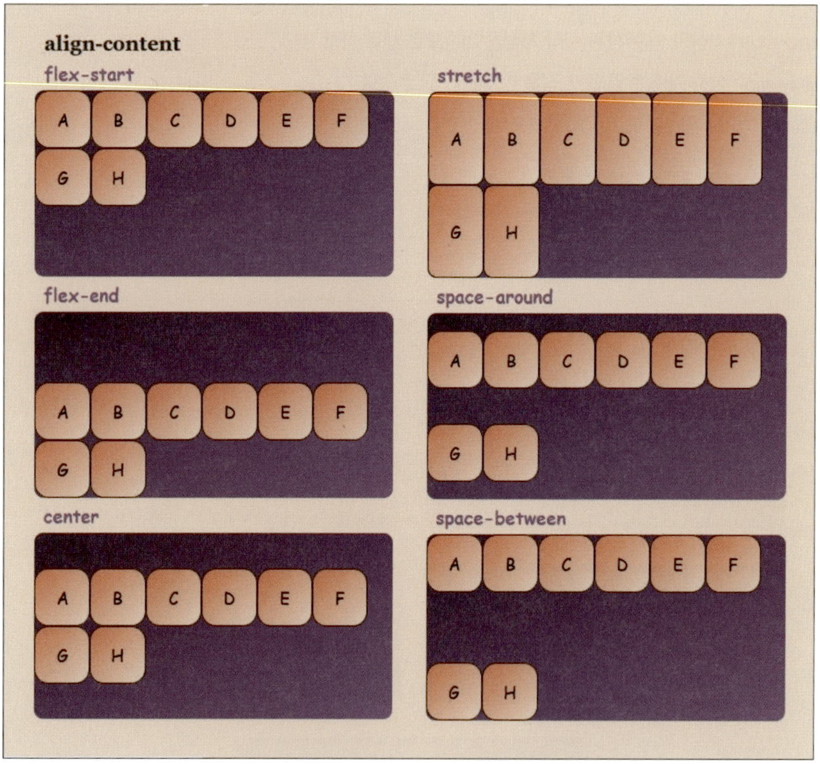

자식 속성

flex-item(자식)은 자식 아이템에 들어가는 속성으로 아이템들의 순서, 크기 등의 속성 값을 변경할 수 있다.

flex : 1이라고 설정하면, 부모 요소가 display : flex 요소일 때 자식의 a, b, c 값은 각각 동일한 비율의 1 : 1 : 1의 크기가 같은 형태가 된다.

여기서 order 값은 박스 순서를 변경할 수 있다.

1 > 5 > 9와 같이 숫자가 클수록 뒤에 배치된다.

```
.container {
  display: flex;
}
.a {
  flex:1;
  order:9;
}
.b {
  flex:1;
  order:1;
}
.c {
  flex:1;
  order:5;
}
```

다음으로 비율과 순서도 변경하면서 결과 값을 확인하자.

```
<style>
        .box {
            width: 100px;
            height: 100px;

        }
       .container {
            display: flex;
        }
```

CSS : layout2

```
        .a {
            flex:3;
            order:9;
            background-color: skyblue;
        }
        .b {
            flex:1;
            order:1;
            background-color: sandybrown
        }
        .c {
            flex:5;
            order:5;
            background-color: rgb(121, 184, 27);
        }

    </style>

<body>
    <div class="container">
        <div class="box a">body1</div>
        <div class="box b">body2</div>
        <div class="box c">body3</div>
    </div>
</body>
```

flex 값을 변경했을 때 가장 높은 비율 값 박스3은 5배 비율이고, 박스1은 3배 비율, 박스2는 1 비율로 가로 크기가 변하면서 나타난다.

order는 flex item의 순서를 지정하는 속성이다. 낮은 숫자부터 앞쪽(왼쪽)에 나타나며 숫자가 커질수록 뒤쪽(오른쪽)으로 배치된다.

1 > 5 > 9 순으로 왼쪽부터 정렬된다.

flex-grow는 '자라다'라는 뜻으로 flex item의 확장된 속성이며, 0과 1의 양의 정수 값을 갖는다. 부모 속성(container) 값과 비례하여 1 속성 이상이면 크기가 100% 채워 커지고, 0 이면 커지지 않고 원래 크기를 유지한다.

flex-shrink는 '수축되다'라는 뜻으로 축소되는 속성으로 0과 정수 1값을 갖지만 flex-grow와 반대의 개념을 갖는다. 속성값 0이면 크기가 줄지 않고 원래 크기를 유지하고, 반대로 1 이상이면 크기가 작아져 줄어든다. 부모 속성(container) 크기 값에 맞게 줄어든다.

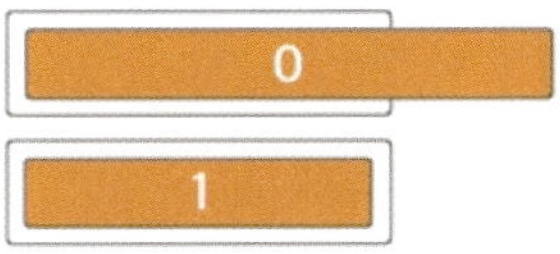

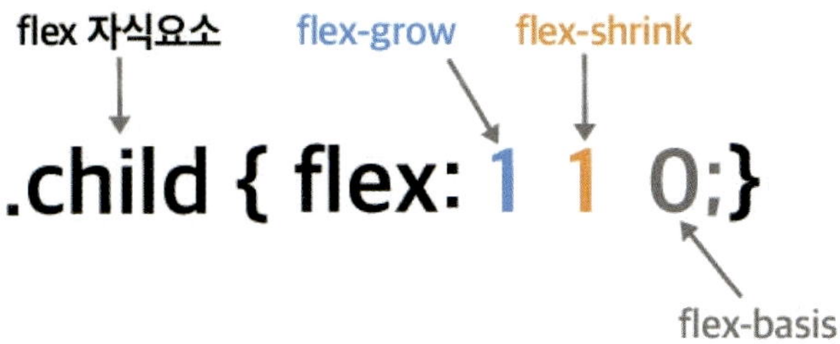

6.6 현대적 grid

그리드 값을 갖고 레이아웃을 자유롭게 그리드 축을 기준으로 만드는 방법이다. 앞에서 설명되었던 flex box와 grid는 축이 1개인가, 2개인가에 차이를 둔다.

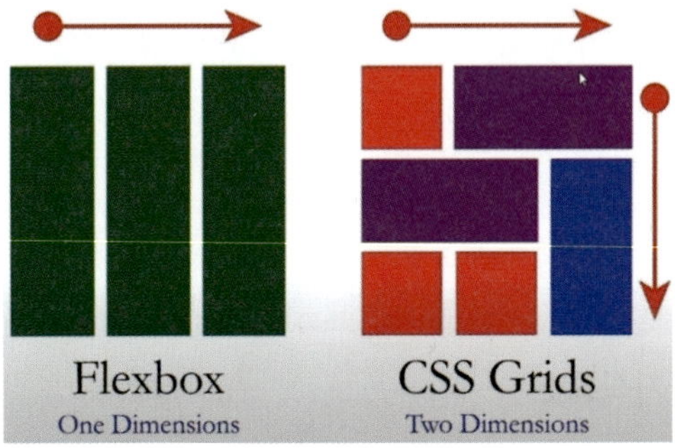

따라서 그리드는 가로축, 세로축을 기점으로 원하는 바둑판처럼 자유도가 높은 공간을 레이아웃으로 정할 수 있다. 그리드 레이아웃은 반드시 그리드 축을 기준으로 묶을 수 있다. 가로축(row), 세로축(column)을 기억하면 된다.

가로축(Row), 세로축(Column)으로 그려진 바둑판 그리드 영역을 나눈다.

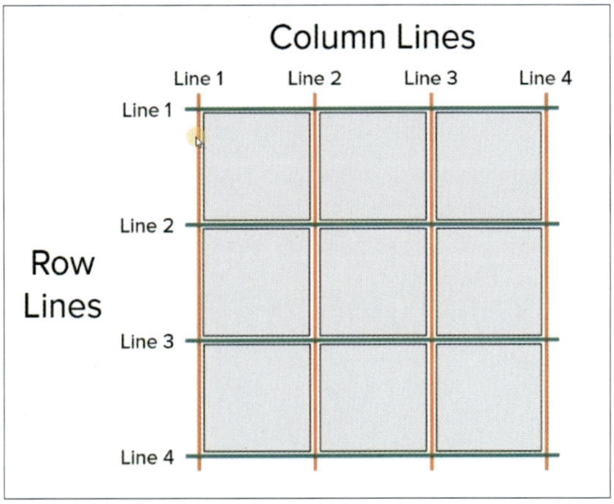


```
display : grid;
grid-template-columns : 100px 100px 100px;
grid-template-rows: 50px 50px;
grid-template-rows: repeat(2, 1fr);
```

가로, 세로 영역을 지정해서 만든다.

다음 코드는 예시 화면이다.

```
부모 속성
.container {
    display: grid;
    grid-template-columns:100px 100px 100px;
    grid-template-rows: 50px 50px;
}
자식 속성
.item {
    grid-column-start: 1;
    grid-column-end: 4;
}
<body>
<div class="container">
  <div class="item">1</div>
  <div>2</div>
  <div>3</div>
  <div>4</div>
  <div>5</div>
  <div>6</div>
</div>

</body>
```

<결과값>

위 아이템 세로축 column-start 시작 값이 1이고, 끝나는 축이 4이면 column-end

6 CSS : layout2

1번 공간은 1~ 4축까지 차지하게 된다.

다음 예시는 조금 복잡한데 그리드 축을 계산해서 만든 값이므로 맞는지 확인해 본다.

```
.item1 {
    grid-column-start: 1;
    grid-column-end: 3;
}.item3 {
    grid-row-start: 2;
    grid-row-end: 4;
}.item4 {
    grid-column-start: 2;
    grid-column-end: 4;
}
```

코드 해석을 해보면,

item1(녹색)은 위에서부터 첫 번째 줄 column-start 1축에서 3축까지 함께 연결된 공간이다.

item3(아쿠아색)은 row-start 가로 줄 2~4축까지 함께 연결된 공간이다.

item4(보라색)는 column-start 세로 줄 2~4축까지 연결된 공간이다. 나머지는 지정하지 않는다면 합쳐진 공간이 아닌 것으로 나타난다.

핵심 요약

- css로 레이아웃을 설계할 때는 고전적 방법인 float : left와 현대적 방법인 플랙스 박스 : flex 또는 gird를 사용한다. 먼저 float 방법을 사용 시 블록 포맷팅 현상이 일어날 수 있는데 이는 clear:both, overflow:hidden, clearfix 등으로 해결할 수 있다.
- 레이아웃 설계 시 고전적 방법도 알아야 하는 이유는 웹페이지는 전 세계 웹앱 페이지를 구성하지만 국가에 따라 아직도 인터넷 속도가 느린 지역도 있으며, 이데올로기가 다른 국가에서는 국내와 같은 이미지를 많이 사용하지 않고 순수 태그와 css를 그대로 사용하여 처리 속도를 빠르게 해야 하기 때문이다. 또한 금융 사이트와 같이 운영 중에 새롭게 개편하기 어려운 사이트는 과거 코드를 그대로 유지한다. 따라서 이러한 사이트들을 수정하거나 운영하는 과정에서 코드를 접했을 때 이해할 수 있어야 하고, 양쪽의 코드를 사용할 수 있어야 하기 때문이다. 최신 코드라고 무조건 좋은 것은 아니며, 요즘은 휴대폰 앱 중심의 콘텐츠 개발이므로 호환성 체크가 필수적이다.
- 현대적 레이아웃 방법인 flex는 상대적으로 float에 비해 단순하고 쉬우며, 각 요소별 레이아웃을 위한 css 속성 값을 알고 있으면 간단하게 레이아웃을 만들 수 있다.
- grid 방법은 좌우 그리드 시스템으로 레이아웃을 구성한다. flex와 비교하면서 먼저 이해를 한 후 코드를 연습한다.

연습문제

그림과 같이 플렉스 박스인 flex CSS를 이용하여 레이아웃을 구성하시오.

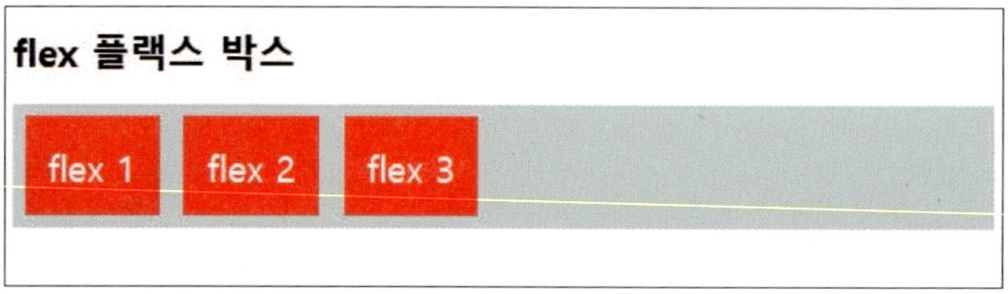


```html
<!DOCTYPE html>
<html lang="en">
<head>
  <meta charset="UTF-8">
   <meta name="viewport" content="width=device-width, initial-scale=1.0">
  <title>Document</title>

  <style>
    .flex-container {
      display: flex;
      background-color: #d4dcdf;
    }

    .flex-container > div {
      background-color: rgb(255, 4, 0);
      color: #ffffff;
      margin: 10px;
      padding: 20px;
      font-size: 30px;
    }
</style>

</head>
<body>
```

```html
<h1>flex 플랙스 박스</h1>

<div class="flex-container">
  <div>flex 1</div>
  <div>flex 2</div>
  <div>flex 3</div>
</div>

</body>
</html>
```

7 장

CSS : 알아두면 유용한 팁

학 습 목 표

- css 사용 시 마진, 네거티브 마진, 상속, 가로 · 세로 정렬, 중앙 정렬, 가시성 등 활용 팁을 배운다.
- 책에서 배운 것을 응용하여 실무에서 알아야 하는 내용을 정리한다.
- 기타 유용한 팁 정보를 알아두면 배움의 폭을 넓힐 수 있다.

7.1 margin collapsing(마진 겹침 현상)

이 내용은 알아두면 유용한 팁으로서 초보자들이 가장 헷갈리고, 다소 이해가 힘들어서 놓칠 수 있는 부분이다. 이에 따라 웹 속성의 특징들을 모아서, 코딩 시 원하지 않는 동작이 발생하지 않도록 쉽게 설명하였다.

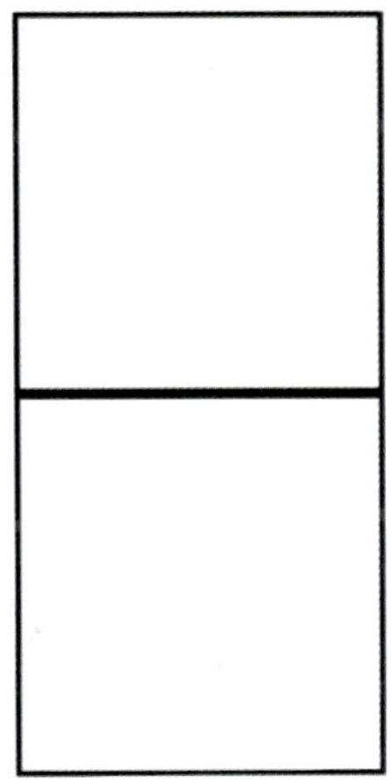

첫째, 우리가 '마진'이라고 하는 것은 외각 여백을 뜻한다. 그런데 위아래 즉, 상하 요소일 때는 유독 마진 겹침 현상이 일어난다. 다시 말해 인접한 두 BLOCK 요소끼리만 발생한다. 여기서 원리를 살펴보면 위아래 좌우 바깥 여백인 마진 값이 있다면 두 인접 블록 요소인데 상하 부분이 하나의 마진으로 겹쳐서 일어나는 현상을 말한다. 이는 사실 의도된 현상이다. 많은 블록을 만들 때 사이 여백의 중복을 의도적으로 겹쳐서 만들도록 이미 시스템적으로 의도된 것이다. 잘못된 것이 아니다. 이렇게 된다는 사실만 기억하면 된다.

```
<!DOCTYPE html>
<html lang="en">
<head>
    <style>
        .box {
            width: 100px;
            height: 100px;
            margin: 50px;
            color: white;
            line-height: 100px;
            text-align: center;
            font-weight: bold;
            font-size: 2em;
        }
       .container {
          background-color: rgb(255, 255, 19);
          width: 200px;
        }
        .a {

            background-color: rgb(0, 97, 136);
        }
        .b {

            background-color: rgb(187, 87, 0)
        }

    </style>
</head>
<body>
    <div class="container">
        <div class="box a">1</div>
        <div class="box b">2</div>
    </div>
</body>
</html>
```

〈결과값〉

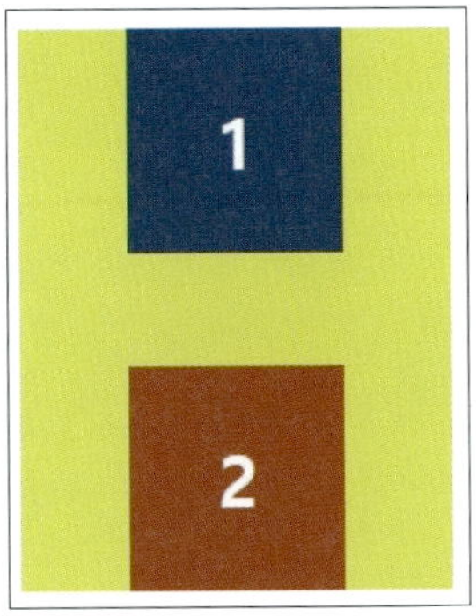

결과값을 확인하면 1박스와 2박스의 중간 노란색은 높이가 한 번만 이루어진 것을 볼 수 있다. 인접한 블록 요소끼리 상하 관계만 겹쳐서 공통으로 50px의 여백이 만들어진 것이다. 한편 부모 요소 아래 자식 1, 2가 상속된 관계인데 1번 윗부분과 2번 아랫부분도 부모 요소인 노란색의 마진과 겹쳐져 있는 현상을 볼 수 있다. 이 때도 겹침 현상의 요소로 나타난다. 이를 해결하기 위한 내용은 코드를 하나 더 추가하면 된다.

부모 요소인 컨테이너에 overflow : hidden을 주면 해결된다.

```
.container {
        background-color: rgb(255, 255, 19);
        width: 200px;
        overflow: hidden;
    }
```

또는 보더라인을 투명으로 넣어주거나,

```
.container {
        background-color: rgb(255, 255, 19);
        width: 200px;
        border: 1px solid transparent;
    }
```

안쪽 여백 패딩을 아주 작게 넣어주는 방법으로도 해결된다.

```
.container {
        background-color: rgb(255, 255, 19);
        width: 200px;
        padding: 0.1px;
      }
```

<결과값>

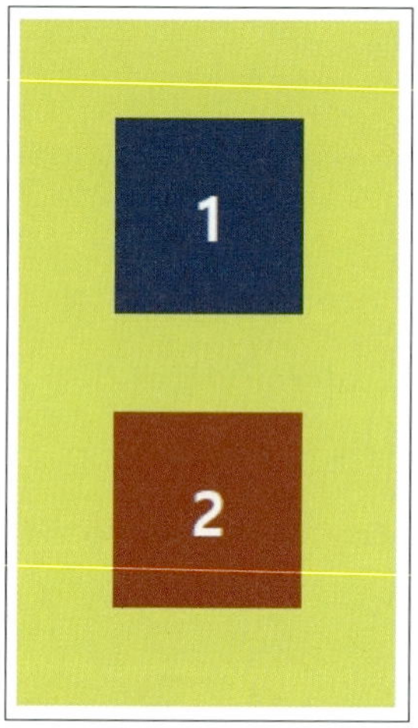

스타일 겹침은 같은 요소에 동일한 선택자로 서로 다른 값이 적용될 경우, 가장 마지막에 적용된 값이 우선한다.

그러나 서로 다른 선택자로 같은 요소에 스타일을 적용할 경우에는 우선순위에 의해서 다음 리스트 내용을 기억해야 한다.

❶ 인라인 스타일, ❷ 아이디 선택자, ❸ 클래스 선택자, ❹ 태그 선택자

만약 스타일 우선순위를 무시하고 강제로 우선순위를 정할 경우에는 !important를 뒤에 붙여 주면 된다.

```
div {background-color : red !important;}
```

7.2 negative margin

네거티브 마진은 바깥 여백인 마진 값을 반대로 삐뚤어진 요소로 한다는 말이다. 다시 말해 영어 단어의 뜻풀이를 통해 알 수 있듯, 네거티브 즉 반대 성향으로 여백을 역이용한다는 뜻이다. 아래 왼쪽 마진값은 0이 디폴트 값이다. 즉, 꼭 지정을 안 해도 되는 기본값이다. 현재 이미지는 왼쪽 정렬된 상태이다.

```
margin-left : 0px;
```

그러나 의도적으로 커피 이미지의 센터 정렬을 위해 -100px을 넣어주면 이미지가 중앙 정렬로 보일 수 있다. 이런 내용을 네거티브 마진이라고 할 수 있다.

```
margin-left : -100px;
```

7.3 inheritance(상속)

상속이라는 의미는 부모가 자식에게 재산이나 어떤 물질, 내용 등을 전달하는 것 즉, 영향을 주는 것을 의미한다. 프로그래밍에서도 마찬가지로 상속(inheritance)이라는 의미는 그 아래 속한 요소들에 영향을 미치는 것을 뜻한다. 즉, 부모의 값이 자식에게 그대로 영향을 주는 것이다.

color 값에 상속된 것을 줄 때는 다음 코드를 넣어주면 된다.

```
a{ color : inherit; }
button{ font:inherit; }
```

이렇게 할 경우 A 선택자에게 들어가는 컬러 값을 상속시킨다는 의미이다. 버튼도 부모의 폰트 값을 자식에게 그대로 영향을 줄 때 사용한다.

```
.box h1:before{
        content: ' ';
        display:inline-block;
        width: 20px;
        height: 20px;
        color : thistle;
        background : currentcolor;
        border-radius : 100%;
        margin-right: 0.5em;
}
```

```
.container .a {
        color: rgb(208, 103, 208);
        background-color: currentcolor;
    }
```

배경 컬러 값을 currentcolor 값에 의해 상속된 것을 줄 수도 있다. color 값이 핑크 컬러로 지정되어 있다면 배경도 currentcolor를 사용해서 상속된 값을 그대로 적용시킬 수 있다.

7.4 가로 또는 세로 정렬(center align)

정렬은 기초 입문자가 생각보다 어려워하는 부분이다. 보통 다양한 경우의 수가 나타난다.

1줄 텍스트 정렬일 경우

앞 내용에서 설명했던 내용이므로 어렵지 않다.

- **1줄 텍스트 가로 중앙 정렬일 경우**

```
text-align: center;
```

- **1줄 텍스트 세로 중앙 정렬일 경우**

```
height:300px 일때
line-height: 300px;  높이값을 동일하게 300px잡으면 된다.
```

2줄 이상 텍스트 중앙 정렬일 경우

박스 모델 설명 시 잠깐 소개되었지만, margin : 0 auto; 라고 하면 2가지 값일 경우 첫 번째 값은 위아래 값, 두 번째 값은 좌우의 값이므로 0은 위아래 TOP, BOTTOM 0 값이다. 좌우는 알아서 자동으로 여백을 잡는 오토 값을 주므로 중앙 정렬이 된다.

```
div {
        width: 300px;
        margin: 0 auto;
        text-align: center;
 }
```

7.5

중앙 정렬(가로+세로)

이제는 레이아웃을 위한 박스 전체의 가로와 세로 중앙 정렬을 시키는 방법을 익혀보자.

마진과 위치 값을 활용한 방법

```
<!DOCTYPE html>
<html lang="en">
<head>
    <style>
        .box {
            color: white;
            line-height: 300px;
            text-align: center;
            font-weight: bold;
            font-size: 2em;
            background-color: saddlebrown;
            width: 300px;
            height: 300px;

            margin-left: -150px;
            margin-top:-150px;
            left: 50%;
            top: 50%;
            position: absolute;
        }
    </style>
</head>
<body>
    <div class="box">1</div>
</body>
</html>
```

〈결과값〉

마진 오토와 양 끝 모서리 부분 0 값을 활용한 방법

```
<!DOCTYPE html>
<html lang="en">
<head>
    <style>
        .box {
            color: white;
            line-height: 300px;
            text-align: center;
            font-weight: bold;
            font-size: 2em;
            background-color: rgb(85, 155, 11);
            width: 300px;
            height: 300px;

            margin: auto;
            left: 0;
            top: 0;
            right:0;
```

```
            bottom:0;
            position: absolute;
        }
    </style>
</head>
<body>
    <div class="box">1</div>
</body>
</html>
```

그 외에도 방법이 있다. 참고로 알아둔다면 직접 작성하지 않은 코드를 수정할 때 도움이 된다.

display : table-cell 이용한 방법

```
.box-wrapper{
/*박스를 감싸는 부모div */
            display: table;
            width: 100%;
            height: 100vh;
            text-align: center;
        }

/* 테이블셀 */
.box-inner{
            display: table-cell;
            vertical-align: middle;
        }
.box {
 /* 자식 div */
            background-color: brown;
            width: 400px;
            margin: 0 auto;
            padding: 5em 0;
        }
```

flex 방법

```
<style>
div.box4 {

width:150px;
height:200px;
display:flex;
justify-content:center;
align-items:center;
}

div.box4 > img {
    max-width:100%;
    max-height:100%;
}

</style>
```

```
<body>

<div class="box-wrapper">
        <div class="box-inner">
            <div class="box">box</div>
        </div>
</div>

</body>
```

7

CSS : 알아두면 유용한 팁

7.6 가시성, 투명도, 애니메이션 (visibility, transitions, transform, @keyframes, animation)

가시성은 보이는 정도를 나타내는 데 사용된다. 먼저, 투명도를 나타내는 것은 opacity를 활용하면 된다.

```
img{
  opacity : 0.5
}
```

opacity : 0.5라고 하면 50%만 투명도를 적용한다는 의미이다. 구간은 0 ~ 100%를 표현할 때 0 ~ 1 값을 넣을 수 있는데 1 = 100%를 뜻한다.

다음으로, 보이게 하는 것과 아닌 것을 표현할 때는 visibility를 사용한다.

visibility : hidden이라고 하면 보이지 않게 하고, visibility : visible이라고 하면 보이게 한다. 기본값은 보이도록 설정되어 있다. 강제로 보이지 않게 하거나 자바스크립트를 활용하여 표시 여부를 제어할 때 많이 사용된다.

transitions, transform은 전환이라는 의미로 사용된다. 애니메이션이나 모형 크기, 회전 등의 표현을 할 때 사용된다.

transition : width 5s라고 하면 5초 동안 부드럽게 애니메이션 효과를 줄 수 있다.

```
div {
  width: 100px;
  height: 100px;
  background: red;
  transition: width 2s;
}

div:hover {
```

```
  width: 300px;
}
```

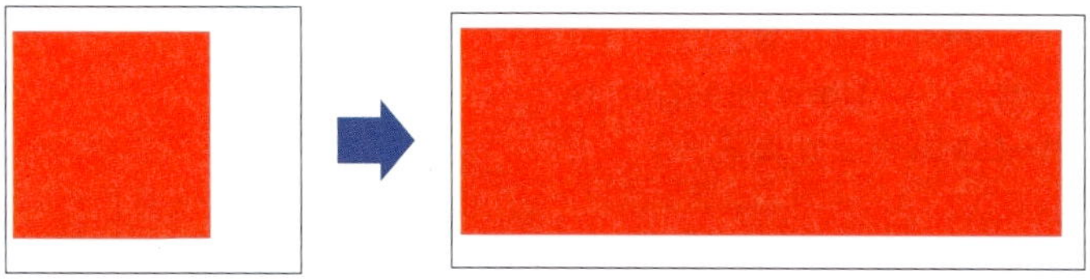

마우스 오버했을 시 width는 2초 동안 100px → 300px로 늘어난다.

그 외에도 다음의 옵션을 사용하면 모형을 자유롭게 변경 가능하다.

알아두세요 -webkit-(웹킷)은 브라우저 호환성을 위해 사용된다. 만약 어떤 브라우저에서는 실행되지만 다른 브라우저에서 보이지 않거나 실행되지 않는다면 유저에게 표현하는 것의 한계를 갖게 되고, 이는 사용성을 저해하는 원인이 되므로 누구에게나 어떤 브라우저에서나 보일 수 있는 크로스 브라우징의 중요성을 해결하기 위한 방법이다. 즉, 웹킷은 마크업을 기반으로 올바른 형식의 웹 페이지를 표시하는 프레임워크이다.

```
-webkit-transition : width 5s;
// MAC 맥북 등의 맥 유저를 위한 사파이 브라우저에서 적용하는 태그
```

그 외 앞 접두어에 사용되는 브라우저에 맞게 사용하면 된다. 이를 벤더 프리픽스(vendor prefix)라고 한다.

- -webkit- : 구글, 사파리
- -mox- : 파이어폭스
- -ms- : 익스플로러
- -o- :오페라

```
<style>
    .button {
        background: red;
        <!-- gradient 속성을 지원하지 않는 모든 브라우저를 위한 코드 -->
        background: -webkit-linear-gradient(red, yellow);
        <!--크롬과 사파리 4.0 이상을 위한 코드 -->
        background: -moz-linear-gradient(red, yellow);
        <!--파이어폭스 3.6 이상을 위한 코드 -->
```

```
        background: -ms-linear-gradient(red, yellow);
        <!--익스플로러 10.0 이상을 위한 코드 -->
        background: -o-linear-gradient(red, yellow);
        <!--오페라 10.0 이상을 위한 코드 -->
        background: linear-gradient(red, yellow);
        <!--CSS 표준 문법 코드 -->
    }
</style>
```

- transform: translate(10px, 10px) // 평행 이동
- transform: rotate(45deg) // 45도 회전
- transform: scale(3, 20) // 크기 변환
- transform: skew(45deg, 45deg) // 기울기
- transform: matrix() // 6개의 매개 변수로 변환 matrix(a, b, c, d, tx, ty) // 선형 변환 ABCD(linear transformation)는 4개 면의 꼭짓점을 표현하고 tx, ty는 적용할 이동 포지션(translation)의 x, y값이다.

@keyframes, animation은 애니메이션을 위한 css이다. 키프레임을 설정하여 조정할 수 있고, 구간별로 0~100% 구간에 옵션 값을 지정하여 애니메이션 효과를 나타낸다. 보통 keyframes과 animation을 함께 사용한다.

```
@keyframes ani {
0% {left:0pxl top:0px;}
25% {left:20pxl top:20px;}
50% {left:50pxl top:50px;}
75% {left:70pxl top:70px;}
100% {left:100pxl top:100px;}
}

div{
            animation: 2s ani;
            animation-iteration-count:10;
}
```

그 외 외부 파일 또는 링크를 호출할 때 @import와 link를 사용한다.

@import는 외부 파일을 들여오기 할 수 있고, link는 외부 링크를 호출할 수 있다.

```
@import url("navigation.css"); /* 외부 css 파일 부르기 */

<link href="link.css" rel="stylesheet" /> /* 외부 css 링크 호출하기 */
```

7.7 기타 유용한 팁

코드를 작성하는 비주얼 스튜디오 코드(VSCODE)는 기본적으로 EMMET(에밋)이라는 기능을 지원한다. 바로 이 에밋 기능을 알고 있으면 코드를 빠르게 작성할 수 있다. 만약 코드를 이렇게 작성 후 탭 키를 누르면 다음과 같이 코드를 1초 만에 생성해 주는 기능이다.

```
.box.box$*5
```

〈결과값〉

```
<div class="container">
        <div class="box box1"></div>
        <div class="box box2"></div>
        <div class="box box3"></div>
        <div class="box box4"></div>
        <div class="box box5"></div>
</div>
```

.(점)은 클래스를 의미하며 box라는 클래스 이름을 만든다. 또한 box $는 1~5 클래스 이름을 자동화시켜서 div 공간 태그를 만들 수 있다.

자세한 문법과 방법은 https://emmet.io/ 를 통해서 학습해 볼 수 있으며, 다 외울 수는 없기에 코드 편집자가 자주 사용되는 기능이나 빠르게 처리해야 하는 기능이 있다면 몇 가지만 암기 후 사용하면 유용하게 쓸 수 있다. 몇 가지를 더 살펴보면 다음의 결과를 얻을 수 있다.

```
div>ul>li
```

```
<div>
  <ul>
    <li></li>
  </ul>
</div>
```

```
div>ul>li^p+a
```

```
<div>
  <ul>
      <li></li>
  </ul>
  <p></p>
  <a href=""></a>
</div>
```

```
div>ul>li*3
```

```
<div>
  <ul>
      <li></li>
      <li></li>
      <li></li>
  </ul>
</div>
```

```
div>(header>ul>li*2)+footer
```

```
<div>
  <header>
      <ul>
          <li></li>
```

7

CSS : 알아두면 유용한 팁

```
            <li></li>
        </ul>
    </header>
    <footer></footer>
</div>
```

부트스트랩(https://getbootstrap.kr/)은 css 프레임워크(보조적 개념)로 트위터에서 시작된 오픈 소스 프론트앤드 프레임워크이다. 한 명의 디자이너와 개발자가 개발을 시작하였으며, 이미 만들어진 css, javascript를 가져다 사용하는 것이다.

npm install bootstrap@5.3.3 노드를 활용하여 설치를 하거나 외부 link 값을 가져와 html에 붙여서 사용할 수 있다.

```
<link href="https://cdn.jsdelivr.net/npm/bootstrap@5.3.3/dist/css/bootstrap.
min.css" rel="stylesheet" integrity="sha384-QWTKZyjpPEjISv5WaRU9OFeRpok6Yctn
YmDr5pNlyT2bRjXh0JMhjY6hW+ALEwIH" crossorigin="anonymous">
```

〈예시〉

```
<div class="container mt-5">   </div>
```

이미 구성된 클래스 이름인 컨테이너 박스를 만들고, mt-5 :는 margin-top을 사용한 것이며 * 3배 연산 값을 갖는다. 자세한 사이즈는 0~5까지 사용되며 auto 포함 다음과 같이 연산된다.

- 0 = 0
- 1 margin, padding * 0.25
- 2 margin, padding * 0.5
- 3 margin, padding * 1
- 4 margin, padding * 1.5
- 5 margin, padding * 3

auto는 margin, padding 속성에서 자동 연산으로 사용된다.

자주 사용되는 클래스는 다음과 같다.

- padding-left = ps-5 (0~5까지 있음)
- padding-right = pe-5
- padding-bottom = pb-5
- padding-top = pt-5
- margin-top = mt-5
- font-size = fs-3
- text-align = text-center
- font-weight = fw-bold
- width: 50%; = w-50

사이즈 기준은 다음과 같다.

- sm = 540px
- md = 720px
- lg = 960px
- xl = 1140px
- xxl = 1320px'

자세한 내용은 다음과 같다.

https://getbootstrap.com/docs/5.1/layout/containers/

이것은 이미 구성된 css를 가져다 사용하는 것이다. 클래스 네임만 알면 링크 값에 외부 연동이 되어 이미 만들어진 디자인 인터페이스를 누구나 사용할 수 있다. 단, 원하는 디자인을 구성할 순 없고 몇 가지 구성된 디자인 샘플 패키지를 그냥 사용하는 것으로 이해하면 된다.

요즘은 테일윈드(https://tailwindcss.com/) CSS가 더 많이 사용되는 추세이다. 부트스트랩과 유사한 CSS 프레임워크지만, 자바스크립트 프레임워크인 React, Nextjs와 함께 css를 간소화하고 부트스트랩보다 더 많은 css를 지원해 주는 이유로 사용 빈도수가 늘어나고 있다.

Tailwind CSS

핵심 요약

- 마진 겹침 현상은 의도된 코드로 상하 블록 요소에서 일어난다. 즉 위아래 블록이 2개 이상 나열될 때 알아서 겹친 마진(바깥 여백) 중복을 막아주고 있다. 이론상 각각 있어야 하지만, 코드에서 이미 정해진 것으로 본인의 코드 실수가 아니라는 것을 명심해야 한다. 오히려 이를 이용하여 레이아웃을 다양하게 활용할 수 있다.
- 네거티브 마진은 마이너스한 바깥 여백 즉, 마진 값을 활용한 레이아웃 방법이다. 이를 잘 활용하면 재미있고, 어렵게 보이는 레이아웃도 쉽게 구성할 수 있다.
- 상속은 프로그래밍에서 많이 나오는 객체 지향 언어 용어 중 중요한 내용이다. 즉, 부모와 자식 간의 관계 형성에서 부모는 자식의 내용을 상속화시킬 수 있다. 영향을 자식에게 준다는 의미이다. 상속된 관계의 관리적 측면에서 활용하면 효율적 유지 관리를 할 수 있다.
- 가로, 세로 정렬 시 가로 정렬은 쉬울 수 있지만 세로 정렬은 생각보다 어렵다. 따라서 실무에서 사용하는 몇 가지 방법에 레이아웃을 활용할 때 사용하면 편리하다.
- 가시성 및 애니메이션, 투명도는 항상 중요하다기보다는 간단히 필요할 때만 정보를 찾아보고 사용할 수 있다. 우리는 웹 마크업 환경에서 애니메이션도 사용할 수 있고, 자바스크립트와 연동하여 사용할 때도 있는데 이를 활용하면 풍부한 웹앱 페이지를 구성할 수 있다.
- 기타 유용한 팁은 몰라도 되지만, 알면 금상첨화(錦上添花)가 되듯 효율적 css 관리를 원활하게 사용할 수 있는 팁 정보이다.

연습문제

네거티브 마진으로 레이아웃 연습. margin-top : -200px를 사용하여 레이아웃을 원하는 간격으로 조정할 수 있다.

```
<!DOCTYPE html>
<html lang="en">
<head>
  <meta charset="UTF-8">
   <meta name="viewport" content="width=device-width, initial-
scale=1.0">
  <title>Document</title>

  <style>
    .container {
    width: 100%;
    display: flex;
    flex-direction:column;
    justify-content: center;
    align-items: center;
    border: 2px solid rgb(206, 204, 223);
    margin: 200px auto 0;
  }
```

```
    img{
      width: 900px;
      margin-top: -200px;
    }
</style>

</head>
<body>

  <div class="container">
    <img src="https://cdn.pixabay.com/photo/2025/03/12/18/43/chinese-new-year-9466072_640.jpg">
    <h1>네거티브 마진</h1>
      <p>Lorem ipsum dolor sit amet consectetur adipisicing elit. Accusamus, porro? Iste animi consectetur doloremque voluptatem provident magnam esse consequuntur reprehenderit ab excepturi nemo quos impedit iusto aperiam explicabo, assumenda dolorem!</p>
  </div>

</body>
</html>
```

8 장

CSS 함수 및 반응형 레이아웃

학 습 목 표

- css 함수와 반응형에 대한 것을 이해하고 연습문제를 풀어서 학습한다.
- 반응형 웹은 왜 사용하는 것이며, 모바일과의 관계성을 이해한다.
- 반응형 레이아웃은 필수 내용이므로 반드시 학습 과정을 이해하고 다음 단계 학습을 한다.

8.1

반응형 웹

반응형 웹 기술은 동일한 콘텐츠를 다양한 기기 디바이스인 데스크톱, 태블릿, 스마트폰 등의 화면 크기와 해상도에 맞게 자동으로 최적화된 레이아웃과 디자인을 제공하여 웹 최적화 홈페이지 앱 구성을 할 수 있는 기술이다.

@media(미디어 쿼리)는 반응형 웹을 만들 때 사용된다. 즉 구간별로 브라우저가 디바이스의 종류, 화면의 크기 등을 확인하여 관리자가 설정한 값에 따라 최적화된 화면 인터페이스를 구성할 수 있다. 요즘은 사용자들의 모바일 디바이스 접속 시간이 더 많아짐에 따라 웹페이지는 물론 앱 모바일 사이즈 최적화를 맞추기 위해 다양한 화면에 대응해야 한다. 그럴 때 미디어 쿼리를 활용하면 화면이 최적화된다. 또한 매년 스마트폰이 새로운 버전으로 업그레이드되고 화면 해상도 및 크기도 다양해지는 것을 반영하기 위해서 기존 사용되는 인터페이스인 다양한 버튼, 화면 이미지, 콘텐츠 텍스트 등 유저에게 전달할 내용의 최적화를 위한 방법을 미디어 쿼리를 통해 해결할 수 있다.

미디어 쿼리는 다음과 같은 문법을 사용한다.

```
@media ¦ screen ¦ and ¦ (min-width: 360px) {
            원하는 코드 내용 작성
}
```

@media라고 시작하며, 빨간색으로 표시한 부분(¦)은 반드시 지켜야 하는 띄어쓰기 표시이다. 입문자들이 많이 헷갈려 하는 부분이며, 반응이 안 되어 확인할 때 문제점을 찾지 못하는 부분 중 가장 많이 틀리는 부분이다. 띄어쓰기를 꼭 확인해야 올바르게 작동된다.

() 괄호 안에는 모바일 버전으로 쓸 때와 태블릿 PC를 쓸 때 그리고 pc 데스크톱 화면을 쓸 때의 3가지 경우에 따른 가로 화면 사이즈 조건을 작성할 수 있다. 즉, 모바일 화면 사이즈에서는 단순한 1단 구성의 블록 화면인 위아래 화면으로 배치하고, 태블릿 pc 화면일 때는 2단 구성 또는 3단 구성으로 변경하라고 명령을 줄 수 있다.

원하는 코드 내용은 CSS를 작성하는 곳으로, 화면을 디바이스에 맞게 좌우 또는 상하로 배치시키도록 작성한다.

아래 예제는 화면을 min-width를 기준으로 하여, 최소의 가로 화면(최소 너비 설정)이 360px이라면 모바일 화면일 때의 조건으로 코드를 작성하고 800px일 때는 pc 화면으로 인식해서 화면이 디바이스와 반응을 시키는 코드이다.

알아두세요 min-width은 최소 너비라면, 반대는 max-width(최대 너비) 설정이다.

mobile 버전 (띄어쓰기 주의)

```
@media screen and (min-width: 350px){
  변경하고자 하는 코드
}
```

PC 버전 (띄어쓰기 주의)

```
@media screen and (min-width: 800px){
  변경하고자 하는 코드
}
```

간단한 예시 코드는 다음과 같다. 화면을 사이즈별로 컬러가 변경되도록 미디어 쿼리를 이용하여 작성되었다.

```
<!DOCTYPE html>
<html>
<head>
<style>
body {
  background-color: lightblue;
}

@media screen and (min-width: 400px) {
  body {
    background-color: lightgreen;
  }
}

@media screen and (min-width: 800px) {
  body {
    background-color: lavender;
  }
}
</style>
</head>
<body>

<h1>반응형 웹 </h1>
<p>내용 가로 사이즈에 따라 컬러가 변경됩니다..</p>

</body>
</html>
```

8.2 css 함수 : var( )

CSS에서 var() 함수는 사용자 지정 속성 또는 css 변수 값을 다른 속성의 값으로 지정할 때 사용한다.

보통 :root { – 속성 : 값 }으로 지정하여 호출하여 사용된다.

```
var(--header-color);
```

예제는 다음과 같다. : root 안에 – – main–color : pink; 라고 지정하면 var( ) 함수 안에 – –main–color 라고 지정했을 때 반복적으로 변수처럼 초기 값이 지정되어 사용된다. 이렇게 사용하는 이유는 무수히 많은 값이 다양한 곳에 사용될 때 지정해 주면 한 번에 수정하거나 컬러 및 텍스트를 언제든지 빠르게 수정 가능하기 때문이다. 그러나 반드시 브라우저 호환성을 체크해야 한다. 참고로 다른 브라우저는 다 되지만 유일하게 익스플로러(explorer)는 지원되지 않으므로 주의해서 사용해야 하나, 최근에는 윈도우 11인 경우 edge, copilot으로 대처 사용하기 때문에 활용해도 좋을 것 같다.

```
:root {
  --main-color: pink;
}

body {
  background-color: var(--main-color);
}
```

8.3 css 함수 : calc( )

calc( ) 함수를 사용하면 계산식을 지정할 수 있다. 즉 계산해야 하는 부분에 calc( ) 함수를 이용하여 빠르게 계산된 값을 지정해 주므로 편리한 값을 쉽게 얻을 수 있다.

```
width : calc(100% - 80px);
```

가령 가로 값을 계산할 때 calc( ) 함수를 이용하여 100% 중 - 80px를 뺀 나머지를 값으로 처리하라는 함수 형태로 만들 수 있다. 이때 빨간색으로 표시한 부분( )은 반드시 띄어쓰기(매우 중요★) 문법을 지켜야 기능이 제대로 작동한다.

사칙연산인 +, −, *, / 연산도 가능하며, 값을 지정한 만큼 알아서 계산해서 만든다.

```
.box {
  position: absolute;
  left: 40px;
  width: calc(100% - 80px);
  border: solid black 1px;
  box-shadow: 1px 2px;
  background-color: yellow;
  padding: 6px;
  text-align: center;
  box-sizing: border-box;
}
```

고정된 너비의 여백에서 좌우 간격 각 40px를 뺀 가로 사이즈를 만든다.

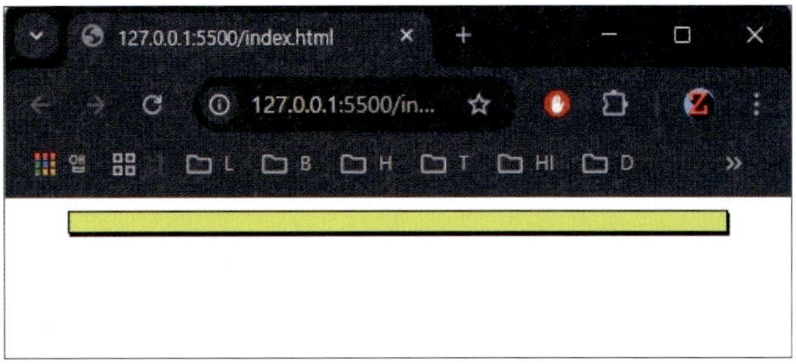

좌우 여백은 반응형으로, 브라우저가 늘어남과 줄어듦에 따라 고정 좌우 40px만큼 여백을 갖고 있음을 알 수 있다.

핵심 요약

- 반응형 웹은 다양한 디바이스에 대응하기 위한 웹앱 페이지를 최적화하는 기술로, 미디어 쿼리 css를 활용하여 어떠한 기기에서든 최적화하여 화면을 맞출 수 있는 방법이다.
- css 함수 var( )를 활용하여 반복된 변수 값을 언제든지 중복 사용할 수 있고, 수없이 많이 사용된 변수 값을 한 번의 수정으로 변경할 수 있어 단시간에 빠르게 대처할 수 있는 방법으로 알아두면 유용하게 사용할 수 있다.
- css 함수 calc( )는 화면 크기에 따라 반응형 웹에서 원하는 사이즈 고정과 비율적 계산을 복합 계산시켜서 실시간으로 알아서 계산 값을 정해줄 때 사용된다. 반응형 웹과 함께 사용하면 유용하게 쓸 수 있다.

연습문제

01 360사이즈일 때

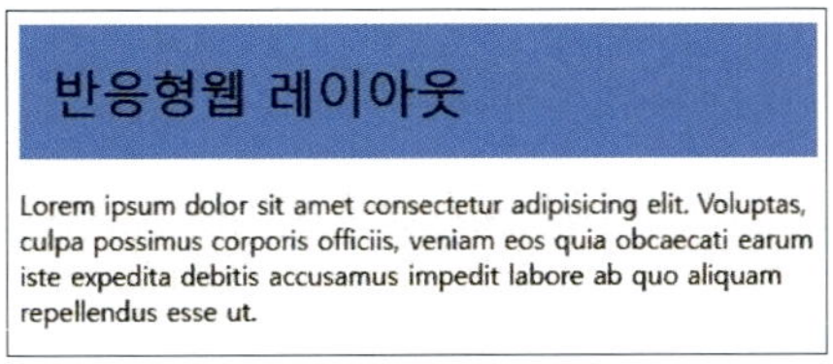

02 760사이즈일 때

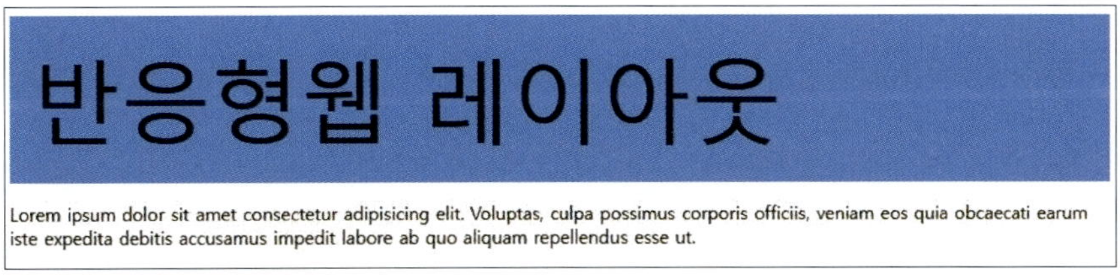


```
<!DOCTYPE html>
<html lang="en">
<head>
  <meta charset="UTF-8">
  <meta name="viewport" content="width=device-width, initial-scale=1.0">
  <title>Document</title>

  <style>
  .example {
  background-color: rgb(75, 153, 225);
  padding: 20px;
}

@media screen and (min-width: 600px) {
  div.example {
    font-size: 80px;
  }
}
```

```
@media screen and (max-width: 600px) {
  div.example {
    font-size: 30px;
  }
}
</style>

</head>
<body>

  <div class="example">반응형웹 레이아웃</div>

<p>Lorem ipsum dolor sit amet consectetur adipisicing elit. Voluptas, culpa possimus corporis officiis, veniam eos quia obcaecati earum iste expedita debitis accusamus impedit labore ab quo aliquam repellendus esse ut.</p>


</body>
</html>
```

9 장

HTML, CSS 입문 실습

학 습 목 표

- 기초 입문자를 위한 실습 예제이다.
- 기본 기초를 연습하고 가장 쉬운 예제로 이론과 실습을 많이 해 본 학습자들은 스스로 코드를 볼 줄 알게 되고 코드를 응용할 수 있는 길잡이가 될 것이다.

9.1 HTML 기초 하이퍼링크

웹페이지 링크를 통해 웹사이트가 이동되도록 하이퍼링크를 작성하고, 기초 웹페이지 코드를 작성해 본다. 이때 html로만 작성하는데 그래서 이쁘지 않고 가장 단순한 페이지이며, 뼈대가 있고 동작을 하는 단순한 기능으로 출발한다. 여기에서 하이퍼링크를 통해 메인 페이지, 서브 페이지 등으로 각각 이동되는 파일을 작성한다. 원초적 실습과 기초를 더더욱 이해하기 위해 윈도우인 경우 메모장에서 연습하면 더욱 좋다. target="_self"라고 하면 자기 자신 페이지에서 변경되고, target="_blank"라고 하면 새로운 창으로 하이퍼링크된다.

vscode에서 작성 시 문서 페이지를 만든다. vscode를 실행 후 'ctrl + b'를 클릭하면 옆면 슬라이더 바 메뉴가 나타난다. 그 이후 폴더를 생성하고 오른쪽 마우스 버튼을 클릭하여 new file을 생성하거나 상단 메뉴 중 'New File'을 클릭 후 이름은 index.html, 확장자명은 html로 저장한다. 그런 후 오른쪽 페이지에서 '! + tap 버튼(느낌표 + 탭)'을 클릭하면 아래와 같이 기본 포맷의 코드가 생성된다.

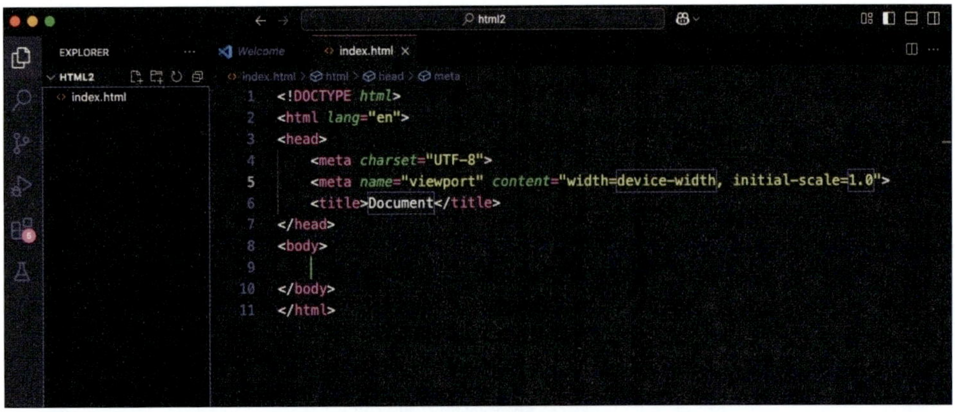

body 태그 안에 코드를 작성하고, 항상 "div + TAP (탭 버튼)"으로 생성한다. <div>라고 입력하지 않고 탭으로 생성하면 시작 태그 – 끝 태그가 함께 자동 생성된다.

아래 코드는 풀 코드 소스이다. 앞으로 나오는 예제는 최소 코드인 html <body> 태그 내용만, css는 css 내용만 구분해서 표시한다.

〈결과 미리보기〉

index.html

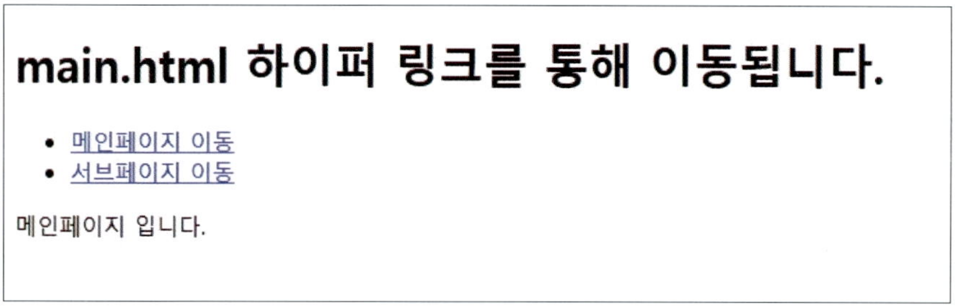

sub.html

〈index.html〉

```
<!DOCTYPE html>
<html lang="en">
  <head>
    <meta charset="UTF-8" />
    <meta name="viewport" content="width=device-width, initial-scale=1.0" />
  </head>
  <body>
```

```
    <div>
      <h1>html 하이퍼 링크를 통해 이동됩니다.</h1>
    </div>
    <div>
      <ul>
        <li><a href="main.html" target="_self">메인페이지 이동</a></li>
        <li><a href="sub01.html" target="_self">서브페이지 1 이동</a></li>
        <li><a href="sub02.html" target="_self">서브페이지 2 이동</a></li>
      </ul>
    </div>
    <div>
      <p>메인페이지 입니다.</p>
    </div>
  </body>
</html>
```

<sub.html>

```
<!DOCTYPE html>
<html lang="en">
  <head>
    <meta charset="UTF-8" />
     <meta name="viewport" content="width=device-width, initial-scale=1.0"
/>
    <!-- <link rel="stylesheet" href="style.css"> -->
  </head>
  <body>
    <div>
      <h1>sub.html 하이퍼 링크를 통해 이동됩니다.</h1>
    </div>
    <div>
      <ul>
       <li><a href="main.html" target="_self">메인페이지 이동</a></li>
        <li><a href="sub.html" target="_self">서브페이지 이동</a></li>
     </ul>
   </div>
    <div>
      <p>서브페이지 입니다.</p>
    </div>
  </body>
</html>
```

각각 html 페이지가 있는데, 하나는 main.html이고, 다른 하나는 sub.html 페이지이다. 아직도 실행되는 최초 인터넷 페이지에서 본 것처럼 단순한 글자만 있고 a 앵커의 하이퍼링크만 존재한다. 어떠한 꾸밈도 없고 자바스크립트가 작동되지도 않았던 그런 시절에 웹페이지가 시작되었다. 그래서 이렇게 하나의 기초 스텝에서부터 출발하여 점점 기능들이 편리해지고 복잡한 구조가 이루어지면서 오늘날의 웹페이지와 반응형인 앱페이지까지 구성되었다. 이를 따라가며 학습해보고 직접 코드를 작성해보면서 단계별 학습이 필요하다.

9.2 HTML 구조와 절대 / 상대경로

HTML 위치에 따라 절대경로와 상대경로를 익혀야 한다. 링크가 작동하지 않을 경우 경로 문제가 있는지, 경로를 변경하면 링크가 왜 안 되는지 이해해야 한다.

이미지는 2가지 방법으로 사용한다. 하나는 로컬 이미지를 사용하는 방법이고, 다른 하나는 하이퍼링크로 업로드된 서버에서 이미지 경로를 사용하는 방법이다.

샘플 이미지를 구하기 위해 구글에서 '이미지' 또는 'jpg'를 검색하면 이미지를 다운로드할 수 있다.

이미지 메뉴를 선택 후 오른쪽 상단의 '도구'를 클릭하면 사이즈 등 여러 옵션을 제어할 수 있다. 원하는 이미지 위에서 오른쪽 마우스 버튼을 클릭하고 이미지를 다른 이름으로 저장하여 로컬 이미지로 사용한다.

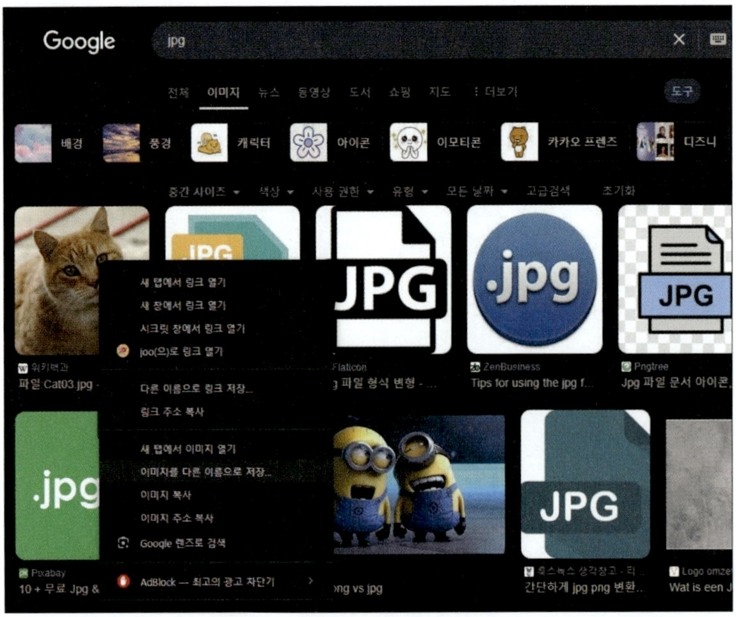

그러면 vscode에서 작성 중인 경로의 폴더에 저장된다. 컴퓨터의 경로와 vscode의 경로는 같은 컴퓨터의 경로이므로 동일 경로의 동일 파일들이다.

sample.jpg의 이름은 반드시 영문으로 확장자 파일까지 확인해야 한다. 아래 이미지의 구조를 잘 보면 img, sub는 폴더 구조이고, 각각 폴더 안에 파일들이 들어가 있다. 결국 인터넷 최초 페이지는 index.html 파일이 무조건 실행 파일이다. 이름은 변경 불가이며, 거기에서 하위로 들어가는지 상위로 올라가는지에 따라 폴더 구조를 절대 경로/상대 경로로 지정해야 한다.

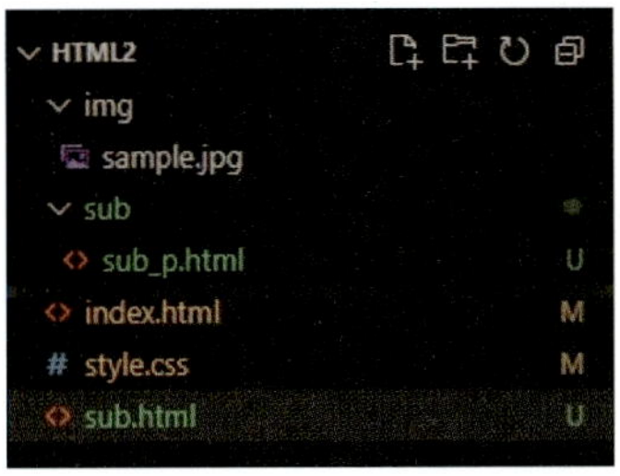

index.html 기준에서 하위 폴더인 img, sub 폴더에 있는 것에 접근하려면 /img/sample.jpg 또는 /sub/sub_p.html으로 접근 경로를 작성하면 된다.

서버 이미지를 사용할 때 무료 이미지를 사용하려면 픽사베이 주소로 이동 후 원하는 이미지를 클릭하고(리스트 x) 오른쪽 마우스 버튼을 클릭하여 이미지 주소 복사를 한 후 붙이기로 사용한다.

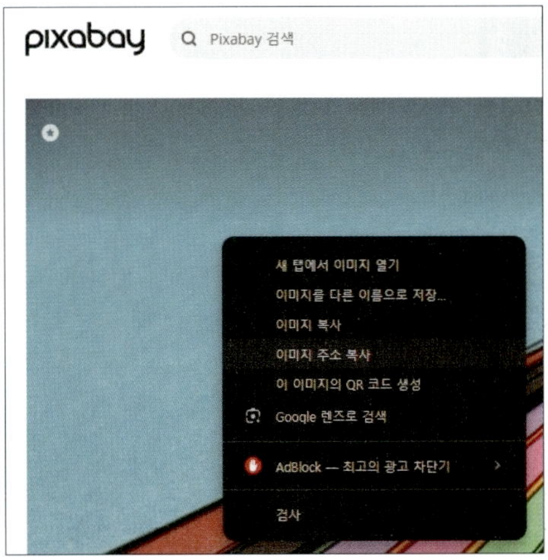

〈결과 이미지〉

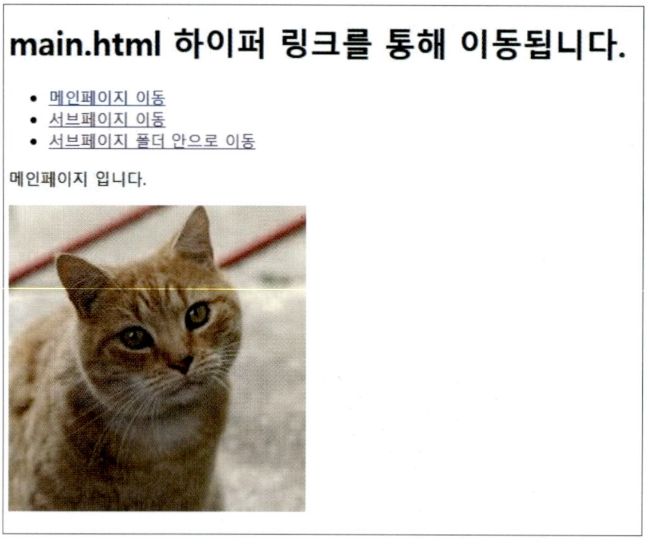

http://127.0.0.1:5500/index.html

주소명을 보면 호스트 서버명 뒤 바로 index.html이 확인된다.

http://127.0.0.1:5500/sub/sub_p.html

서브 페이지에서는 /sub/sub_p.html 경로가 한 번 더 들어가는 것을 알 수 있다. 로컬 이미지(컴퓨터 저장)와 서버 url 이미지(타 사이트에서 제공된 url)도 모두 잘 나온다.

〈index.html(상위 폴더 파일)〉

```
<body>
    <div>
      <h1>main.html 하이퍼 링크를 통해 이동됩니다.</h1>
    </div>
    <div>
      <ul>
        <li><a href="index.html" target="_self">메인페이지 이동</a></li>
        <li><a href="sub.html" target="_self">서브페이지 이동</a></li>
        <li><a href="/sub/sub_p.html" target="_self">서브페이지 폴더 안으로 이동
        </a></li>
      </ul>
    </div>
    <div>
      <p>메인페이지 입니다.</p>
    </div>
    <div>
      <img src="/img/sample.jpg" width="300px">
    </div>
</body>
```

〈sub_p.html(sub라는 폴더에 있는 파일)〉

상위로 올라가려면../main.html로 경로명을 변경해야 한다.

```
<body>
    <div>
      <h1>sub_p.html 하이퍼 링크를 통해 이동됩니다.</h1>
    </div>
    <div>
      <ul>
        <li><a href="../index.html" target="_self">메인페이지 이동</a></li>
        <li><a href="../sub.html" target="_self">서브페이지 이동</a></li>
        <li><a href="/sub/sub_p.html" target="_self">서브페이지 폴더 안으로 이동
        </a></li>
      </ul>
    </div>
    <div>
      <p>서브페이지 입니다.</p>
    </div>
```

```
    <div>
      <img src="https://cdn.pixabay.com/photo/2018/11/19/05/31/blue-
      3824634_1280. jpg" width="300px">
    </div>
</body>
```

9.3 HTML, CSS 이미지와 내비게이션

배경 이미지 위에 메뉴 내비게이션을 활용하여 화면 왼쪽 상단에 배치한 형태이다. 포지션을 이용한 배치, 백그라운드 이미지 활용, 오버 시 메뉴 활성화 예제이다.

<html>

```
<body>
<h2>이미지 상단에 들어가는 메뉴 html css</h2>
    <div class="bg-img">
      <div class="container">
        <div class="topnav">
          <a href="#">홈</a>
         <a href="#">학과소개</a>
         <a href="#">교수소개</a>
         <a href="#">교과과정</a>
          <a href="#">자료실</a>
      </div>
```

```
    </div>
  </div>

</body>
```

〈css〉

```
body {font-family: Arial, Helvetica, sans-serif}
* {box-sizing: border-box;}
.bg-img {
   background-image: url("https://cdn.pixabay.com/photo/2025/03/06/08/25/
blueberries-9450130_1280.jpg");
  min-height: 380px;
  background-position: center;
  background-repeat: no-repeat;
  background-size: cover;
  position: relative;
}
.container {
  position: absolute;
  margin: 20px;
  width: auto;
}
.topnav {
  overflow: hidden;
  background-color: #08531f;
}
.topnav a {
  float: left;
  color: #f2f2f2;
  text-align: center;
  padding: 14px 16px;
  text-decoration: none;
  font-size: 17px;
}
.topnav a:hover {
  background-color: #ddd;
  color: black;
}
```

9.4 HTML, CSS 반응형에 따른 메뉴 가로&세로

반응형에 따른 가로 형태

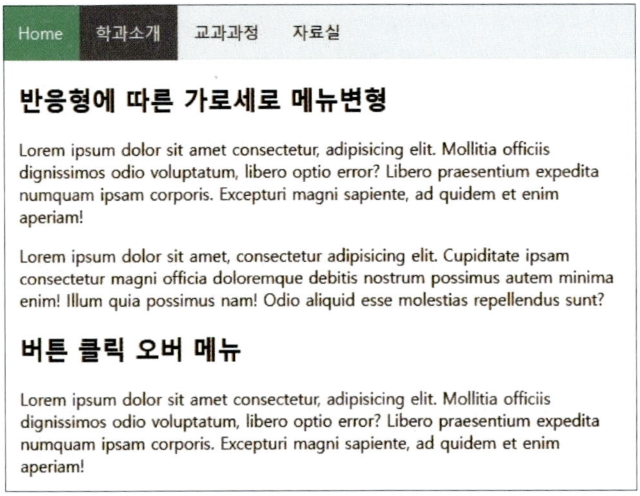

반응형에 따른 세로 형태

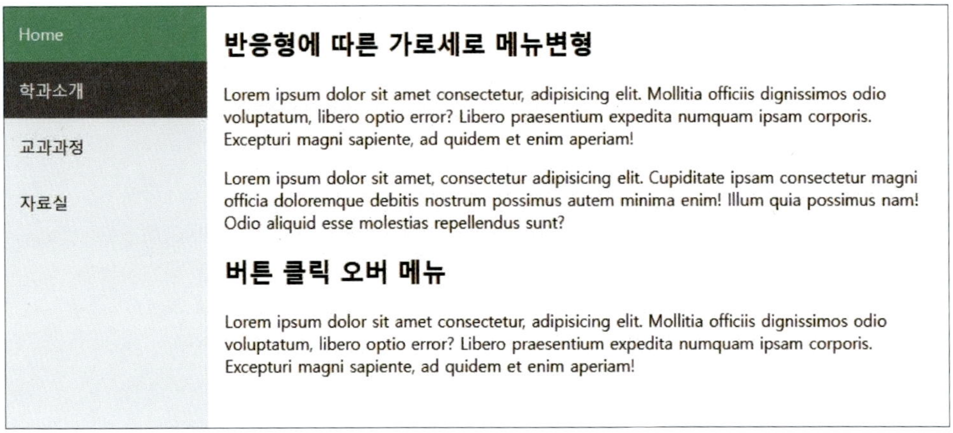

<html>

```
<body>
    <div class="sidebar">
      <a class="active" href="#home">Home</a>
      <a href="#">학과소개</a>
      <a href="#">교과과정</a>
      <a href="#">자료실</a>
    </div>

    <div class="content">
      <h2>반응형에 따른 가로세로 메뉴변형</h2>
      <p>
          Lorem ipsum dolor sit amet consectetur, adipisicing elit.
Mollitia officiis dignissimos odio voluptatum, libero optio error? Libero
praesentium expedita numquam ipsam corporis. Excepturi magni sapiente, ad
quidem et enim aperiam!
      </p>
      <p>
       Lorem ipsum dolor sit amet, consectetur adipisicing elit. Cupiditate
ipsam consectetur magni officia doloremque debitis nostrum possimus
autem minima enim! Illum quia possimus nam! Odio aliquid esse molestias
repellendus sunt?
      </p>
     <h2>버튼 클릭 오버 메뉴</h2>
      <p>
          Lorem ipsum dolor sit amet consectetur, adipisicing elit.
Mollitia officiis dignissimos odio voluptatum, libero optio error? Libero
praesentium expedita numquam ipsam corporis. Excepturi magni sapiente, ad
quidem et enim aperiam!
      </p>
    </div>

</body>
```

<css>

```
body {
  margin: 0;
  font-family: "Lato", sans-serif;
}
```

```
.sidebar {
  margin: 0;
  padding: 0;
  width: 200px;
  background-color: #f1f1f1;
  position: fixed;
  height: 100%;
  overflow: auto;
}
.sidebar a {
  display: block;
  color: black;
  padding: 16px;
  text-decoration: none;
}

.sidebar a.active {
  background-color: #04AA6D;
  color: white;
}

.sidebar a:hover:not(.active) {
  background-color: #555;
  color: white;
}

div.content {
  margin-left: 200px;
  padding: 1px 16px;
  height: 1000px;
}

@media screen and (max-width: 700px) {
  .sidebar {
    width: 100%;
    height: auto;
    position: relative;
  }
  .sidebar a {float: left;}
  div.content {margin-left: 0;}
}
```

```
@media screen and (max-width: 400px) {
  .sidebar a {
    text-align: center;
    float: none;
  }
}
```

9.5 HTML, CSS 반응형 이미지 카드 갤러리

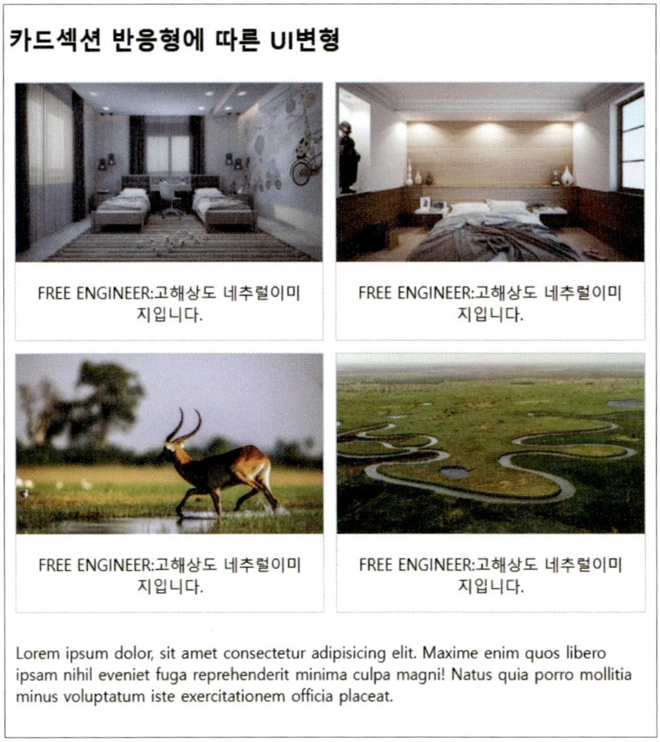

반응형에 따라 1단, 2단, 4단의 단계별 이미지 사이즈가 자유롭게 변형한다. @media(미디어 쿼리)를 이용하여 500px, 700px, 1000px 이상의 웹 브라우저 창에 따른 반응형 카드 갤러리 예제이다.

<html>

```
<body>
   <h2>카드섹션 반응형에 따른 UI변형 </h2>
    <div class="responsive">
      <div class="gallery">
        <a target="_blank" href="#">
          <img
            src="https://cdn.pixabay.com/photo/2021/09/13/06/26/apartment-
            6620407_1280.jpg"
            width="600"
            height="400"
          />
       </a>
        <div class="desc">FREE ENGINEER:고해상도 네추럴이미지입니다.</div>
     </div>
```

```
</div>

<div class="responsive">
  <div class="gallery">
   <a target="_blank" href="#">
      <img
        src="https://cdn.pixabay.com/photo/2014/08/11/21/40/bedroom-
        416062_1280.jpg"
        width="600"
        height="400"
      />
    </a>
    <div class="desc">FREE ENGINEER:고해상도 네추럴이미지입니다.</div>
  </div>
</div>

<div class="responsive">
  <div class="gallery">
   <a target="_blank" href="#">
      <img
        src="https://cdn.pixabay.com/photo/2020/05/11/13/48/okavango-
        delta-5158379_1280.jpg"
        width="600"
        height="400"
      />
    </a>
     <div class="desc">FREE ENGINEER:고해상도 네추럴이미지입니다.</div>
  </div>
</div>

<div class="responsive">
  <div class="gallery">
    <a target="_blank" href="#">
      <img

        src="https://cdn.pixabay.com/photo/2020/05/11/13/48/okavango-
        delta-5158380_1280.jpg"
        width="600"
        height="400"
      />
```

```
      </a>
      <div class="desc">FREE ENGINEER:고해상도 네추럴이미지입니다.</div>
    </div>
  </div>

  <div class="clearfix"></div>
  <div style="padding: 6px">
    <p>
       Lorem ipsum dolor, sit amet consectetur adipisicing elit. Maxime 
enim
       quos libero ipsam nihil eveniet fuga reprehenderit minima culpa 
magni!
       Natus quia porro mollitia minus voluptatum iste exercitationem 
officia
      placeat.
    </p>
  </div>

</body>
```

〈css〉

```
div.gallery {
  border: 1px solid #ccc;
}

div.gallery:hover {
  border: 1px solid #777;
}

div.gallery img {
  width: 100%;
  height: auto;
}

div.desc {
  padding: 15px;
  text-align: center;
}
```

```css
* {
  box-sizing: border-box;
}

.responsive {
  padding: 0 6px;
  float: left;
  width: 24.99999%;
}

@media only screen and (max-width: 700px) {
  .responsive {
    width: 49.99999%;
    margin: 6px 0;
  }
}

@media only screen and (max-width: 500px) {
  .responsive {
    width: 100%;
  }
}

.clearfix:after {
  content: "";
  display: table;
  clear: both;
}
```

1 0 장

HTML, CSS 기초 레이아웃 실습

학 습 목 표

- html 구조 및 시멘틱 태그를 이해하기 위해 기초 단계부터 실전까지 차근차근 배운다.
- css의 기본 요소를 배운다.
- 실제 기초 레이아웃을 응용하여 실전 코드에서 활용한다.
- html+css를 응용하면서 입문부터 실무까지 필수 예제를 실습해 본다.

10.1 기초 웹페이지 응용 실습 1

vscode를 실행한다. 앞 입문편 예제에서 설명한 것처럼 폴더를 생성 후 오른쪽 마우스 버튼을 클릭하여 new file을 생성하거나 상위 new file 아이콘을 클릭 후 파일명은 index.html, 확장자명은 html로 저장한다. 그런 후 오른쪽 페이지에서 !+tap 버튼(느낌표 + 탭)을 클릭한다. 그러면 기본 포맷의 코드가 생성된다. 동일하게 body 태그 안에 코드를 작성한다. 항상 div 탭으로 생성한다. 〈div〉라고 입력하지 않고 탭으로 생성하면 시작 태그 – 끝 태그가 함께 자동 생성된다.

알아두세요

코드 자동 정렬 방법

코드 줄 정렬은 다음과 같은 단축키를 사용한다. 그러나 안 될 때는 다음의 extensions(익스텐션)을 다운로드한다.

- Windows : Shift + Alt + F
- macOS : Shift(⇧) + Option(⌥) + F

prettier를 검색하여 Prettier–code formatter를 다운로드한다.

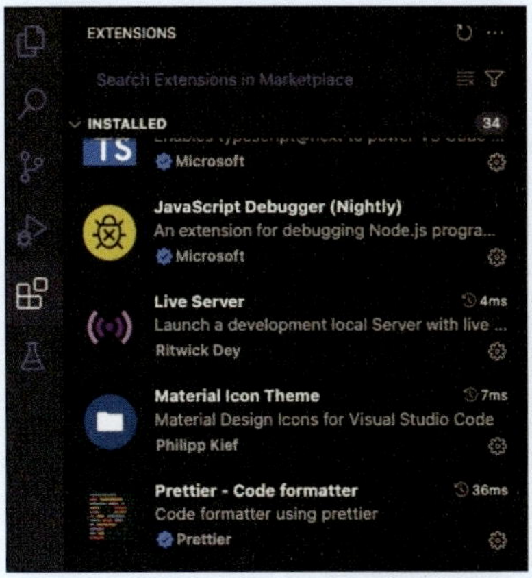

다운받았다면 settings 값을 설정해야 한다.

Code > Preferences > Settings (단축키 Ctrl +,)

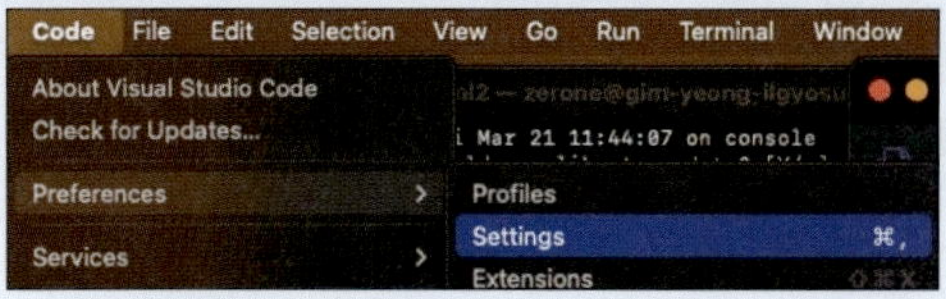

formatter를 검색하여 나온 Editor : Default Formatter 값을 Prettier-Code formatter로 설정한다. 이렇게 설정하면 ctrl + S로 저장할 때마다 자동 정렬이 실행된다.

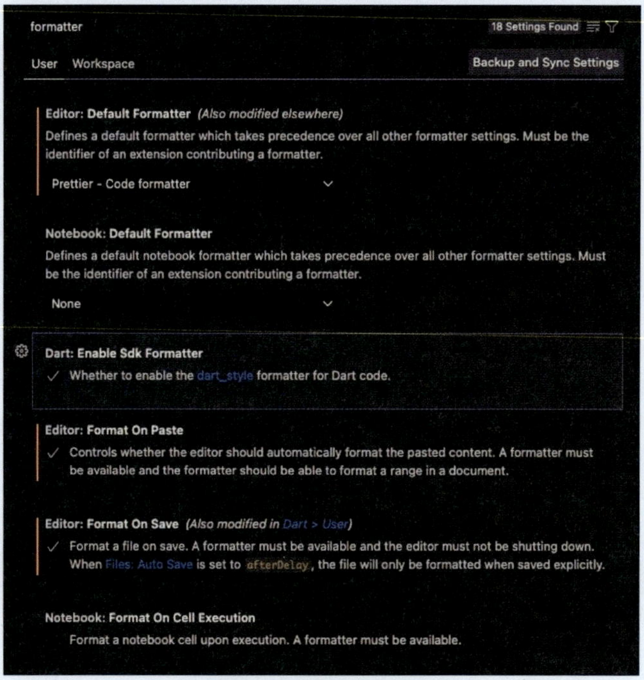

또 하나의 필수 익스텐션인 live server를 설치한다.

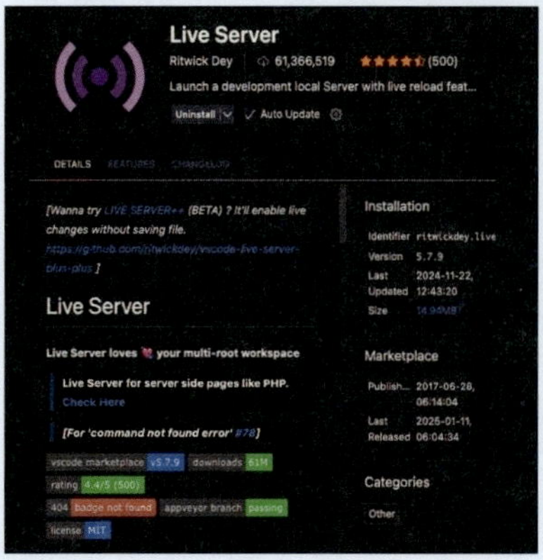

아래와 같이 코드를 생성한다. 이때 중괄호는 쓰지 않는다. 아래 코드를 빠르게 작성하려면 div처럼 태그 명을 쓰고 탭으로 생성하는 방법을 사용한다. ul 태그 명을 쓰고 탭으로 생성한다. 그리고 동일 명의 코드를 여러 번 반복할 때는 단축키 'Shift + Alt + 키보드 화살표 위 또는 아래'로 하면 그 줄이 복제되어 코드 반복을 쉽게 할 수 있다. 또는 그 줄을 원하는 곳으로 이동시킬 때는 'Alt + 키보드 화살표 위 또는 아래'를 사용하면 원하는 곳으로 쉽게 옮길 수 있으니 반드시 코드 단축키를 사용해야 빠른 코드 작성이 된다. a 태그 href="#" 은 어떤 특정 하이퍼링크 값이 없을 때는 임의의 #으로 넣을 수 있다. 나중에 정확한 주소가 정해지면 재작성하도록 임의의 코드 #을 작성한다. 가끔 코드가 길어질 때는 주석 처리로 코드 덩어리를 알아볼 수 있도록 편집자들의 알림을 위한 메모를 해주면 된다. 단축키는 'ctrl + /'이다.

```
<body>
   <div>
     <h2>홈페이지 제작</h2>
   </div>


<!-- 리스트 코드를 작성합니다.  -->
   <div>
     <div>
       <ul>
         <li><a href="#"> link1</a></li>
         <li><a href="#"> link1</a></li>
         <li><a href="#"> link1</a></li>
       </ul>
     </div>
   </div>
 </body>
```

코드를 작성하면서 실시간으로 웹브라우저에서 어떻게 실행되는지를 확인하기 위해 live server 익스텐션을 실행하여 사용한다. 실행 방법은 vscode의 아래 줄에 위치한 'Go Live' 버튼을 클릭하면 컴퓨터 환경 기본 브라우저에서 실행된다.

다음 코드를 업데이트시켜 이어서 작성한다. 본문 리스트 내용은 "Lorem ~ 불라불라~어쩌고저쩌고~"라는 의미로 글을 채우기 위한 자동 코드 소스로 작성된다. 즉 'lorem + 탭(Tap)'을 클릭하면 자동으로 영문 글자가 생성되므로 절대 직접 하나하나 작성하지 않는다.

```
<body>
  <div>
    <h2>홈페이지 제작</h2>
  </div>

  <!-- 리스트 코드를 작성합니다.  -->
  <div>
    <div>
      <ul>
        <li><a href="#"> link1</a></li>
        <li><a href="#"> link2</a></li>
        <li><a href="#"> link3</a></li>
        <li><a href="#"> link4</a></li>
      </ul>
    </div>
  </div>

  <div>
    <h1>본문 리스트</h1>
    <p>
      Lorem ipsum dolor sit amet consectetur adipisicing elit. Aspernatur
      velit aliquid ab inventore ratione voluptas eum! Dignissimos,
     recusandae! Magni deleniti aperiam id sint molestiae dolorum accusamus
      perferendis dignissimos blanditiis fugiat.
    </p>
  </div>

  <div>
    <p>footer @2025</p>
  </div>
</body>
```

〈브라우저 결과 미리 보기〉

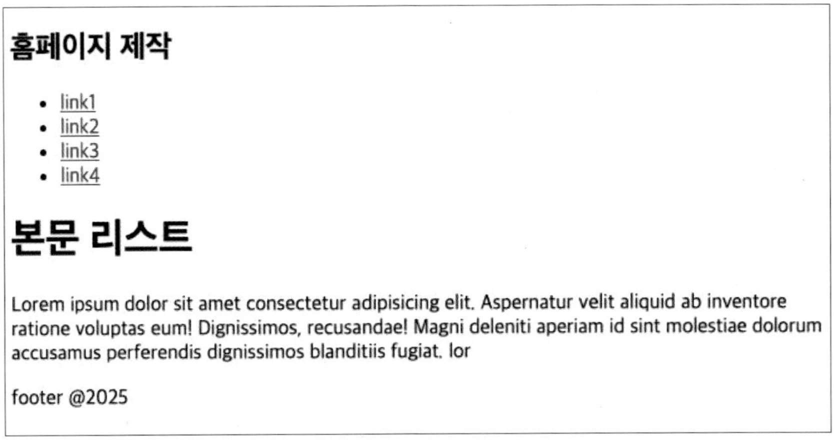

순수하게 html로만 작성된 웹페이지를 작성한 코드로, 뼈만 있는 홈페이지이다. 이제 꾸미기 요소인 CSS를 작성해 보겠다. 그전에 사용했던 div는 공간을 만드는 태그이지만 이번에는 시맨틱 태그를 활용한 코드를 수정 후 같이 변경하도록 하겠다. 시맨틱 태그는 의미상의 레이아웃을 구분하는 것으로, 이미지 그림과 동일한 화면이 아닌 의미상의 개념으로 봐야 한다.

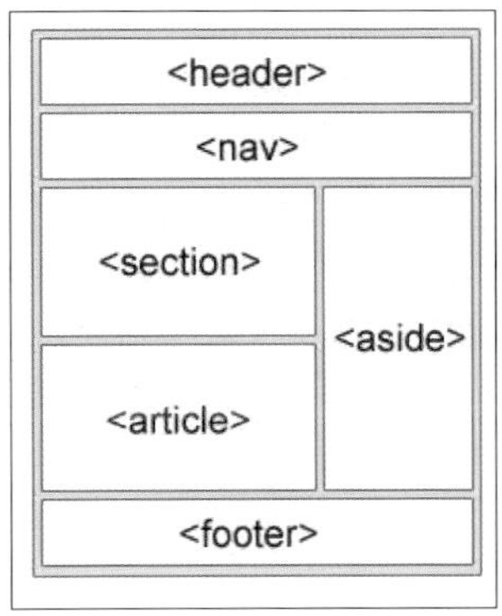

- header : 문서 섹션의 헤더를 정의한다.
- nav : 내비게이션 부분을 정의한다.
- section : 문서의 섹션을 정의한다.
- article : 독립적이고, 자체 포함되는 콘텐츠를 정의한다.
- aside : 콘텐츠 사이드바를 정의한다.
- footer : 문서 섹션 바닥글을 정의한다.

다음과 같이 CSS가 들어가면 아래의 레이아웃을 만들 수 있다. 그런 과정에 추가된 CSS는 앞에서 배운 내용을 토대로 제작되었고, 가로, 세로 형태의 기본형이므로 암기하거나 활용하면 된다.

먼저 고전적 방법인 float:left 방법을 사용한다.

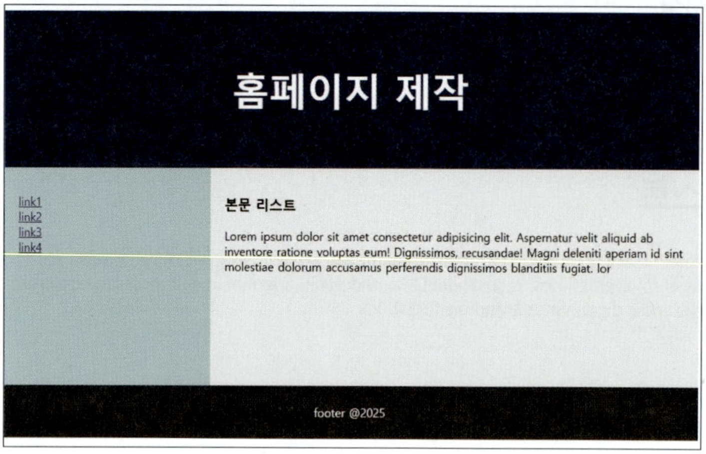

<html>

```
<body>
<header>
    <h2>홈페이지 제작</h2>
  </header>
  <section>
    <nav>
      <ul>
        <li><a href="#"> link1</a></li>
        <li><a href="#"> link2</a></li>
        <li><a href="#"> link3</a></li>
        <li><a href="#"> link4</a></li>
      </ul>
    </nav>


  <article>
    <h1>본문 리스트</h1>
    <p>
      Lorem ipsum dolor sit amet consectetur adipisicing elit. Aspernatur
      velit aliquid ab inventore ratione voluptas eum! Dignissimos,
      recusandae! Magni deleniti aperiam id sint molestiae dolorum accusamus
     perferendis dignissimos blanditiis fugiat.
     lor
```

```
    </p>
  </article>
  </section>

  <footer>
    <p>footer @2025</p>
  </footer>

</body>
```

<css>

```
* {
 box-sizing: border-box;
}


header {
 background-color: #170c5e;
 padding: 30px;
 text-align: center;
 font-size: 35px;
 color: white;
}

nav {
 float: left;
 width: 30%;
 height: 300px;
 background: #bbdad9;
 padding: 20px;
}

nav ul {
 list-style-type: none;
 padding: 0;
}

article {
 float: left;
```

10

HTML CSS 기초 레이아웃 실습

```
  padding: 20px;
  width: 70%;
  background-color: #f1f1f1;
  height: 300px;
}

.clearfix::after {
  content: "";
  display: table;
  clear: both;
}


footer {
  background-color: #3a3030;
  padding: 10px;
  text-align: center;
  color: white;
}

@media (max-width: 600px) {
  nav, article {
    width: 100%;
    height: auto;
  }
}
```

시맨틱 태그를 활용하여 레이아웃을 구성하였다. 박스 크기는 보더 박스 사이즈를 기준으로 하므로, 100% 기준 가로 30%, 70% 비율 형태로 구성될 수 있었다.

고전적 방법인 float : left를 사용하여 만들고 이때 발생할 수 있는 블록 포맷팅 현상을 해결하기 위해 clearfix 방법을 사용하여 레이아웃 어그러짐 현상을 해결한다. 또한 @media(미디어 쿼리)를 활용하여 반응형 웹까지 해결한다. 미디어 쿼리에서 띄어쓰기는 반드시 주의해서 사용한다. 띄어쓰기가 명확히 구분되지 않는다면 실행되지 않는다. 다음과 같이 모바일 형태에 맞도록 pc 기반 모니터 화면 최적화를 구현하였다.

〈모바일 형태〉

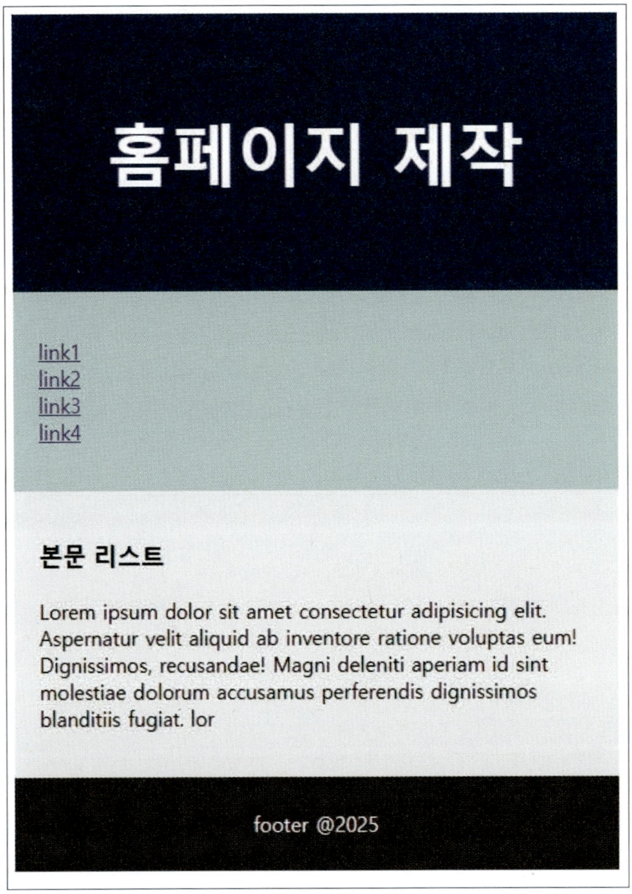

현대적 방법인 flex 박스 레이아웃은 css를 다음과 같이 변경한다.

〈css〉

```
* {
  box-sizing: border-box;
}

header {
  background-color: #170c5e;
  padding: 30px;
  text-align: center;
  font-size: 35px;
```

```
  color: white;
}

nav {
  flex: 1;
  background: #bbdad9;
  padding: 20px;
}

nav ul {
  list-style-type: none;
  padding: 0;
}

article {
  flex: 3;
  padding: 20px;
  background-color: #f1f1f1;
}

section {
  display: flex;
}

footer {
  background-color: #3a3030;
  padding: 10px;
  text-align: center;
  color: white;
}

@media (max-width: 600px) {
  section {
    flex-direction: column;
  }
}
```

10.2 기초 웹페이지 응용 실습 2

다음은 응용된 메뉴가 있고 메뉴를 구성하는 형태가 pc 화면과 모바일 화면일 때 화면 전환이 되는 레이아웃이다. 블록 레벨 요소의 단순한 레이아웃에 마우스 오버 시 메뉴 형태를 활성화시킨다. 이미지는 가변적으로 반응형에 따라 사이즈 최적화를 한다. 모바일 형태와 비교하면서 레이아웃 변화를 확인하도록 한다.

<html>

```
<body>
 <header>
      <h2>학과 홈페이지</h2>
    </header>
    <section>
      <nav>
        <ul>
          <li><a href="#" class="active"> home</a></li>
          <li><a href="#"> 학과소개</a></li>
          <li><a href="#"> 교수소개</a></li>
          <li><a href="#"> 교육과정</a></li>
        </ul>
      </nav>
    </section>
    <section>
       <article>
```

```
            <h1>본문 리스트</h1>
            <p>
              Lorem ipsum dolor sit amet consectetur adipisicing elit.
              Aspernatur
              velit aliquid ab inventore ratione voluptas eum! Dignissimos,
              recusandae! Magni deleniti aperiam id sint molestiae dolorum
              accusamus
              perferendis dignissimos blanditiis fugiat. lor
            </p>
        </article>
        <article>
            <img src="https://cdn.pixabay.com/photo/2022/04/15/07/44/
            purple-roses-7133816_1280.jpg" />
        </article>
    </section>

    <footer>
      <p>footer @2025</p>
    </footer>

</body>
```

<css>

```
* {
    margin: 0;
    padding: 0;
    box-sizing: border-box;
}
header {
    background-color: #170c5e;
    padding: 1.5em;
    text-align: center;
    font-size: 1.5em;
    color: white;
}
nav {
    width: 100%;
    overflow: hidden;
    background: #bbdad9;
```

```
}
nav ul {
    list-style-type: none;
    padding: 0;
}
nav ul li a{
    float: left;
    padding: 12px;
    color: #170c5e;
    text-decoration: none;
    font-size: 1em;
    width: 25%;
    text-align: center;
}
nav ul li a:hover{
    background-color: #ff0090;
    color: white;
}
nav a.active {
    background-color: #ff0090;
    color: white;
}
article {
    padding: 20px;
    background-color: #f1f1f1;
}
article img{
    width: 100%;
}
footer {
    background-color: #3a3030;
    padding: 10px;
    text-align: center;
    color: white;
}
@media (max-width: 600px) {
  nav ul li a{
    float: none;
    display: block;
    width: 100%;
    text-align: left;
  }
}
```

10.3 기초 웹페이지 응용 실습 3

다음은 앞에서 한 것을 응용한 페이지 구성이다. 카드 섹션을 이용한 홈페이지 구축 시 많이 활용하므로 다음 코드를 체크해서 따라 하며 작성한다. article 태그를 활용하여 반복된 카드 섹션이 반응형 웹에 변경되도록 작성되었고, 그림자 효과를 이용하여 볼륨감을 더욱 표현한 것과 큰 이미지와 작은 이미지가 모바일에서 세로 형태로 일관된 레이아웃을 유지하는 것에 유의해야 한다.

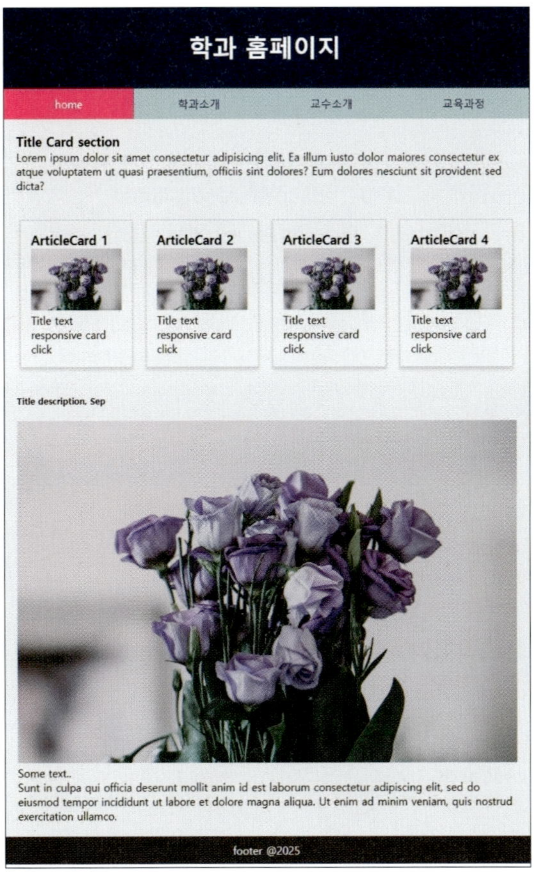

<html>

```
<body>
 <header>
      <h2>학과 홈페이지</h2>
    </header>
    <section>
      <nav>
        <ul>
          <li><a href="#" class="active"> home</a></li>
          <li><a href="#"> 학과소개</a></li>
          <li><a href="#"> 교수소개</a></li>
          <li><a href="#"> 교육과정</a></li>
        </ul>
      </nav>
    </section>
    <section>
      <article>
        <h3>Title Card section</h3>
        <p>
          Lorem ipsum dolor sit amet consectetur adipisicing elit. Ea illum
          iusto dolor maiores consectetur ex atque voluptatem ut quasi
          praesentium, officiis sint dolores? Eum dolores nesciunt sit
          provident
          sed dicta?
        </p>
      </article>
      <article>
        <div class="row">
          <div class="column">
            <div class="card">
              <h3>ArticleCard 1</h3>
              <img
                src="https://cdn.pixabay.com/photo/2022/04/15/07/44/purple-
                roses-7133816_1280.jpg"
              />
             <p>Title text responsive card</p>
             <p>click</p>
```

```
      </div>
    </div>
    <div class="column">
      <div class="card">
        <h3>ArticleCard 2</h3>
        <img
          src="https://cdn.pixabay.com/photo/2022/04/15/07/44/purple-
          roses-7133816_1280.jpg"
        />
        <p>Title text responsive card</p>
        <p>click</p>
      </div>
    </div>
    <div class="column">
      <div class="card">
        <h3>ArticleCard 3</h3>
        <img
          src="https://cdn.pixabay.com/photo/2022/04/15/07/44/purple-
          roses-7133816_1280.jpg"
        />
        <p>Title text responsive card</p>
        <p>click</p>
      </div>
    </div>
    <div class="column">
      <div class="card">
        <h3>ArticleCard 4</h3>
        <img
          src="https://cdn.pixabay.com/photo/2022/04/15/07/44/purple-
          roses-7133816_1280.jpg"
        />
        <p>Title text responsive card</p>
        <p>click</p>
      </div>
    </div>
  </div>
</article>

<article>
  <h5>Title description, Sep</h5>
  <br>
  <img
```

```
        src="https://cdn.pixabay.com/photo/2022/04/15/07/44/purple-
        roses-7133816_1280.jpg"
      />
      <p>Some text..</p>
      <p>
        Sunt in culpa qui officia deserunt mollit anim id est laborum
        consectetur adipiscing elit, sed do eiusmod tempor incididunt ut
        labore et dolore magna aliqua. Ut enim ad minim veniam, quis
        nostrud
        exercitation ullamco.
      </p>
    </article>
  </section>

  <footer>
    <p>footer @2025</p>
  </footer>

</body>
```

〈css〉

```
* {
  margin: 0;
  padding: 0;
  box-sizing: border-box;
}
header {
  background-color: #170c5e;
  padding: 1.5em;
  text-align: center;
  font-size: 1.5em;
  color: white;
}
nav {
  width: 100%;
  overflow: hidden;
  background: #bbdad9;
}
nav ul {
```

```
  list-style-type: none;
  padding: 0;
}
nav ul li a {
  float: left;
  padding: 12px;
  color: #170c5e;
  text-decoration: none;
  font-size: 1em;
  width: 25%;
  text-align: center;
}
nav ul li a:hover {
  background-color: #ff0090;
  color: white;
}
nav a.active {
  background-color: #ff0090;
  color: white;
}
article {
  padding: 20px;
  background-color: #f1f1f1;
}

article img {
  width: 100%;
}

.column {
  float: left;
  width: 25%;
  padding: 0 10px;
}

.row {
  margin: 0 -5px;
}
.row:after {
  content: "";
  display: table;
  clear: both;
```

```
}
.card {
  box-shadow: 0 4px 4px 0 rgba(0, 0, 0, 0.1);
  padding: 16px;
  /* text-align: center; */
  border: 1px solid #ccc;
  background-color: #f1f1f1;
}

footer {
  background-color: #3a3030;
  padding: 10px;
  text-align: center;
  color: white;
}
@media (max-width: 600px) {
  nav ul li a {
    float: none;
    display: block;
    width: 100%;
    text-align: left;
  }
  .column {
    width: 100%;
    display: block;
    margin-bottom: 20px;
  }
}
```

기초 웹페이지 레이아웃을 이용하여 다양한 레이아웃 웹페이지를 구축할 수 있다. 이 외에도 많은 소스 코드를 활용하는 능력을 기르며 읽고 쓰는 훈련이 반복된다면 html과 css 학습 능력이 더욱 향상됨을 느낄 수 있을 것이다. 페이지에서 알려준 코드들을 반복된 훈련으로 직접 작성하면서 응용력을 키워 실제로 보지 않고 작성할 수 있게 되기를 바란다.

11 장

HTML, CSS 활용 실습

학 습 목 표

- 웹 인터페이스에서 많이 사용되는 폼 태그를 이용한 코드를 연습한다.
- 전체 웹페이지를 구성하기 전에 필요한 소스 코드들을 익혀 본다.

11.1 forms 활용한 로그인 페이지

결과 미리보기

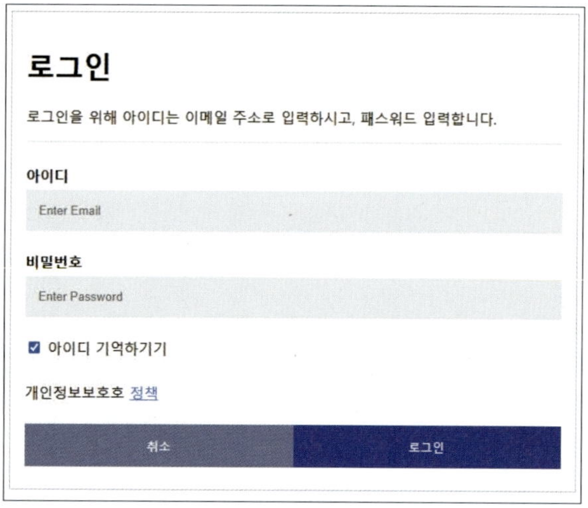

form 태그를 활용하여 입력되는 값과 체크 박스, 버튼 등 웹앱에서 많이 활용하는 입력 폼 기본값을 이용하여 웹 기초 및 활용된 페이지를 직접 코드로 입력한다.

아이디 / 비밀번호는 입력 타이틀 명과 입력 폼 값을 동시 사용한다. 따라서 핵심 포인트는 form 태그 아래 라벨 이름과 input 태그를 활용하는 것이다.

```
<form>
     <label>  라벨이름 </label>
     <input type="text" >
</form>
```

input 태그는 앞에서 설명한 것처럼 필요한 소스를 찾아서 검색하거나 레퍼런스 소스를 적극 활용하면 된다. type 형태는 다양하므로 본인만의 인터페이스를 적극 활용하여 다양한 폼 태그를 응용한 웹 화면을 구성할 수 있다.

html

```
<body>
<form action="#" style="border:1px solid #ccc">
        <div class="container">
          <h1>로그인</h1>
          <p>로그인을 위해 아이디는 이메일 주소로 입력하시고, 패스워드 입력합니다.</p>
          <hr>
          <label for="email"><b>아이디</b></label>
          <input type="text" placeholder="Enter Email" name="email"
          required>
          <label for="psw"><b>비밀번호</b></label>
          <input type="password" placeholder="Enter Password" name="psw"
          required>
          <label>
            <input type="checkbox" checked="checked" name="remember"
            style="margin-bottom:15px"> 아이디 기억하기
          </label>

          <p>개인정보보호 <a href="#" style="color:dodgerblue">정책</a></p>

          <div class="clearfix">
            <button type="button" class="cancelbtn">취소</button>
            <button type="submit" class="signupbtn">로그인</button>
          </div>
        </div>
      </form>


</body>
```

CSS

```
* {box-sizing: border-box}

  input[type=text], input[type=password] {
  width: 100%;
  padding: 15px;
  margin: 5px 0 22px 0;
  display: inline-block;
  border: none;
  background: #f1f1f1;
}

input[type=text]:focus, input[type=password]:focus {
  background-color: #ddd;
  outline: none;
}

hr {
  border: 1px solid #f1f1f1;
  margin-bottom: 25px;
}


button {
  background-color: #112bd2;
  color: white;
  padding: 14px 20px;
  margin: 8px 0;
  border: none;
  cursor: pointer;
  width: 100%;
  opacity: 0.9;
}

button:hover {
  opacity:1;
}

.cancelbtn {
  padding: 14px 20px;
  background-color: #6b7aab;
```

```
}

.cancelbtn, .signupbtn {
  float: left;
  width: 50%;
}

.container {
  padding: 16px;
}

.clearfix::after {
  content: "";
  clear: both;
  display: table;
}

@media screen and (max-width: 300px) {
  .cancelbtn, .signupbtn {
    width: 100%;
  }
}
```

11.2 forms 활용한 회원 가입 및 요청 사항 폼

결과 미리보기

로그인과 유사하게 폼 태그를 활용한 폼 입력이 주요 포인트이다. 입력 폼과 풀다운 메뉴, input과 버튼까지 활용하여 만들 수 있다.

html

```
<body>
<div class="container">
        <form action="">
```

```
        <label for="fname">이름</label>
        <input type="text" id="fname" name="firstname" placeholder="Your
        name..">

        <label for="email_ID">email 주소</label>
        <input type="text" id="email_ID" name="email_ID"
        placeholder="Your email..">


        <label for="email">email 계정</label>
        <select id="email" name="email">
          <option value="">google</option>
          <option value="">naver</option>
          <option value="">daum</option>
        </select>

        <label for="country">국가</label>
        <select id="country" name="country">
          <option value="">대한민국</option>
          <option value="">일본</option>
          <option value="">미국</option>
        </select>

        <label for="subject">기타 정보 요청</label>
        <textarea id="subject" name="subject" placeholder="요청사항 입력하세
        요..." style="height:200px"></textarea>

        <input type="submit" value="회원가입">

      </form>
    </div>

</body>
```

CSS

```
input[type=text], select, textarea {
  width: 100%;
```

```
  padding: 12px;
  border: 1px solid #ccc;
  border-radius: 4px;
  box-sizing: border-box;
  margin-top: 6px;
  margin-bottom: 16px;
  resize: vertical
}

input[type=submit] {
  background-color: #1c58f0;
  color: white;
  padding: 12px 20px;
  border: none;
  border-radius: 4px;
  cursor: pointer;
}

input[type=submit]:hover {
  background-color: #e10b48;
}
.container {
  border-radius: 5px;
  background-color: #f2f2f2;
  padding: 20px;
}
```

11.3 dropdown 가로 메뉴

결과 미리보기

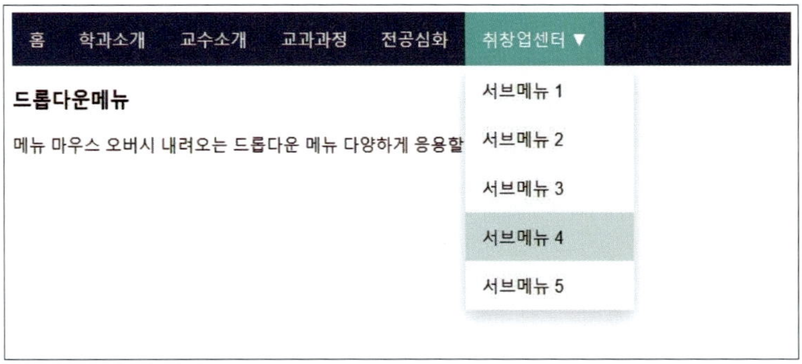

서브 메뉴를 활용한 내비게이션 GNB를 직접 코딩화로 만드는 예제이다. 실제 많이 사용하며 가로, 세로 메뉴 방법을 익혀 두면 실제 웹앱 페이지 제작에 도움을 받을 수 있다. 서브 메뉴는 또 다른 div 공간을 분리시켜 관리할 수 있다.

html

```
<body>
<div class="navbar">
    <a href="#home">홈</a>
    <a href="#news">학과소개</a>
    <a href="#news">교수소개</a>
    <a href="#news">교과과정</a>
    <a href="#news">전공심화</a>
    <div class="dropdown">
     <button class="dropbtn">취창업센터 ▼
```

```
      <i class="fa fa-caret-down"></i>
    </button>
    <div class="dropdown-content">
      <a href="#">서브메뉴 1</a>
      <a href="#">서브메뉴 2</a>
      <a href="#">서브메뉴 3</a>
      <a href="#">서브메뉴 4</a>
      <a href="#">서브메뉴 5</a>
    </div>
  </div>
</div>

<h3>드롭다운메뉴 </h3>
<p>메뉴 마우스 오버시 내려오는 드롭다운 메뉴 다양하게 응용할 수 있습니다.</p>

</body>
```

CSS

```
body {
    font-family: Arial, Helvetica, sans-serif;
  }

  .navbar {
    overflow: hidden;
    background-color: #26345c;
  }

 .navbar a {
    float: left;
    font-size: 16px;
    color: white;
    text-align: center;
    padding: 14px 16px;
    text-decoration: none;
  }

  .dropdown {
    float: left;
    overflow: hidden;
```

```
}

.dropdown .dropbtn {
  font-size: 16px;
  border: none;
  outline: none;
  color: white;
  padding: 14px 16px;
  background-color: inherit;
  font-family: inherit;
  margin: 0;
}

.navbar a:hover, .dropdown:hover .dropbtn {
  background-color: rgb(13, 189, 174);
}

.dropdown-content {
  display: none;
  position: absolute;
  background-color: #f9f9f9;
  min-width: 160px;
  box-shadow: 0px 8px 16px 0px rgba(53, 58, 93, 0.2);
  z-index: 1;
}

.dropdown-content a {
  float: none;
  color: black;
  padding: 12px 16px;
  text-decoration: none;
  display: block;
  text-align: left;
}

.dropdown-content a:hover {
  background-color: #d0e4e3;
}

.dropdown:hover .dropdown-content {
  display: block;
}
```

11.4 dropdown 세로 메뉴

결과 미리보기

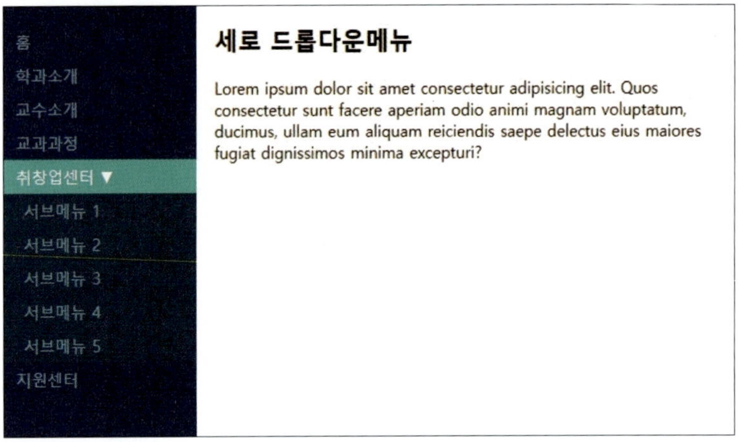

가로 메뉴와 비슷하게 세로 메뉴로 만드는 과정에서 일부의 자바스크립트가 사용된다. 어디까지나 일부의 코드를 그대로 활용하기 때문에 코드를 그대로 따라 쓰면 된다. 행위에 따른 결과값으로 사용된다. 세로와 가로를 비교하기 위한 예제로서, 비교 분석 및 실무에 사용하는 활용 예제라고 할 수 있다.

html + javascript

```
<body>
    <div class="sidenav">
        <a href="#">홈</a>
        <a href="#">학과소개</a>
        <a href="#">교수소개</a>
        <a href="#">교과과정</a>
```

```
        <button class="dropdown-btn">취창업센터 ▼
          <i class="fa fa-caret-down"></i>
        </button>
        <div class="dropdown-container">
          <a href="#">서브메뉴 1</a>
          <a href="#">서브메뉴 2</a>
          <a href="#">서브메뉴 3</a>
          <a href="#">서브메뉴 4</a>
          <a href="#">서브메뉴 5</a>

        </div>
        <a href="#contact">지원센터</a>
      </div>

      <div class="main">
        <h2>세로 드롭다운메뉴 </h2>
          <p>Lorem ipsum dolor sit amet consectetur adipisicing elit. Quos
consectetur sunt facere aperiam odio animi magnam voluptatum, ducimus,
ullam eum aliquam reiciendis saepe delectus eius maiores fugiat dignissimos
minima excepturi?</p>
      </div>



     <script>
      const dropdown = document.getElementsByClassName("dropdown-btn");
      let i;
        for (i = 0; i < dropdown.length; i++) {
          dropdown[i].addEventListener("click", function() {
            this.classList.toggle("active");
            var dropdownContent = this.nextElementSibling;
            if (dropdownContent.style.display === "block") {
              dropdownContent.style.display = "none";
            } else {
              dropdownContent.style.display = "block";
            }
          });
        }
      </script>


<body>
```

CSS

```css
body {
    font-family: "Lato", sans-serif;
  }

  .sidenav {
    height: 100%;
    width: 200px;
    position: fixed;
    z-index: 1;
    top: 0;
    left: 0;
    background-color: #26345c;
    overflow-x: hidden;
    padding-top: 20px;
  }


  .sidenav a, .dropdown-btn {
    padding: 6px 8px 6px 16px;
    text-decoration: none;
    font-size: 1em;
    color: #6fbac9;
    display: block;
    border: none;
    background: none;
    width: 100%;
    text-align: left;
    cursor: pointer;
    outline: none;
  }

 .sidenav a:hover, .dropdown-btn:hover {
    color: #f1f1f1;
  }

  .main {
    margin-left: 200px;
    font-size: 1em;
    padding: 0px 10px;
  }
```

```css
.active {
  background-color: rgb(13, 189, 174);
  color: white;
}

.dropdown-container {
  display: none;
  background-color: rgba(5, 103, 95, 0.3);
  padding-left: 8px;
}


.fa-caret-down {
  float: right;
  padding-right: 8px;
}

@media screen and (max-height: 450px) {
  .sidenav {padding-top: 15px;}
  .sidenav a {font-size: 18px;}
}
```

11.5 TABLE 활용한 리스트

결과 미리보기

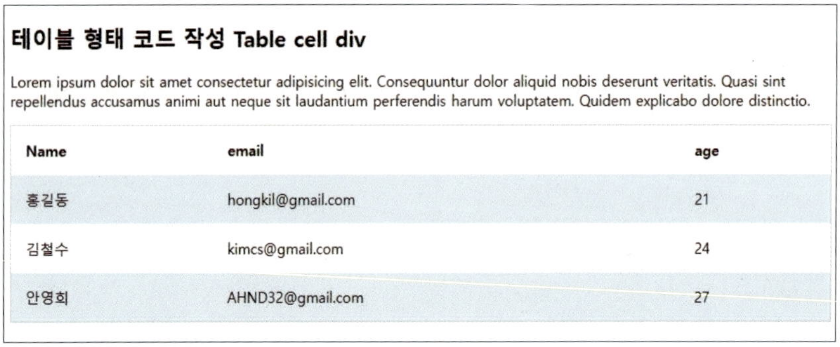

테이블 형태 코드 작성 Table cell div

Lorem ipsum dolor sit amet consectetur adipisicing elit. Consequuntur dolor aliquid nobis deserunt veritatis. Quasi sint repellendus accusamus animi aut neque sit laudantium perferendis harum voluptatem. Quidem explicabo dolore distinctio.

Name	email	age
홍길동	hongkil@gmail.com	21
김철수	kimcs@gmail.com	24
안영희	AHND32@gmail.com	27

본문 테이블 형태 차트 및 데이터 값을 사용할 때 table 코드를 활용하여 쓸 수 있다. 반응형에 맞게 가변적이다.

html

```
<body>

<h2>테이블 형태 코드 작성 Table cell div</h2>
    <p>
      Lorem ipsum dolor sit amet consectetur adipisicing elit. Consequuntur
        dolor aliquid nobis deserunt veritatis. Quasi sint repellendus
accusamus
      animi aut neque sit laudantium perferendis harum voluptatem. Quidem
      explicabo dolore distinctio.
    </p>
    <table>
      <tr>
```

```
        <th>Name</th>
        <th>email</th>
        <th>age</th>
      </tr>
      <tr>
        <td>홍길동</td>
        <td>hongkil@gmail.com</td>
        <td>21</td>
      </tr>
      <tr>
        <td>김철수</td>
        <td>kimcs@gmail.com</td>
        <td>24</td>
      </tr>
      <tr>
        <td>안영희</td>
        <td>AHND32@gmail.com</td>
        <td>27</td>
      </tr>
    </table>

</body>
```

CSS

```
table {
  border-collapse: collapse;
  border-spacing: 0;
  width: 100%;
  border: 1px solid #ddd;
}

th, td {
  text-align: left;
  padding: 16px;
}

tr:nth-child(even) {
  background-color: #e9f0f5;
}
```

11.6 이미지가 들어간 로그인 페이지

결과 미리보기

이미지가 들어간 로그인 화면이다.

html

```
<body>

  <h2>이미지 상위 로그인화면</h2>
    <div class="bg-img">
      <form action="#" class="container">
        <h1>로그인</h1>

       <label for="email"><b>Email</b></label>
        <input type="text" placeholder="Enter Email" name="email" required />

       <label for="psw"><b>Password</b></label>
```

```
        <input
          type="password"
          placeholder="Enter Password"
          name="psw"
          required
        />
        <button type="submit" class="btn">로그인</button>
      </form>
    </div>

</body>
```


CSS

```
body,
html {
  height: 100%;
  font-family: Arial, Helvetica, sans-serif;
}

* {
  box-sizing: border-box;
}

.bg-img {
   background-image: url("https://cdn.pixabay.com/photo/2024/09/20/11/51/
living-room-9061302_1280.jpg");

  min-height: 380px;

  background-position: center;
  background-repeat: no-repeat;
  background-size: cover;
  position: relative;
}

.container {
  position: absolute;
  right: 0;
  margin: 20px;
```

```
  max-width: 300px;
  padding: 16px;
  background-color: white;
}

input[type="text"],
input[type="password"] {
  width: 100%;
  padding: 15px;
  margin: 5px 0 22px 0;
  border: none;
  background: #f1f1f1;
}

input[type="text"]:focus,
input[type="password"]:focus {
  background-color: #ddd;
  outline: none;
}

.btn {
  background-color: #f31b0c;
  color: white;
  padding: 16px 20px;
  border: none;
  cursor: pointer;
  width: 100%;
  opacity: 0.9;
}

.btn:hover {
  opacity: 1;
}
```

12 장

HTML, CSS 실전 실습

학 습 목 표

- 앞에서 학습한 내용을 토대로 구성되었으며, 어려운 부분이 있을 수 있으나 스스로 코드를 직접 작성하고 이해하는 측면에서 코드를 익힐 수 있다.
- 한 번 더 정리하고 복습할 수 있는 실전 예제이며, 이해가 되지 않았다면 앞부분을 참고해서 코드를 작성하길 권장한다.

12.1 실전 학습을 위한 기초 내용 체크

html

내비게이션에서 드롭다운 메뉴를 선택 시 div 태그는 공간을 만든다. 공간을 만들어 메뉴당 a 하이퍼링크 태그를 이용하여 설정한다. 서브 메뉴를 만들기 위해 1뎁스(depth) 메뉴에서 div 공간을 또 만들어 서브 메뉴 버튼을 재구성하면 된다.

```
<div>
      <a> 링크메뉴 </a>
      <a> 링크메뉴 </a>
      <div> <button> 링크메뉴 </button>
      <div class="드롭 콘텐츠">
              <a> 서브메뉴</a>
      </div>
      </div>
</div>
```

form 태그를 이용하여 input, label 태그를 넣어, 입력 폼 버튼 등을 이용한 인풋 화면 인터페이스를 구성할 수 있다.

```
<form>
    <label> 라벨 이름 </label>
    <input type="text" name="입력폼" />
    <button> 보내기 </button>
</form>
```

table 태그는 테이블 형태의 표 형식을 꾸밀 때 사용된다. 표의 양식에 따라 tr 가로 형태로 이어진다. th 태그는 타이틀 내용에 해당되며, 내용 입력은 td 태그로 세로형에 입력된다.

```
<table>
   <tr>
       <th> 타이틀에 해당된다. </th>
  </tr>
  <tr>
      <td> 세로형 입력 </td>
  </tr>
</table>
```

그 외에 시맨틱 태그를 사용할 수 있는데 의미상의 태그 묶음으로 봐야 하면 인터페이스 화면과 실제 묶음은 일치하지 않을 수 있다. 즉 디자인을 보는 것이 아닌 의미상의 묶음으로 이해하면 된다. 별도의 class를 만들 필요 없이 바로 태그 명으로 사용할 수 있어서 선택자를 쉽게 호출할 수 있는 점이 편리하다.

CSS

가장 최상의 변수 저장 값을 선언 후 호출하여 어디서든 동일한 내용을 호출하여 손쉽게 데이터 관리를 할 수 있다. var() 함수를 이용하여 호출한다. 보통 컬러 값이나 폰트 등의 데이터 값을 통일하기 위해서 사용하고, 반복 사용을 손쉽게 데이터 관리할 수 있다는 이점이 있다.

```
:root {

  - - main-color : red;
  - - main-font : 1.2em;
}

nav {
 color : var(- - main-color);
 font : var(- - main-font);
}
```

가상 요소 값을 이용하여 오버 시(마우스 롤 오버 시) 또는 액티브(활성화) 효과를 제어할 수 있다.

```
.nav a:hover,
      .dropdown:hover button {
        background-color: red;
      }

.nav2 a.active {
        background: red;
        color: white;
      }
```

선택자 중 input 태그는 다음과 같이 사용한다.

input 안에 있는 type 형태의 text 또는 type 형태의 password 특정 속성 값을 지정할 때 [ ] 대괄호를 활용한 선택자를 이용하면 편리하다.

```
input[type="text"], input[type="password"] {
        width: 100%;
        padding: 15px;
        margin: 5px 0 22px 0;
        display: inline-block;
        border: none;
        background: #f1f1f1;
 }
```

반응형 웹을 만들 때 미디어 쿼리를 사용하여 화면상 구간 값을 지정함으로써 해당 모바일 화면과 pc 화면을 구분하여 화면 최적화를 용이하게 설정할 수 있다. 이때 중요하지만 사람들이 가장 많이 틀리고 대수롭지 않게 생각하는 부분이 있는데 다음과 같다. @media **띄어쓰기** screen **띄어쓰기** and **띄어쓰기**를 반드시 체크해야 한다.

```
@media screen and (max-width: 768px) {
     .container,
     .nav {
          flex-direction: column;
     }
}
```

12.2 실전 학습을 위한 예제 1

배운 내용을 기초로 다음과 같이 간단한 웹사이트 기초 실전 html+css 코드를 작성한다. 영역을 연습하는 실전 학습 코드이다. 이것 외 레이아웃을 다양하게 변경할 수 있도록 응용하여 코드를 작성하길 바란다.

pc 화면

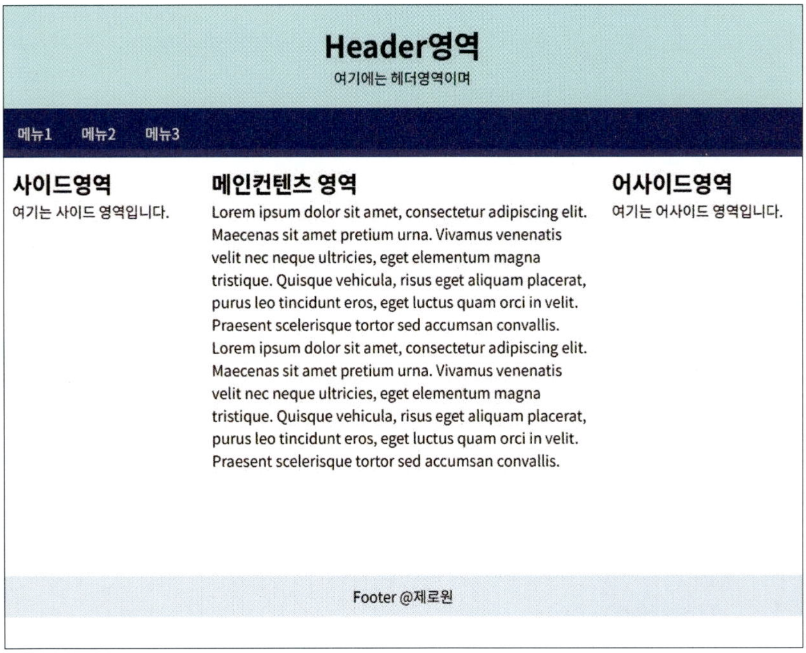

모바일 화면

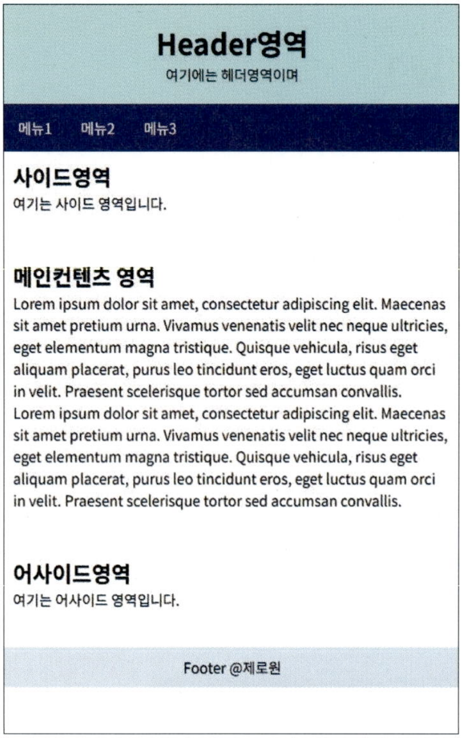

html + css 전체 코드

```
<!DOCTYPE html>
<html>
  <head>
    <meta charset="utf-8" />
    <meta name="viewport" content="width=device-width, initial-scale=1" />
    <style>
      * {
        box-sizing: border-box;
        margin: 0;
        padding: 0;
      }

      :root {
        --main-color: #132f83;
       --second-color: #1f89ed;
```

```
  --third-color: #008cba;
  --fourth-color: #befff7;
  --fourth-color2: rgb(229, 235, 243);
  --fifth-color: #aabed6;
  --white-color: #fff;
  --black-color: #000;
  --gray-color: #ccc;
}

body {
  margin: 0;
}

/* header */
.header {
  background-color: var(--fourth-color);
  padding: 20px;
  text-align: center;
}

/*top navigation */
.topnav {
  overflow: hidden;
  background-color: var(--main-color);
}

/* topnav links */
.topnav a {
  float: left;
  display: block;
  color: #f2f2f2;
  text-align: center;
  padding: 14px 16px;
  text-decoration: none;
}

/* color on hover */
.topnav a:hover {
  background-color: #ddd;
  color: black;
}

/*float*/
.column {
  float: left;
```

12

HTML CSS 실전실습

```
      padding: 10px;
    }

    /* Left column */
    .column.side {
      width: 25%;
    }

    /* Middle column */
    .column.middle {
      width: 50%;
      margin-bottom: 100px;
    }

    /* float*/
    .row::after {
      content: "";
      display: table;
      clear: both;
    }

    /* Responsive layout*/
    @media screen and (max-width: 600px) {
      .column.side,
      .column.middle {
        width: 100%;
        margin-bottom: 30px;
      }
    }

    /* footer */
    .footer {
      background-color: var(--fourth-color2);
      padding: 10px;
      text-align: center;
    }
  </style>
</head>
<body>
 <div class="header">
    <h1>Header영역</h1>
    <p>여기에는 헤더영역입니다.</p>
  </div>
```

```
    <div class="topnav">
      <a href="#">메뉴1</a>
      <a href="#">메뉴2</a>
      <a href="#">메뉴3</a>
    </div>

    <div class="row">
      <div class="column side">
        <h2>사이드영역</h2>
        <p>여기는 사이드 영역입니다.</p>
      </div>

      <div class="column middle">
        <h2>메인컨텐츠 영역</h2>
        <p>
          Lorem ipsum dolor sit amet, consectetur adipiscing elit. Maecenas sit
          amet pretium urna. Vivamus venenatis velit nec neque ultricies, eget
          elementum magna tristique. Quisque vehicula, risus eget aliquam
          placerat, purus leo tincidunt eros, eget luctus quam orci in velit.
          Praesent scelerisque tortor sed accumsan convallis.
        </p>
        <p>
          Lorem ipsum dolor sit amet, consectetur adipiscing elit. Maecenas sit
          amet pretium urna. Vivamus venenatis velit nec neque ultricies, eget
          elementum magna tristique. Quisque vehicula, risus eget aliquam
          placerat, purus leo tincidunt eros, eget luctus quam orci in velit.
          Praesent scelerisque tortor sed accumsan convallis.
        </p>
      </div>

      <div class="column side">
       <h2>어사이드영역</h2>
        <p>여기는 어사이드 영역입니다.</p>
      </div>
    </div>

    <div class="footer">
      <p>Footer @제로원</p>
    </div>
  </body>
</html>
```

12.3 실전 학습을 위한 예제 2

지금까지 배운 내용을 총복습하고, 실전에서 사용하는 html+css를 접목하여 쉬운 코드들을 기준으로 홈페이지를 직접 구성해 보는 작업이다. 앞에서 배운 기초 내용을 토대로 구성된 예제이므로 복습 과정이 되고, 새로운 코드 응용력을 기를 수 있는 부분이며, 실전 코드는 어떻게 다른지 또는 어려운 부분은 어떤 것인지 체크할 수 있는 기회가 될 것이다. 다만 코드를 그대로 쓸 수도 있으나 앞에서 개인적으로 학습한 내용을 상기하면서 머릿속에 코드를 이해하고 스스로 학습하는 자세로 사용하길 권장한다.

pc 화면

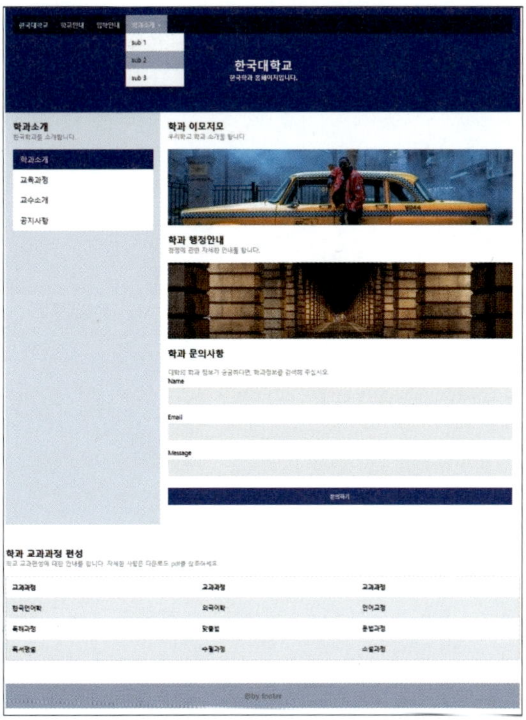

모바일 화면

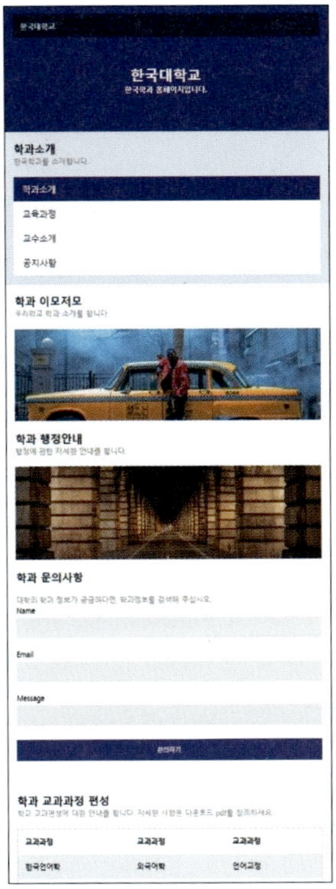

html

```
<!DOCTYPE html>
<html lang="en">
  <head>
    <meta charset="UTF-8" />
    <meta http-equiv="X-UA-Compatible" content="IE=edge" />
    <meta name="viewport" content="width=device-width, initial-scale=1.0" />
    <title>실전예제</title>
    <style type="text/css">
      :root {
        --main-color: #132f83;
        --second-color: #1f89ed;
        --third-color: #008cba;
        --fourth-color: #befff7;
        --fourth-color2: rgb(229, 235, 243);
```

```
    --fifth-color: #aabed6;
    --wihte-color: #fff;
    --black-color: #000;
    --gray-color: #ccc;
  }

  * {
    margin: 0;
    padding: 0;
    box-sizing: border-box;
  }
  .header {
    background-color: var(--main-color);
    text-align: center;
    padding: 20px;
  }
  .nav button {
    float: right;
    color: black;
  }
  .title {
    padding: 60px;
    color: white;
  }

  .nav {
    /* display: flex; */
    background-color: rgba(30, 30, 30, 0.5);
    overflow: hidden;
  }
  .nav a {
    color: white;
    text-decoration: none;
    padding: 14px 1em;
    font-size: 1.2em;
    float: left;
    display: block;
  }
 .nav a:hover {
    background: white;
    color: black;
  }
```

```
.nav a.logo {
  font-weight: bold;
  color: var(--fourth-color);
}
.nav a.menu {
  float: right;
}
.nav a.search {
  float: right;
}

.dropContent {
  display: none;
  position: absolute;
  background-color: #f9f9f9;
  min-width: 160px;
  box-shadow: 0px 8px 16px 0px rgba(0, 0, 0, 0.2);
  top: 67px;
  z-index: 1;
}

.nav a,
.dropContent a {
  color: #fff;
  text-decoration: none;
  padding: 14px 1em;
  font-size: 1em;
  float: left;
  display: block;
}

.dropContent a {
  color: rgb(95, 216, 108);
  float: none;
  color: black;
  padding: 12px 16px;
  text-decoration: none;
  display: block;
  text-align: left;
}

.dropdown {
```

```
  float: left;
  overflow: hidden;
}
.dropdown button {
  font-size: 16px;
  border: none;
  outline: none;
  color: white;
  padding: 14px 16px;
  background-color: inherit;
  font-family: inherit;
  margin: 0;
}

.nav a:hover,
.dropdown:hover button {
  background-color: var(--fifth-color);
}
.dropdown:hover .dropContent {
  display: block;
}
.nav2 {
  background: var(--white-color);
}
.nav2 a {
  text-decoration: none;
  padding: 14px 1em;
  font-size: 1.2em;
  display: block;
  color: #333;
}
.nav2 a:hover {
  background: rgb(89, 188, 153);
  color: white;
}
.nav2 a.active {
  background: var(--main-color);
  color: white;
}
/* 부모 */
.container {
  display: flex;
```

```
  flex-wrap: wrap;
}
/* 자식사이드 */
.side {
  flex: 30%;
  background: var(--fourth-color2);
  padding: 20px;
}
/* 자식메인컨텐츠 */
.main {
  flex: 70%;
  background: white;
  padding: 20px;
}
.footer {
  padding: 20px;
  text-align: center;
  background: var(--fifth-color);
  color: gray;
}
.imgContent {
  background: rgb(177, 192, 119);
  width: 100%;
  height: 200px;
}
.imgContent img {
  width: 100%;
  height: 100%;
  object-fit: cover;
}
p {
  color: rgba(0, 0, 0, 0.4);
}

input[type="text"],
input[type="password"] {
  width: 100%;
  padding: 15px;
  margin: 5px 0 22px 0;
  display: inline-block;
  border: none;
  background: #f1f1f1;
```

12

HTML CSS 실전실습

```
}
button {
  background-color: var(--main-color);
  color: white;
  padding: 14px 20px;
  margin: 8px 0;
  border: none;
  cursor: pointer;
  width: 100%;
  opacity: 0.9;
}

button:hover {
  opacity: 1;
}
.tableView{
  margin: 0 auto;
  padding-top: 60px;
  padding-bottom: 60px;
}
table {
  border-collapse: collapse;
  border-spacing: 0;
  width: 100%;
  border: 1px solid #ddd;
}

th,
td {
  text-align: left;
  padding: 16px;
}

tr:nth-child(even) {
  background-color: #f2f2f2;
}
@media screen and (max-width: 768px) {
  .container,
  .nav {
    flex-direction: column;
  }
  .link,
```

```
      .dropdown {
        visibility: hidden;
      }
      .tableView{
        padding: 20px;
      }
    }
    @media screen and (min-width: 1024px) {
      .header,
      .container,
      .footer,
      .tableView {
        width: 1400px;
        margin: 0 auto;
      }
    }
  </style>
</head>
<body>

  <div class="header">
    <div class="nav">
      <a href="#" class="logo">한국대학교</a>
      <a href="#" class="link">학교안내</a>
      <a href="#" class="link">입학안내</a>
      <div class="dropdown">
        <button>
          학과소개 ▾
          <i class="fa fa-caret-down"></i>
        </button>
        <div class="dropContent">
          <a href="#">sub 1</a>
          <a href="#">sub 2</a>
          <a href="#">sub 3</a>
        </div>
      </div>

      <a href="#" class="menu"><i class="fa fa-bars"></i></a>
      <a href="#" class="search"><i class="fa fa-search"></i></a>
    </div>
    <div class="title">
      <h1>한국대학교</h1>
     <h4>한국학과 홈페이지입니다.</h4>
```

```
      </div>
    </div>

    <div class="container">
      <div class="side">
        <h2>학과소개</h2>
        <p>한국학과를 소개합니다.</p>
        <br />
        <div class="nav2">
          <a href="#" class="active">학과소개</a>
          <a href="#">교육과정</a>
          <a href="#">교수소개</a>
          <a href="#">공지사항</a>
        </div>
      </div>
      <div class="main">
        <h2>학과 이모저모</h2>
        <p>우리학교 학과 소개를 합니다</p>
        <br />
        <div class="imgContent">
          <img
            src="https://cdn.pixabay.com/photo/2024/01/07/14/12/man-8493246_
640.jpg"
          />
        </div>
        <br />
        <h2>학과 행정안내</h2>
        <p>행정에 관한 자세한 안내를 합니다.</p>
        <br />
        <div class="imgContent">
          <img
            src="https://cdn.pixabay.com/photo/2021/12/24/20/22/arches-6891727
_640.jpg"
          />
        </div>

        <br />

        <div class="contact">
          <h2>학과 문의사항</h2>
          <br />
         <p>대학의 학과 정보가 궁금하다면, 학과정보를 검색해 주십시오.</p>
```

```
        <form action="#" target="_blank">
          <div class="form_section">
            <label>Name</label>
            <input
              class="w3-input w3-border"
              type="text"
              required
              name="Name"
            />
          </div>
          <div class="form_section">
            <label>Email</label>
            <input
              class="w3-input w3-border"
              type="text"
              required
              name="Email"
            />
          </div>
          <div class="form_section">
            <label>Message</label>
            <input
              class="w3-input w3-border"
              type="text"
              required
              name="Message"
            />
          </div>
          <button type="submit">문의하기</button>
        </form>
        <br />
      </div>
    </div>
  </div>

  <div class="tableView">
    <h2>학과 교과과정 편성</h2>
    <p>
      학교 교과편성에 대한 안내를 합니다. 자세한 사항은 다운로드 pdf를 참조하세요.
    </p>
    <br />
```

```
      <table>
        <tr>
          <th>교과과정</th>
          <th>교과과정</th>
          <th>교과과정</th>
        </tr>
        <tr>
          <td>한국언어학</td>
          <td>외국어학</td>
          <td>언어교정</td>
        </tr>
        <tr>
          <td>독해과정</td>
          <td>맞춤법</td>
          <td>문법과정</td>
        </tr>
        <tr>
          <td>독서평설</td>
          <td>수필과정</td>
          <td>소설과정</td>
        </tr>
      </table>
    </div>
    <div class="footer">
      <h3>@by footer</h3>
    </div>
  </body>
</html>
```

12.4 실전 학습을 위한 예제 3

지금까지 html과 css를 포함하여 사용하였으나, 실전 학습에서는 외부 css 파일로 많이 사용한다. 그리고 편집자가 만든 css 외 외부 코드를 사용하여 실전에 활용하기도 한다. 부트스트랩을 활용하기도 하고 자바스크립트를 학습했다면 동적 프로그램까지 추가하여 실전 웹사이트를 구현하게 된다. 실제 코드를 응용하여 코드를 작성해 보겠다.

pc 화면

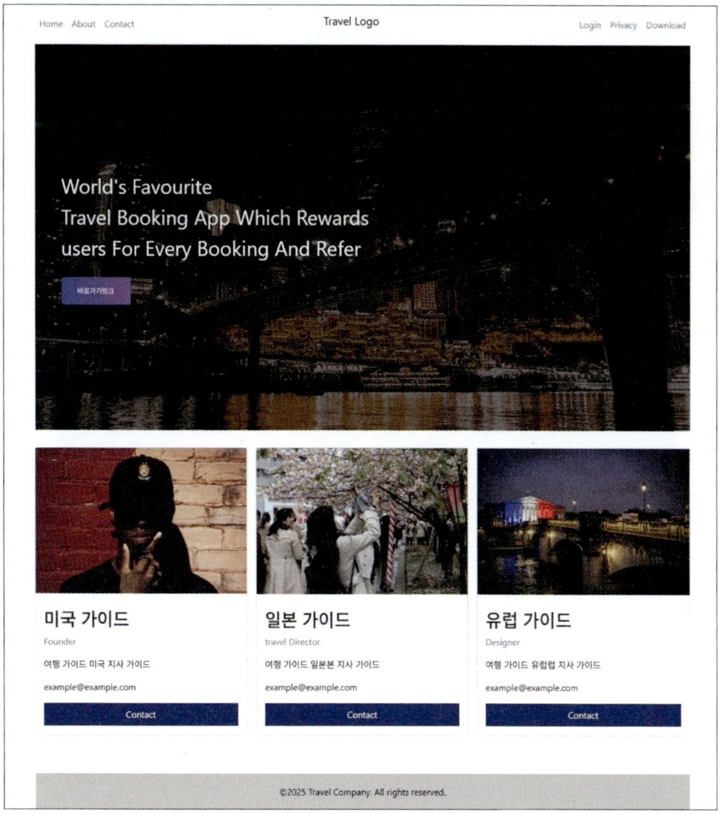

모바일 화면

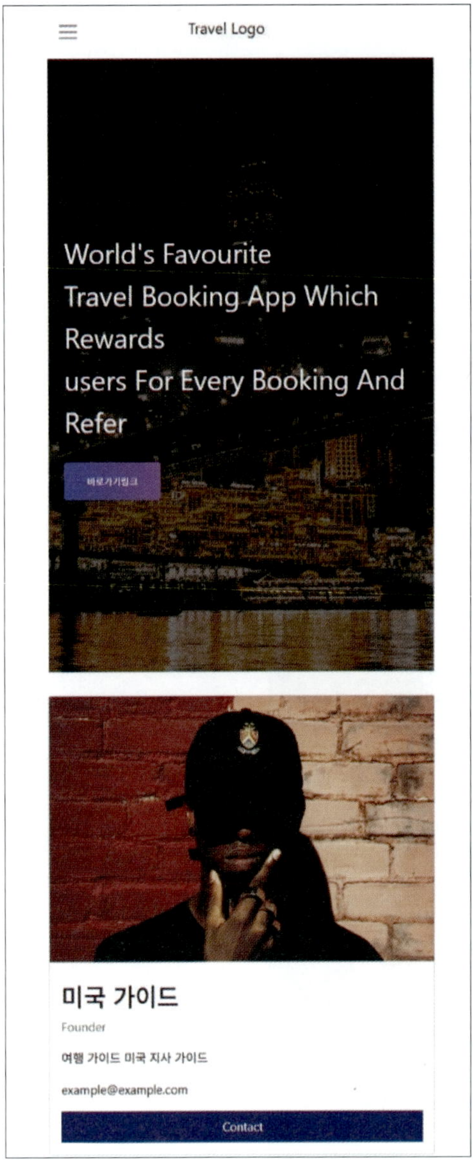
Travel Logo
World's Favourite
Travel Booking App Which
Rewards
users For Every Booking And
Refer
바로가기링크
미국 가이드
Founder
여행 가이드 미국 지사 가이드
example@example.com
Contact

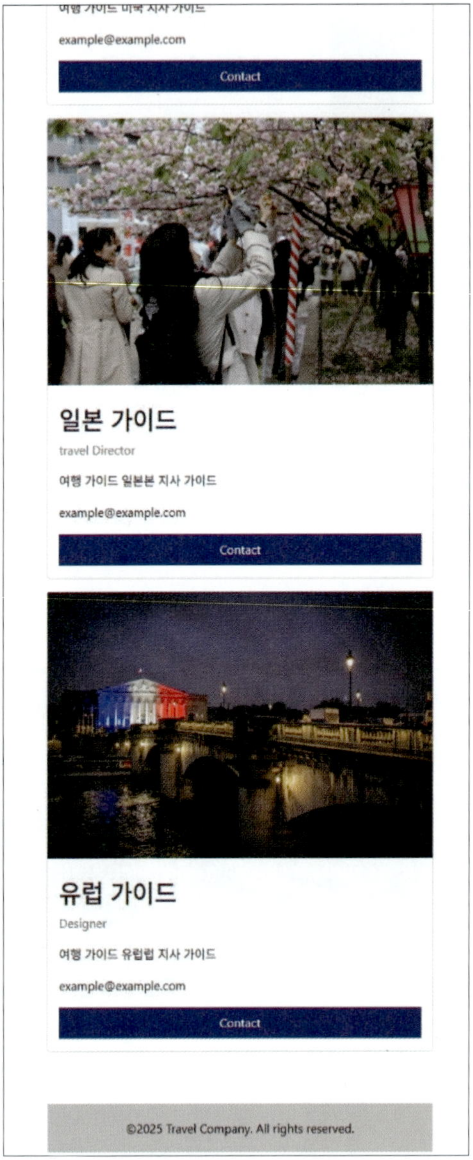
example@example.com
Contact
일본 가이드
travel Director
여행 가이드 일본본 지사 가이드
example@example.com
Contact
유럽 가이드
Designer
여행 가이드 유럽럽 지사 가이드
example@example.com
Contact
©2025 Travel Company. All rights reserved.

html

```
<html>
  <head>
    <title>실전 웹페이지 연습</title>
    <meta name="viewport" content="width=device-width, initial-scale=1.0" />
    <link rel="stylesheet" href="style.css" />
    <link
      rel="stylesheet"
      href="https://stackpath.bootstrapcdn.com/bootstrap/4.3.1/css/boot
strap.min.css"
    />
    <script src="https://stackpath.bootstrapcdn.com/bootstrap/4.3.1/js/
bootstrap.min.js"></script>
  </head>
  <body>
    <div class="banner">
      <nav class="navbar navbar-expand-lg navbar-light">
        <a class="navbar-brand" href="#">Travel Logo</a>
        <button
          class="navbar-toggler"
          type="button"
          data-toggle="collapse"
          data-target="#navbarNav"
          aria-controls="navbarNav"
          aria-expanded="false"
          aria-label="Toggle navigation"
        >
          <span class="navbar-toggler-icon"></span>
        </button>
        <div class="collapse navbar-collapse" id="navbarNav">
          <ul class="navbar-nav">
            <li class="nav-item">
              <a class="nav-link" href="#">Home</a>
            </li>
           <li class="nav-item">
              <a class="nav-link" href="#">About</a>
            </li>
            <li class="nav-item">
             <a class="nav-link" href="#">Contact</a>
           </li>
         </ul>
          <ul class="navbar-nav ml-auto">
```

```
          <li class="nav-item">
            <a class="nav-link" href="#">Login</a>
          </li>
          <li class="nav-item">
            <a class="nav-link" href="#">Privacy</a>
          </li>
          <li class="nav-item">
            <a class="nav-link" href="#">Download</a>
          </li>
        </ul>
      </div>
    </nav>

    <div class="home-header">
      <div class="banner-text">
        <p>
          World's Favourite<br />Travel Booking App Which Rewards<br
/>users
          For Every Booking And Refer
        </p>
        <a href="#" class="btn btn-primary">바로가기링크</a>
      </div>
    </div>

    <div class="row">
      <div class="column">
        <div class="card">
          <img
            src="https://cdn.pixabay.com/photo/2016/11/21/14/30/man-
1845715_1280.jpg"
            style="width: 100%"
          />
          <div class="container">
            <div class="empty25"></div>
            <h2>미국 가이드</h2>
            <p class="title">Founder</p>
            <p>여행 가이드 미국 지사 가이드</p>
            <p>example@example.com</p>
            <p><button class="button">Contact</button></p>
          </div>
        </div>
      </div>

      <div class="column">
```

```
        <div class="card">
          <img
            src="https://cdn.pixabay.com/photo/2015/04/15/11/42/japan-
723665_1280.jpg"
            style="width: 100%"
          />
          <div class="container">
            <div class="empty25"></div>
            <h2>일본 가이드</h2>
            <p class="title">travel Director</p>
            <p>여행 가이드 일본본 지사 가이드</p>
            <p>example@example.com</p>
            <p><button class="button">Contact</button></p>
          </div>
        </div>
      </div>

      <div class="column">
        <div class="card">
          <img
            src="https://cdn.pixabay.com/photo/2016/03/31/17/33/paris-
1293747_1280.jpg"
            style="width: 100%"
          />
          <div class="container">
            <div class="empty25"></div>
            <h2>유럽 가이드</h2>
            <p class="title">Designer</p>
            <p>여행 가이드 유럽럽 지사 가이드</p>
            <p>example@example.com</p>
            <p><button class="button">Contact</button></p>
          </div>
        </div>
      </div>
    </div>
    <div class="empty50"></div>
    <div class="footer">
      <p>©2025 Travel Company. All rights reserved.</p>
    </div>
  </div>
</body>
</html>
```

style.css

```
:root {
  --main-color: #132f83;
  --second-color: #1f89ed;
  --third-color: #008cba;
  --fourth-color: #befff7;
  --fourth-color2: rgb(229, 235, 243);
  --fifth-color: #aabed6;
  --white-color: #fff;
  --black-color: #000;
  --gray-color: #ccc;
}

* {
  padding: 0;
  margin: 0;
}

*,
*:before,
*:after {
  box-sizing: inherit;
}

html {
  box-sizing: content-box;
}
.navbar-brand {
  font-size: 30px;
  width: 140px;
}
.navbar-brand {
  position: absolute;
  left: 50%;
  transform: translateX(-50%);
  top: 10px;
}
.navbar {
  padding: 1em 0 !important;
}
.navbar-toggler {
```

```
  border: none !important;
  outline: none !important;
}
.banner {
  padding-left: 60px;
  padding-right: 60px;
}
.home-header {
  background-image: linear-gradient(rgba(0, 0, 0, 0.5), rgba(0, 0, 0, 0.5)),
    url(https://cdn.pixabay.com/photo/2022/03/27/12/46/chongqing-7094955_960
_720.jpg);
  background-position: center;
  background-size: cover;
}
.banner-text {
  font-size: 36px;
  color: #fff;
  padding-left: 4%;
  padding-top: 220px;
  padding-bottom: 220px;
}
.banner-text .btn-primary {
  background-image: linear-gradient(to right, #3636f3, #be43f1);
  border: none !important;
  box-shadow: none !important;
  font-size: 12px;
  padding: 15px 30px;
  margin-top: 10px;
}

.row{
    margin-top: 30px;
    border: none;
    padding: 0 6px;
}

.column {
  float: left;
  width: 33.3%;
  margin-bottom: 16px;
  padding: 0 8px;
}
```

```
.card {
  border: 1px solid var(--gray-color);
}

.container {
  padding: 0 16px;
}

.container::after,
.row::after {
  content: "";
  clear: both;
  display: table;
}

.title {
  color: grey;
}

.button {
  border: none;
  outline: 0;
  display: inline-block;
  padding: 8px;
  color: white;
  background-color: var(--main-color);
  text-align: center;
  cursor: pointer;
  width: 100%;
}

.button:hover {
  background-color: #555;
}

.empty50
{
    width: 100%;
    height: 50px;
}

.empty25
```

```
{
    width: 100%;
    height: 25px;
}

.footer{
    background-color: var(--gray-color);
    color: var(--black-color);
    padding: 20px;
    text-align: center;
}
@media screen and (max-width: 650px) {
  .column {
    width: 100%;
    display: block;
  }
}
```

12.5 실전 학습을 위한 예제 4

실전 학습 마지막은 html + css를 활용한 쇼핑몰 사이트 예제이다. 앞에서 학습한 코드 소스가 모두 응용된 예제로, 실무에서 사용해도 될만한 사이트 구성이다. 다음의 코드를 분석하면서 예제를 참고하면 좋다.

PC 화면

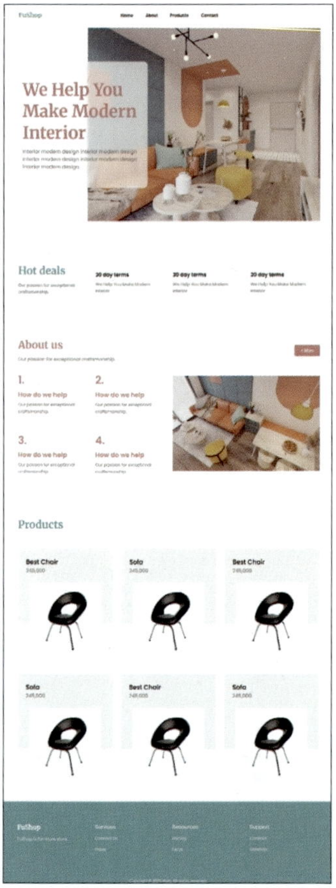

모바일 화면

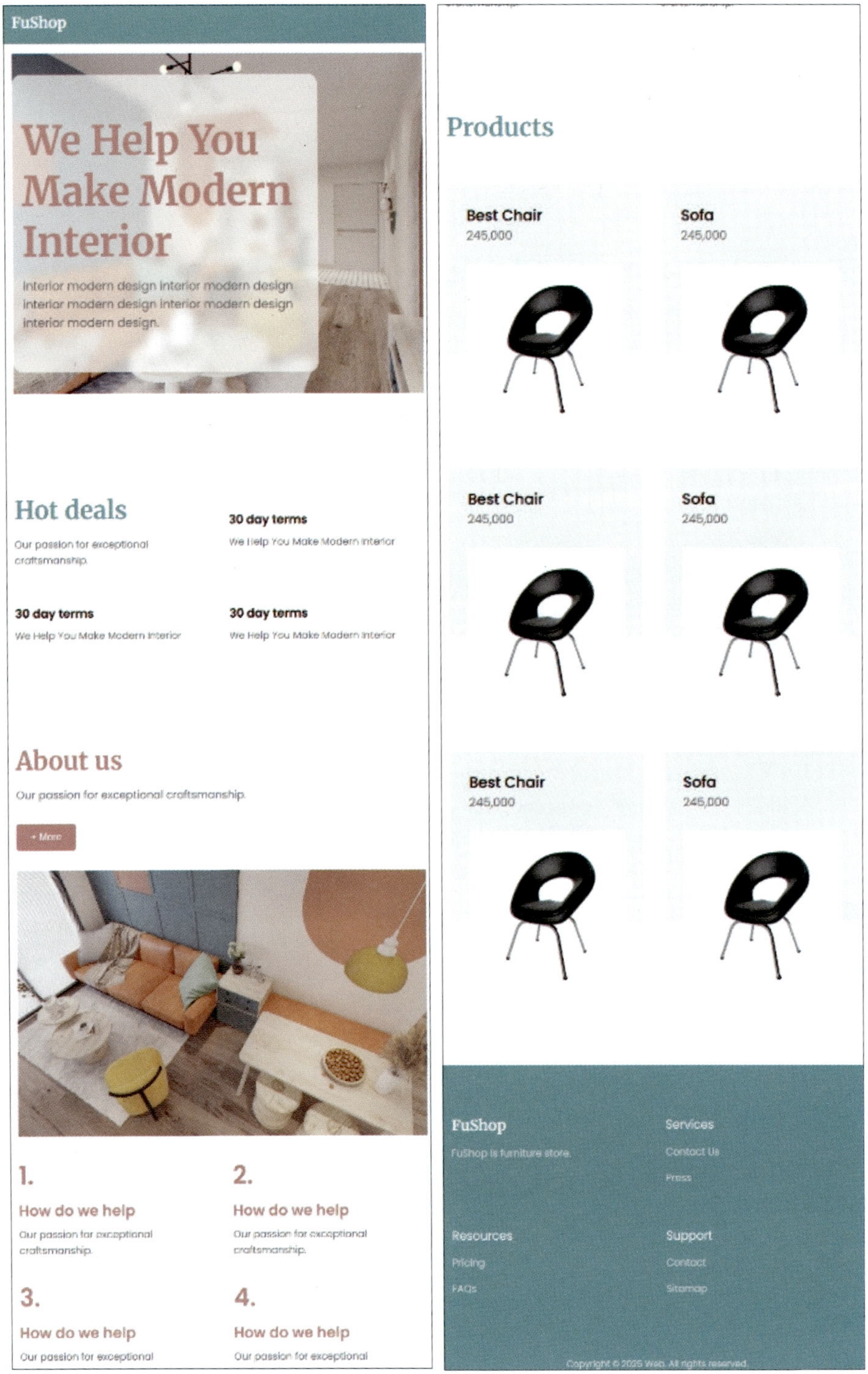
FuShop
We Help You Make Modern Interior
Interior modern design interior modern design interior modern design interior modern design interior modern design.
Hot deals
Our passion for exceptional craftsmanship.
30 day terms
We Help You Make Modern Interior
30 day terms
We Help You Make Modern Interior
30 day terms
We Help You Make Modern Interior
About us
Our passion for exceptional craftsmanship.
+ More
1.
How do we help
Our passion for exceptional craftsmanship.
2.
How do we help
Our passion for exceptional craftsmanship.
3.
How do we help
Our passion for exceptional
4.
How do we help
Our passion for exceptional
Products
Best Chair
245,000
Sofa
245,000
Best Chair
245,000
Sofa
245,000
Best Chair
245,000
Sofa
245,000
FuShop
FuShop is furniture store.
Services
Contact Us
Press
Resources
Pricing
FAQs
Support
Contact
Sitemap
Copyright © 2025 Web. All rights reserved.

html

```
<!DOCTYPE html>
<html lang="kr">
  <head>
    <meta name="viewport" content="width=device-width, initial-scale=1.0" />
    <link rel="stylesheet" href="styles.css" />
  </head>
  <body>
    <nav>
      <div class="nav__header">
        <div class="nav__logo">
          <a href="#" class="logo">FuShop</a>
        </div>
        <div class="nav__menu__btn" id="menu-btn">
          <i class="ri-menu-line"></i>
        </div>
      </div>
      <ul class="nav__links" id="nav-links">
        <li><a href="#">Home</a></li>
        <li><a href="#">About</a></li>
        <li><a href="#">Products</a></li>
        <li><a href="#">Contact</a></li>
      </ul>
      <div class="nav__search" id="nav-search">
        <input type="text" placeholder="Search" />
        <span><i class="ri-search-2-line"></i></span>
      </div>
    </nav>

    <header class="section__container header__container" id="home">
      <div class="header__image">
        <img
          src="https://cdn.pixabay.com/photo/2023/11/10/04/27/apartment-
8378706_1280.jpg"
          alt="header"
        />
      </div>
      <div class="header__content">
        <div>
          <h1>We Help You Make Modern Interior</h1>
          <p>
```

```
        interior modern design interior modern design interior modern design
        interior modern design interior modern design.
      </p>
    </div>
  </div>
</header>

<section class="section__container deals__container">
  <div class="deals__card">
    <h2 class="section__header">Hot deals</h2>
    <p>Our passion for exceptional craftsmanship.</p>
  </div>
  <div class="deals__card">
    <span><i class="ri-cash-line"></i></span>
    <h4>30 day terms</h4>
    <p>We Help You Make Modern Interior</p>
  </div>
  <div class="deals__card">
    <span><i class="ri-calendar-schedule-line"></i></span>
    <h4>30 day terms</h4>
    <p>We Help You Make Modern Interior</p>
  </div>
  <div class="deals__card">
    <span><i class="ri-money-rupee-circle-line"></i></span>
    <h4>30 day terms</h4>
    <p>We Help You Make Modern Interior</p>
  </div>
</section>

<section class="section__container about__container" id="about">
  <div class="about__header">
    <div>
      <h2 class="section__header2">About us</h2>
      <p class="section__description">
        Our passion for exceptional craftsmanship.
      </p>
    </div>
    <button class="about__btn">+ More</button>
  </div>
  <div class="about__content">
    <div class="about__image">
      <img
```

```
          src="https://cdn.pixabay.com/photo/2023/11/10/04/27/apartment-
8378707_1280.jpg"
        />
      </div>
      <div class="about__grid">
        <div class="about__card">
          <h3>1.</h3>
          <h4>How do we help</h4>
          <p>Our passion for exceptional craftsmanship.</p>
        </div>
        <div class="about__card">
          <h3>2.</h3>
          <h4>How do we help</h4>
          <p>Our passion for exceptional craftsmanship.</p>
        </div>
        <div class="about__card">
          <h3>3.</h3>
          <h4>How do we help</h4>
          <p>Our passion for exceptional craftsmanship.</p>
        </div>
        <div class="about__card">
          <h3>4.</h3>
          <h4>How do we help</h4>
          <p>Our passion for exceptional craftsmanship.</p>
        </div>
      </div>
    </div>
  </section>

  <section class="section__container product__container" id="product">
    <h2 class="section__header">Products</h2>
    <div class="product__grid">
      <div class="product__card">
        <h4>Best Chair</h4>
        <p>245,000</p>
        <img
          src="https://cdn.pixabay.com/photo/2019/07/29/04/46/minimal-
4369856_1280.jpg"
        />
      </div>
      <div class="product__card">
        <h4>Sofa</h4>
```

```
        <p>245,000</p>
        <img
          src="https://cdn.pixabay.com/photo/2019/07/29/04/46/minimal-
4369856_1280.jpg"
        />
      </div>
      <div class="product__card">
        <h4>Best Chair</h4>
        <p>245,000</p>
        <img
          src="https://cdn.pixabay.com/photo/2019/07/29/04/46/minimal-
4369856_1280.jpg"
        />
      </div>
      <div class="product__card">
        <h4>Sofa</h4>
        <p>245,000</p>
        <img
          src="https://cdn.pixabay.com/photo/2019/07/29/04/46/minimal-
4369856_1280.jpg"
        />
      </div>
      <div class="product__card">
        <h4>Best Chair</h4>
        <p>245,000</p>
        <img
          src="https://cdn.pixabay.com/photo/2019/07/29/04/46/minimal-
4369856_1280.jpg"
        />
      </div>
      <div class="product__card">
        <h4>Sofa</h4>
        <p>245,000</p>
        <img
          src="https://cdn.pixabay.com/photo/2019/07/29/04/46/minimal-
4369856_1280.jpg"
        />
      </div>
    </div>
  </section>

  <footer class="footer" id="contact">
```

```
      <div class="section__container footer__container">
        <div class="footer__col">
          <div class="footer__logo">
            <a href="#" class="logo">FuShop</a>
          </div>
          <p>FuShop is furniture store.</p>
          <ul class="footer__socials">
            <li>
              <a href="#"><i class="ri-facebook-fill"></i></a>
            </li>
            <li>
              <a href="#"><i class="ri-twitter-fill"></i></a>
            </li>
          </ul>
        </div>
        <div class="footer__col">
          <h4>Services</h4>
          <ul class="footer__links">
            <li><a href="#">Contact Us</a></li>
            <li><a href="#">Press</a></li>
          </ul>
        </div>
        <div class="footer__col">
          <h4>Resources</h4>
          <ul class="footer__links">
            <li><a href="#">Pricing</a></li>
            <li><a href="#">FAQs</a></li>
          </ul>
        </div>
        <div class="footer__col">
          <h4>Support</h4>
          <ul class="footer__links">
            <li><a href="#">Contact</a></li>
            <li><a href="#">Sitemap</a></li>
          </ul>
        </div>
      </div>
      <div class="footer__bar">
        Copyright ©2025 FuShop. All rights reserved.
      </div>
    </footer>
  </body>
</html>
```

CSS

```css
@import url("https://fonts.googleapis.com/css2?family=Merriweather:ital, wght
@0,300;0,400;0,700;0,900;1,300;1,400;1,700;1,900&family=Poppins:ital, wght@0,
100;0,200;0,300;0,400;0,500;0,600;0,700;0,800;0,900;1,100;1,200;1,300;1,400;1,
500;1,600;1,700;1,800;1,900&display=swap");

:root {
  --primary-color: #6aafaf;
  --point-color: #ce8787;
  --text-dark: #171717;
  --text-light: #737373;
  --extra-light: #f4f6f5;
  --white: #ffffff;
  --max-width: 1200px;
  --header-font: "Merriweather", serif;
}

* {
  padding: 0;
  margin: 0;
  box-sizing: border-box;
}

.section__container {
  max-width: var(--max-width);
  margin: auto;
  padding: 5rem 1rem;
}

.section__header {
  margin-bottom: 1rem;
  font-size: 2.5rem;
  font-weight: 600;
  font-family: var(--header-font);
  color: var(--primary-color);
}

.section__header2 {
  margin-bottom: 1rem;
  font-size: 2.5rem;
```

```
  font-weight: 600;
  font-family: var(--header-font);
  color: var(--point-color);
}

.section__description {
  font-size: 1.1rem;
  color: var(--text-light);
}

.logo {
  font-size: 1.5rem;
  font-weight: 600;
  font-family: var(--header-font);
}

img {
  display: flex;
  width: 100%;
}

a {
  text-decoration: none;
  transition: 0.3s;
}

ul {
  list-style: none;
}

html,
body {
  scroll-behavior: smooth;
}

body {
  font-family: "Poppins", sans-serif;
}

nav {
  position: fixed;
  isolation: isolate;
```

```
  width: 100%;
  max-width: var(--max-width);
  margin-inline: auto;
  z-index: 9;
}

.nav__header {
  padding: 1rem;
  width: 100%;
  display: flex;
  align-items: center;
  justify-content: space-between;
  background-color: var(--primary-color);
}

.nav__logo .logo {
  color: var(--white);
}

.nav__menu__btn {
  font-size: 1.5rem;
  color: var(--white);
  cursor: pointer;
}

.nav__links {
  position: absolute;
  top: 65px;
  left: 0;
  width: 100%;
  padding: 2rem;
  display: flex;
  align-items: center;
  justify-content: center;
  flex-direction: column;
  gap: 2rem;
  background-color: var(--primary-color);
  transition: 0.5s;
  z-index: -1;
  transform: translateY(-100%);
}
```

```
.nav__links.open {
  transform: translateY(0);
}

.nav__links a {
  font-weight: 500;
  color: var(--white);
}

.nav__search {
  display: none;
}

.header__container {
  display: grid;
  overflow: hidden;
}

.header__image {
  grid-area: 1/1/2/2;
}

.header__image img {
  max-width: 900px;
  margin-left: auto;
}

.header__content {
  grid-area: 1/1/2/2;
  display: flex;
  align-items: center;
}

.header__content > div {
  max-width: 500px;
  padding: 4rem 1rem;
  background-color: rgba(255, 255, 255, 0.7);
  backdrop-filter: blur(6px);
  border-radius: 1rem;
}

.header__content h1 {
```

```
  margin-bottom: 1rem;
  font-size: 4rem;
  font-weight: 600;
  font-family: var(--header-font);
  color: var(--point-color);
}

.header__content p {
  font-size: 1.2rem;
  color: var(--text-light);
}

.deals__container {
  display: grid;
  gap: 2rem;
}

.deals__card span {
  display: inline-block;
  margin-bottom: 0.5rem;
  font-size: 2rem;
}

.deals__card h4 {
  margin-bottom: 0.5rem;
  font-size: 1.2rem;
  font-weight: 600;
  color: var(--text-dark);
}

.deals__card p {
  color: var(--text-light);
}

.about__header {
  display: flex;
  flex-direction: column;
  gap: 2rem;
}

.about__header .section__description {
  max-width: 600px;
```

```
}

.about__btn {
  width: fit-content;
  padding: 0.75rem 1.5rem;
  outline: none;
  border: none;
  font-size: 1rem;
  color: var(--white);
  white-space: nowrap;
  background-color: var(--point-color);
  border-radius: 5px;
  transition: 0.3s;
  cursor: pointer;
}

.about__content {
  margin-top: 2rem;
  display: grid;
  gap: 2rem;
}

.about__grid {
  display: grid;
  gap: 2rem;
}

.about__image {
  overflow: hidden;
}

.about__card h3 {
  margin-bottom: 0.5rem;
  font-size: 2.5rem;
  font-weight: 600;
  color: var(--point-color);
}

.about__card h4 {
  margin-bottom: 0.5rem;
  font-size: 1.5rem;
  font-weight: 600;
```

```
  color: var(--point-color);
}

.about__card p {
  color: var(--text-light);
}

.product__grid {
  margin-top: 4rem;
  display: grid;
  gap: 2rem;
}

.product__card {
  position: relative;
  isolation: isolate;
  padding: 2rem;
}

.product__card::before {
  position: absolute;
  content: "";
  top: 0;
  left: 0;
  width: 100%;
  height: 65%;
  background-color: var(--extra-light);
  z-index: -1;
  transition: 0.3s;
}

.product__card:hover::before {
  height: 100%;
}

.product__card h4 {
  font-size: 1.5rem;
  font-weight: 500;
  color: var(--text-dark);
}

.product__card p {
```

```css
  margin-bottom: 2rem;
  font-size: 1.2rem;
  color: var(--text-light);
}

.product__card img {
  max-width: 275px;
  margin-inline: auto;
}

.client__content {
  padding: 4rem 1rem;
  background-color: var(--extra-light);
  border-radius: 1rem;
}

.client__content :is(.section__header, .section__description) {
  max-width: 550px;
  margin-inline: auto;
  text-align: center;
}

.client__content .section__header {
  font-size: 3.25rem;
}

.swiper {
  margin-top: 4rem;
  width: 100%;
}

.client__card {
  display: grid;
  gap: 2rem;
  max-width: 750px;
  margin-inline: auto;
  text-align: center;
}

.client__card img {
  max-width: 250px;
  margin-inline: auto;
```

```css
}

.client__card p {
  margin-bottom: 2rem;
  font-size: 1.2rem;
  color: var(--text-light);
  font-style: italic;
}

.client__card h4 {
  font-size: 1.5rem;
  font-weight: 500;
  color: var(--text-dark);
}

.client__card h5 {
  font-size: 1rem;
  font-weight: 500;
  color: var(--text-light);
}

.footer {
  background-color: var(--primary-color);
}

.footer__container {
  display: grid;
  gap: 4rem 2rem;
}

.footer__logo {
  margin-bottom: 1rem;
}

.footer__logo .logo {
  color: var(--white);
}

.footer__col p {
  margin-bottom: 2rem;
  color: var(--extra-light);
  opacity: 0.8;
```

```
}

.footer__socials {
  display: flex;
  align-items: center;
  gap: 1rem;
}

.footer__socials a {
  font-size: 1.5rem;
  color: var(--white);
}

.footer__socials a:hover {
  opacity: 0.5;
}

.footer__col h4 {
  margin-bottom: 1rem;
  font-size: 1.2rem;
  font-weight: 400;
  color: var(--white);
}

.footer__links {
  display: grid;
  gap: 1rem;
}

.footer__links a {
  color: var(--extra-light);
  opacity: 0.8;
}

.footer__links a:hover {
  opacity: 1;
}

.footer__bar {
  padding: 1rem;
  font-size: 0.9rem;
  color: var(--extra-light);
```

```
  opacity: 0.8;
  text-align: center;
}

@media (width > 540px) {
  .deals__container {
    grid-template-columns: repeat(2, 1fr);
  }

  .about__grid {
    grid-template-columns: repeat(2, 1fr);
  }

  .product__grid {
    grid-template-columns: repeat(2, 1fr);
  }

  .footer__container {
    grid-template-columns: repeat(2, 1fr);
  }
}

@media (width > 768px) {
  nav {
    position: static;
    padding: 2rem 1rem;
    display: flex;
    align-items: center;
    justify-content: space-between;
    gap: 2rem;
  }

  .nav__header {
    flex: 1;
    padding: 0;
    background-color: transparent;
  }

  .nav__menu__btn {
    display: none;
  }
```

```css
.nav__logo .logo {
  color: var(--primary-color);
}

.nav__links {
  position: static;
  padding: 0;
  width: fit-content;
  flex-direction: row;
  gap: 3rem;
  background-color: transparent;
  transform: none;
}

.nav__links a {
  color: var(--text-dark);
}

.nav__links a:hover {
  color: var(--primary-color);
}

.nav__search {
  flex: 1;
  display: flex;
  align-items: center;
  justify-content: flex-end;
  gap: 1rem;
}

.nav__search input {
  padding-block: 5px;
  outline: none;
  border: none;
  width: 0;
  font-size: 1rem;
  color: var(--text-dark);
  border-bottom: 1px solid var(--text-light);
  transition: 0.3s;
}

.nav__search.open input {
```

```
  width: 100%;
  max-width: 15rem;
}

.nav__search span {
  font-size: 1.5rem;
  font-weight: 500;
  color: var(--text-dark);
  cursor: pointer;
}

.header__container {
  padding-top: 0;
}

.deals__container {
  grid-template-columns: repeat(3, 1fr);
}

.deals__card:nth-child(1) {
  grid-column: 1/4;
}

.about__header {
  flex-direction: row;
  align-items: center;
  justify-content: space-between;
}

.about__content {
  grid-template-columns: repeat(2, 1fr);
  align-items: center;
}

.about__image {
  grid-area: 1/2/2/3;
}

.product__grid {
  grid-template-columns: repeat(3, 1fr);
}
```

```
  .client__card {
    grid-template-columns: repeat(2, 1fr);
    align-items: center;
    text-align: left;
  }

  .footer__container {
    grid-template-columns: repeat(4, 1fr);
  }
}

@media (width > 1024px) {
  .deals__container {
    grid-template-columns: repeat(4, 1fr);
  }

  .deals__card:nth-child(1) {
    grid-column: unset;
  }

  .about__grid {
    gap: 4rem 2rem;
  }
}
```

13 장

GIT 데이터 버전 관리

학 습 목 표

- 웹사이트 데이터를 공유하고 버전 관리를 배운다.
- git를 설치하고 기초 문법 응용 방법을 이해한다.
- 실제 git 업로드, 다운로드 공유 방법을 실습한다.

13.1

GIT(깃) 버전 관리 프로그램

git 소개

git(깃)은 데이터를 버전별로 관리하는 도구이다. 2005년 리누스 토르발스에 의해 개발된 분산 버전 관리 시스템이다.

여러 명이 동시에 하나의 코드를 작업할 때는 파일을 오류 없이 공유해야 하고, 버전별로 언제든지 되돌릴 수 있어야 한다. 즉, 수없이 많은 사람들과 공유하는 코드에서 최신 버전 또는 이전 버전을 관리할 필요가 있고, 누가 어떻게 작업했는지 히스토리의 흔적을 남기는 것이 중요 포인트라고 할 수 있다. 왜냐하면 최신 코드로 작성되었으나 다시 다른 사람에 의해 반복될 수 있기 때문이다. 그래서 버전으로 관리하고 파일 코드가 겹치지 않도록 유의할 수 있게 만든 방법이 바로 git이다. 따라서 git은 여러 명의 개발자가 있는 팀 단위의 그룹에서 사용되며, 소프트웨어 개발 프로젝트에서 소스 코드를 관리해 주는 데 목적이 있다.

git 설치

https://git-scm.com/downloads/win

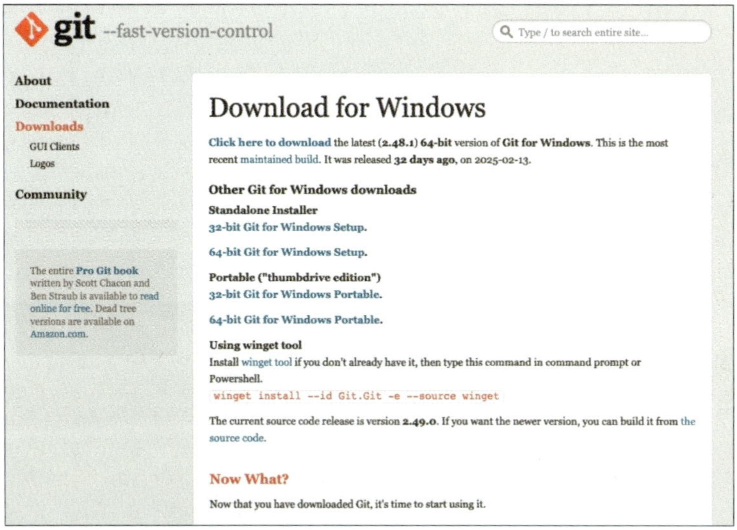

편집자는 원하는 os 버전에 맞게 다운로드한다. mac, windows, linux/unix 버전으로 구분할 수 있다. 다운로드 후 설치 버전을 실행한다. next 버튼을 넘기면 된다.

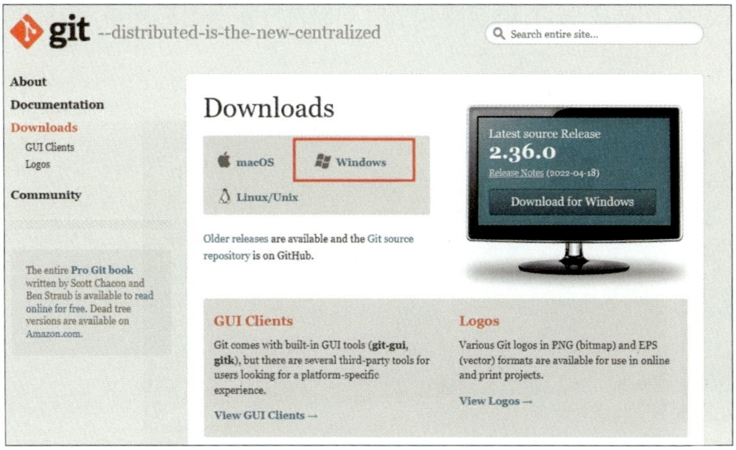

다음 내용이 나타나면 원하는 버전을 선택한다. 일반적으로 64비트가 기본이므로 64비트 버전을 다운로드한다.

Other Git for Windows downloads

Standalone Installer

32-bit Git for Windows Setup.

64-bit Git for Windows Setup.

설치가 완료되면 git bash가 추가된 것을 확인할 수 있다.

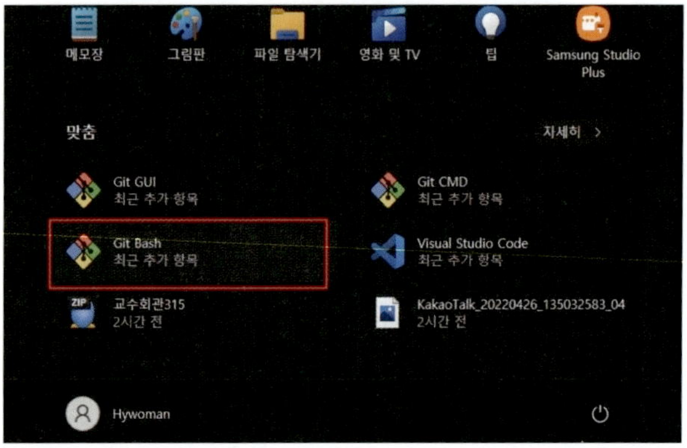

바탕화면 오른쪽 버튼을 클릭 후 실행 파일의 바로가기를 눌러도 된다. 윈도우 11인 경우 '추가 옵션 표시' 버튼을 누른다.

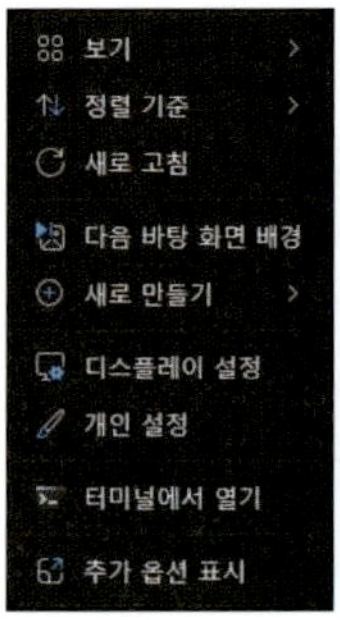

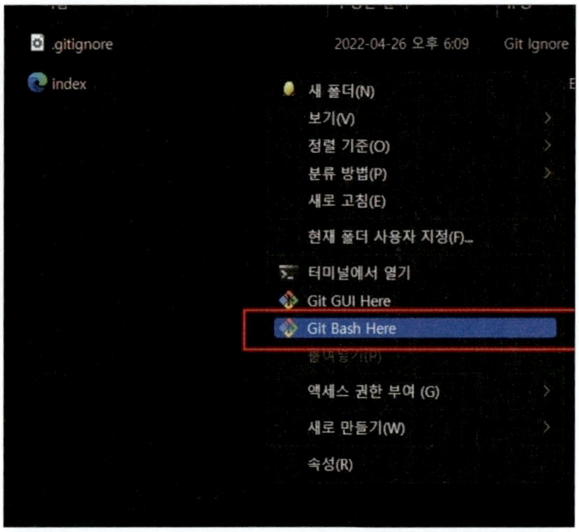

터미널 창이 실행된다. Ctrl과 +(플러스 버튼)를 눌러서 확대할 수 있다. 반대로 Ctrl과 −(마이너스 버튼)를 누르면 축소된다.

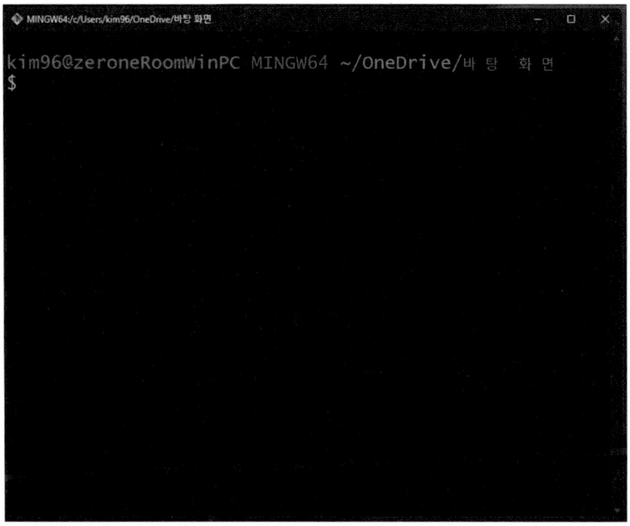

git 환경 설정이 초기에 한번 필요하다.

git bash 버튼 실행 후 다음의 명령어를 순서에 맞게 작성하여 Enter를 눌러 실행한다. 작성자 본인의 영문 이름을 별명으로 작성해도 무방하다. 이메일 주소도 정확하게 작성한다. 마지막으로 리스트 명령으로 작성된 것을 확인한다.

```
1. git config − − global user.name “본인 이름”
2. git config − −global user.email “본인 mail”
3. git config − −list
```

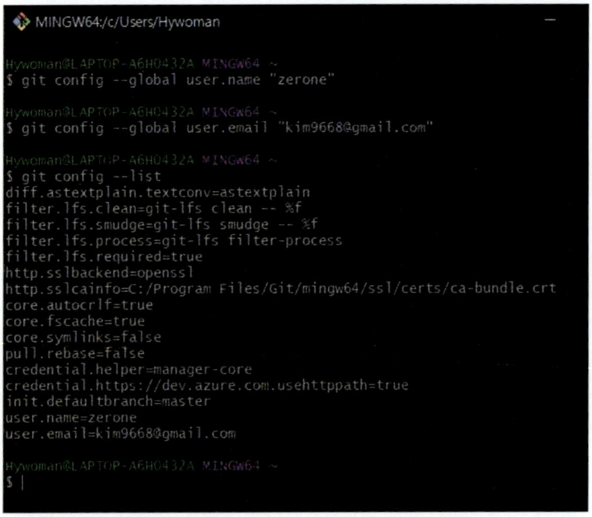

그 외 자모 분리 방지 / 한글 출력 오류 방지 명령어도 사용할 수 있다.

> **알아두세요**
>
> **# 자모 분리 현상 방지**
>
> git config --global core.precomposeunicode true
>
> **# 한글 출력 오류 방지**
>
> git config --global core.quotepath false

https://github.com/

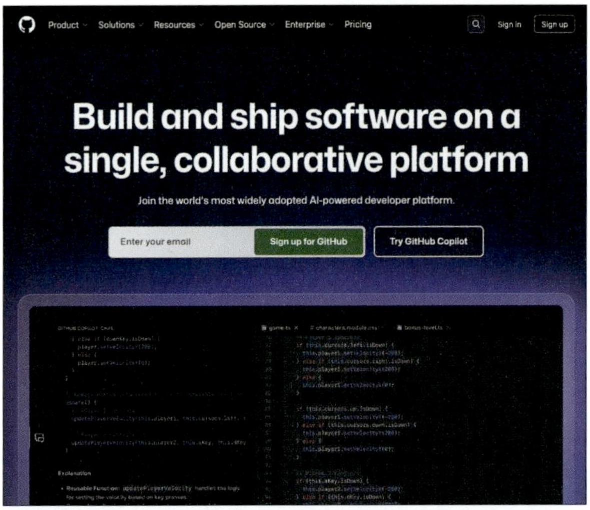

github에 회원 가입을 하고 로그인한다.

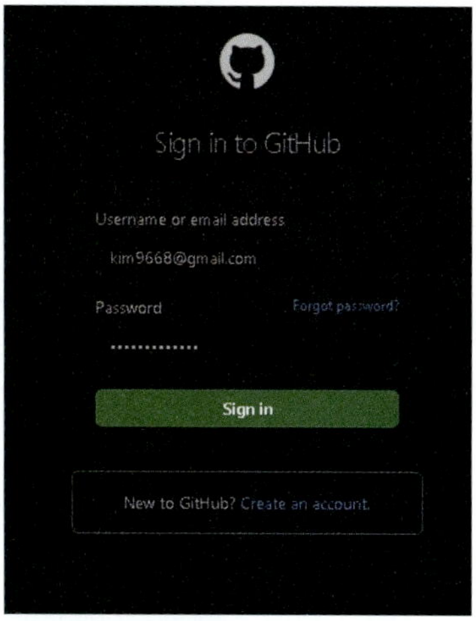

녹색의 New 버튼을 누른다.

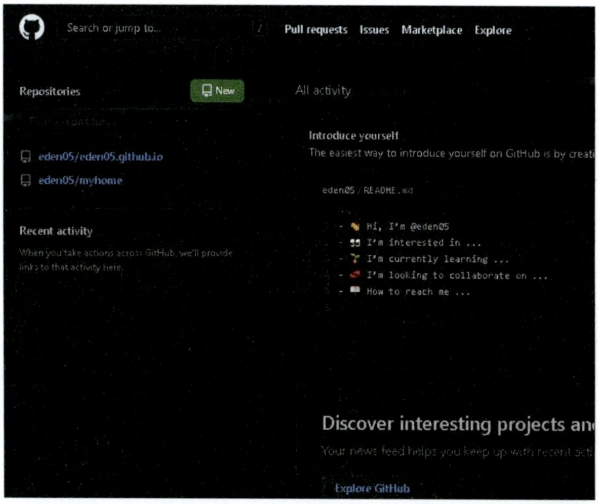

또는 상단 오른쪽 + 버튼을 누르고 new repository 버튼을 누를 수도 있다. 둘 다 동일한 생성 버튼이므로 원하는 방법을 선택하면 된다.

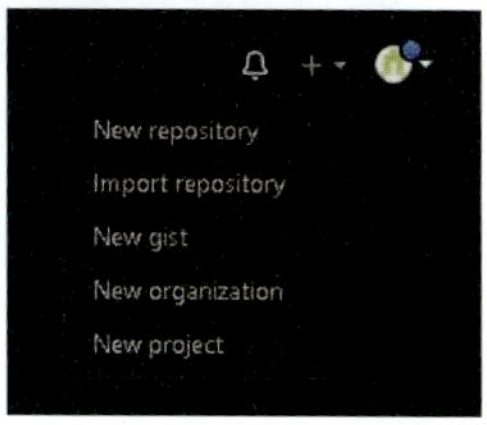

13

GIT 데이터 버전 관리

다음으로 repository 이름을 지을 수 있다. 영문으로 원하는 이름을 작성한다. 중복 체크를 자동으로 하기 때문에 만약 이미 있는 이름이라면 x 불가라고 뜰 수 있고, 숫자와 영문 조합을 구성하여 체크하면 녹색 체크 아이콘으로 확인할 수 있다.

그리고 public으로 생성한다. 공개된 버전이다. 만약 비공개를 원한다면 private로 생성할 수 있지만, 이 교재에서는 public으로 생성한다.

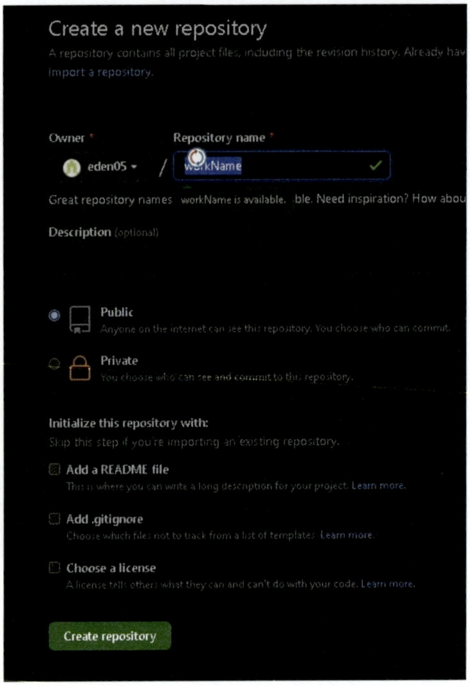

마지막으로 녹색 버튼 create repository를 눌러 생성 완료를 확인한다.

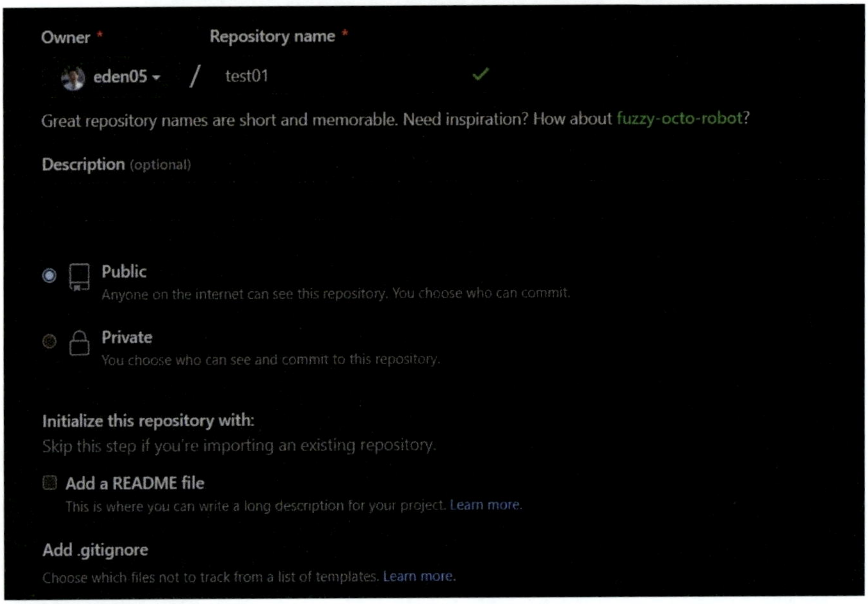

git은 파일을 공유할 수 있고, 버전별 파일 관리부터 홈페이지 호스팅까지 지원하므로 html, css로 작성된 홈페이지의 웹앱 페이지를 테스트하기 위해 업로드해 볼 수 있다. 따라서 알아두면 유용하게 활용할 수 있다.

완료가 되면 다음과 같은 화면이 나타난다.

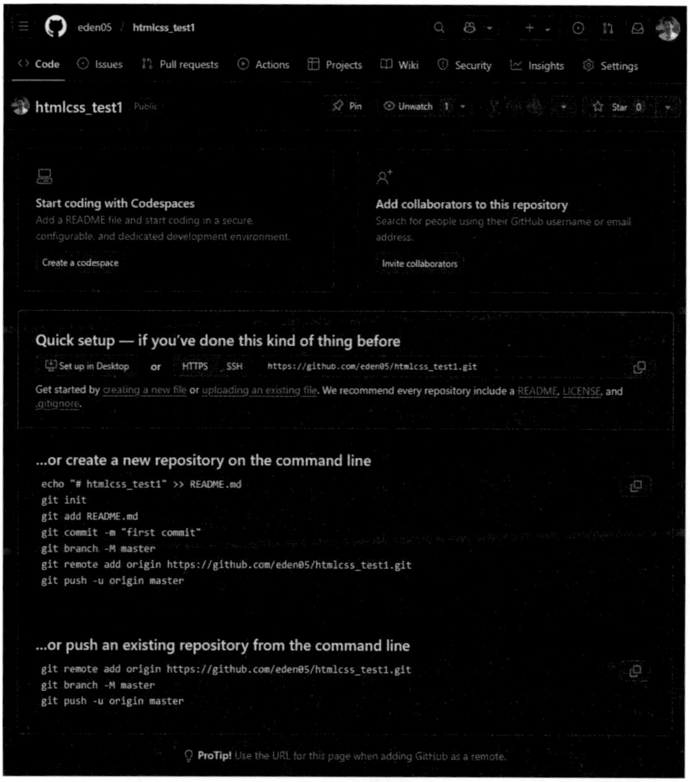

처음 사용자는 별도의 캡처 화면이나 드래그 후 글을 복사하여 메모장에 작성해 백업해 둔다.

생성을 했다면 완전한 삭제 방법은 다음과 같다.

'settings > General의 가장 아래로 스크롤 이동 > Danger Zone'에서 삭제할 수 있는 화면을 볼 수 있다. 빨간색 Delete this repository 버튼을 클릭한다.

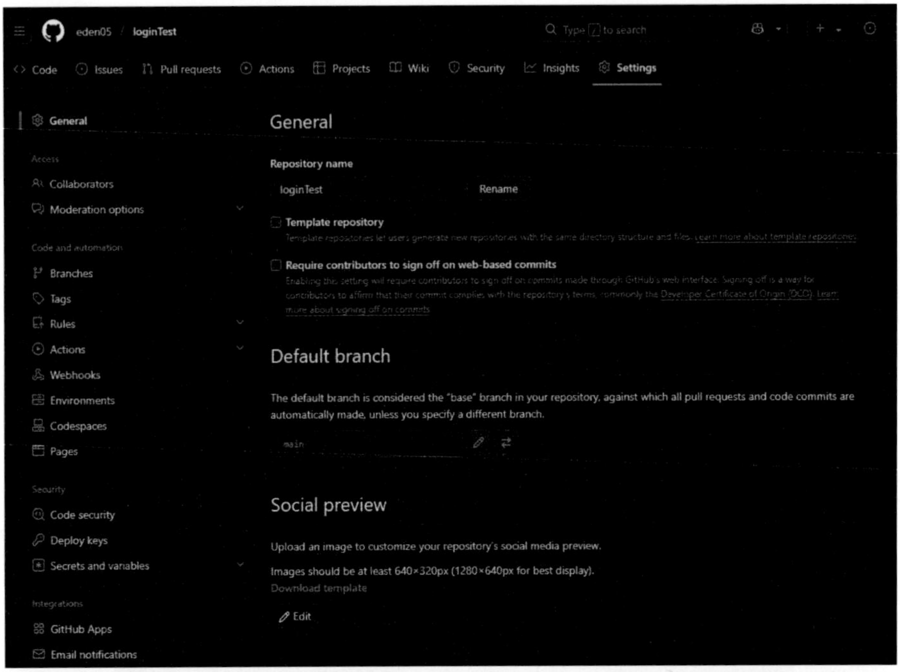

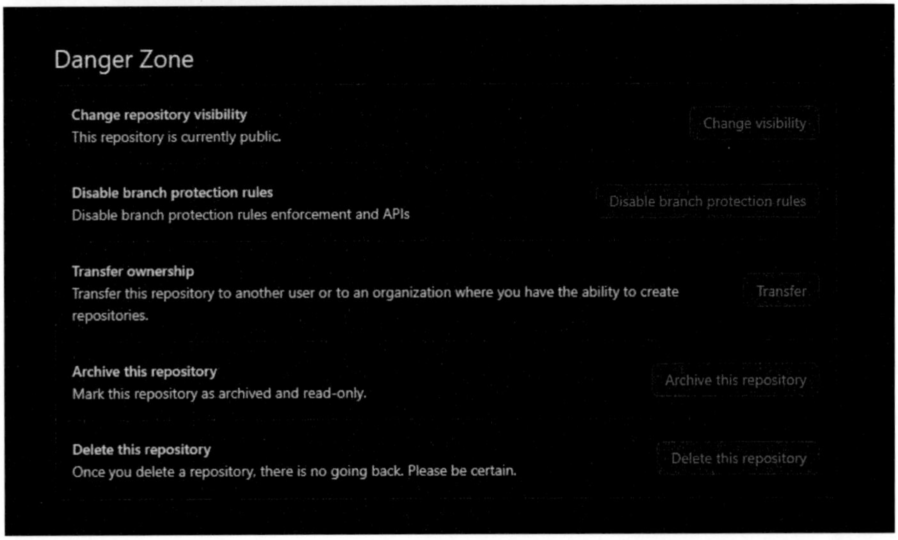

팝업에서 이름 그대로 [ ] 대괄호 부분에 작성하면 삭제할 수 있다. 한 번 더 경고 차원에서 작성 후 완벽하게 삭제할 수 있다.

Please type [여기 내용 그대로 글을 쓴다.] to confirm

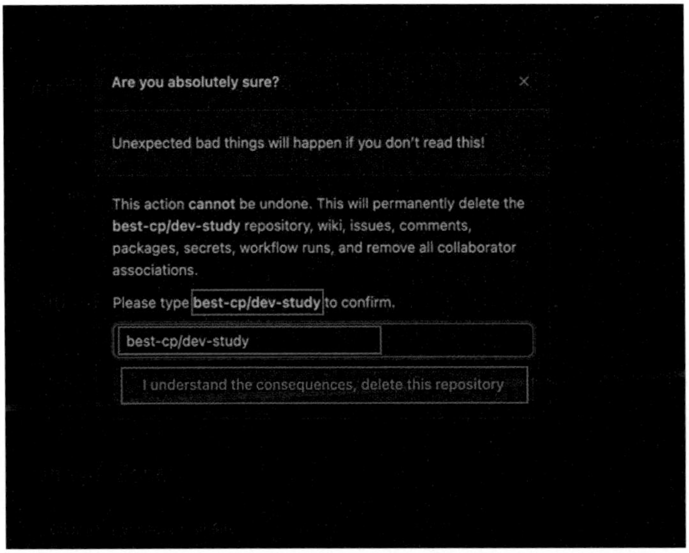

13.2 생성 공간에 파일 업로드 방법

가장 빠르게 업로드하는 방법

중앙의 파란색 테두리 부분을 보면 Quick setup 아래에 파란색 글씨로 'creating a new file'이라고 된 글씨가 있다. 이것을 클릭하면 작성된 코드의 HTML, CSS 파일을 업로드 할 수 있다.

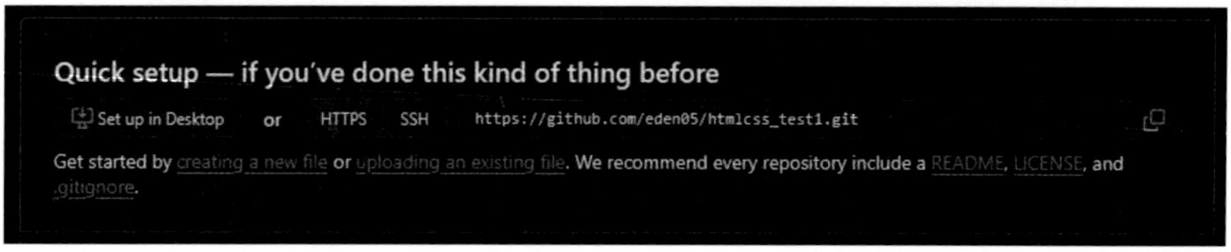

Git 코드 사용법

설명대로 터미널에 입력 값을 그대로 순서에 맞게 써주면 된다.

create a new repository on the command line은 초기 세팅이 필요한 상황이고 처음 사용하는 세팅 값을 의미한다.

echo "# htmlcss_test1" >> README.md는 생략 가능하다.

- git init
- git add README.md
- git commit -m "first commit"
- git branch -M master
- git remote add origin https://github.com/eden05/htmlcss_test1.git
- git push -u origin master

- git init : 초기 세팅한다.
- git add README.md : github 프로필이나 리포지토리에 대한 설명을 나타내기 위한 글을 작성하는 것이다. 필요 없으면 생략할 수 있다.
- git commit -m "first commit" : 코멘트를 남기는 것이다. 메시지를 남겨서 히스토리를 기억하고 공유 파일일 경우 다른 사람에게 알려야 하는 알림 정보를 메시지로 전송하는 내용을 쓰면 된다. 없다면 생략할 수 있다.
- git branch -M master : master는 최고 관리자라고 생각하면 되며, master가 사용한다는 의미를 갖는다.
- git remote add origin https://github.com/eden05/htmlcss_test1.git : 이 주소의 등록에 대한 권한 제어를 갖겠다는 의미이다.
- git push -u origin master : 파일을 '푸시하여 깃허브에 밀어 넣겠다'는 의미이므로 업로드 권한을 사용한다는 뜻이다.
- push an existing repository from the command line : 기존 저장소에 업로드하겠다는 의미이므로 추가할 파일이 있다면 업로드 권한 명령을 실행한다.

vscode에서 세팅 후 업로드 방법

오른쪽 메뉴 아이콘에서 extension을 설치하지 않아도 git 아이콘이 기본적으로 있다. 해당 메뉴 클릭 후 들어가서 초기 Initialize Repository 버튼을 클릭하여 생성한다. 이는 git init와 동일한 역할을 한다.

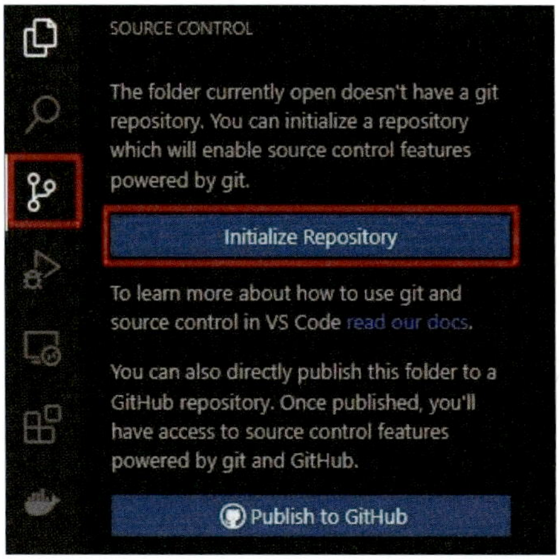

완료되면 source control 파일에서 Changes 내용과 업로드 파일을 Stage All Changes 할 수 있는 버튼을 클릭할 수 있다. git 명령어에서 git add와 동일한 역할을 한다.

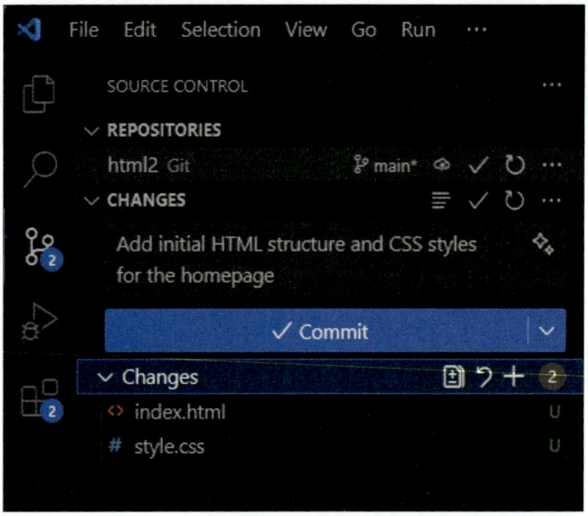

Changes의 + 버튼을 클릭하면 업로드할 수 있는 환경이 된다.

repositories 체크박스를 클릭하면 업로드할 수 있으며 웹페이지 로그인으로 이동한다. 가입했던 정보로 로그인하면 vscode와 연동을 할 수 있다.

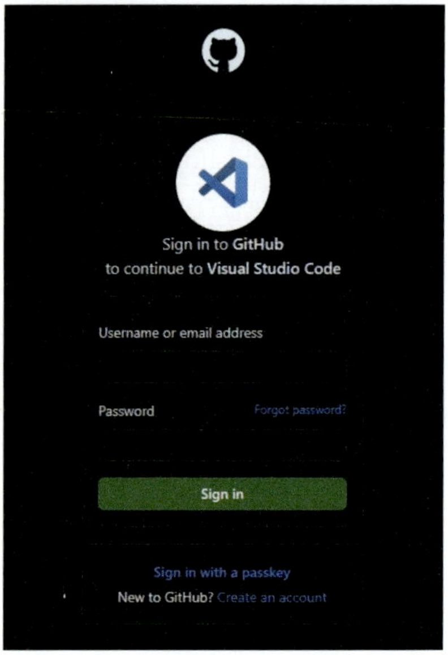

COMMIT 버튼은 입력할 메시지를 입력 후 정상적 커밋으로 등록하면 된다.

만약 vscode와 GITHUB 연동을 위해 PUBLISH BRANCH 버튼을 클릭 후 Publish to Github private repository를 클릭하면 자동으로 github로 연결되어 리포지토리가 생성되고, 커밋된 소스를 push할 수 있도록 설정할 수 있다.

수정된 파일을 push할 경우 우측 source control의 더 보기 옵션 메뉴에서 push를 클릭하면 수정 업데이트가 실행되어 커밋 완료된다.

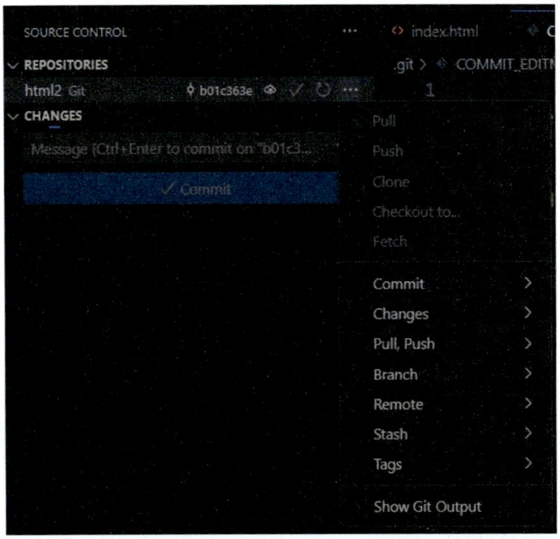

vscode에서도 터미널을 사용할 수 있다. 아랫부분을 위로 드래그하거나 상위 검색창에서 > terminal 실행, 또는 메뉴 terminal에서 new terminial을 실행하면 열 수 있다. 아래 + 풀 메뉴를 눌러서 git bash 터미널을 실행하여 앞에서 배운 git 명령어를 사용해도 가능하다.

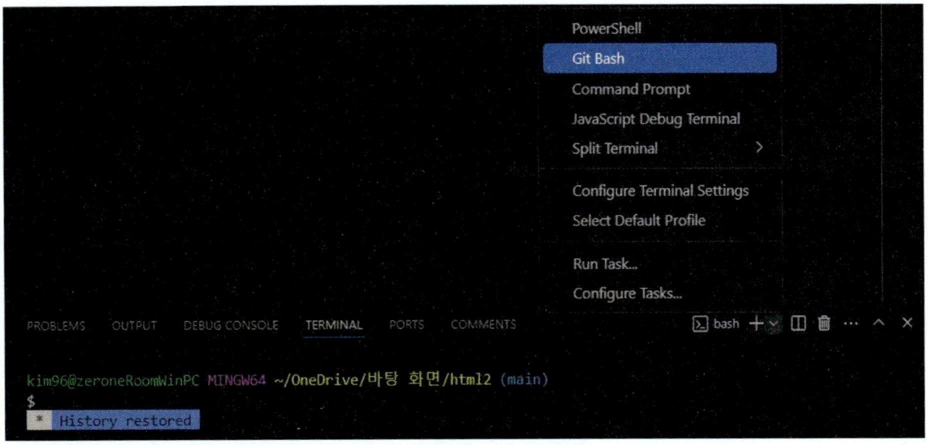

- git init(초기 시만 사용)
- git add .
- git commit –m "커밋 메시지 내용"

- git branch -M master
- git remote add origin 본인의 맞는 주소
- git push -u origin master

기존의 데이터를 백업하여 재수정하기 위해 이미 있는 리포지토리 가져오기를 할 때에는 vscode 검색창에 '> git clone'이라고 쓴다. 여기서 clone(클론)은 복제한다는 의미이다.

그러면 clone from GitHub라고 뜨는데, 이를 선택한다.

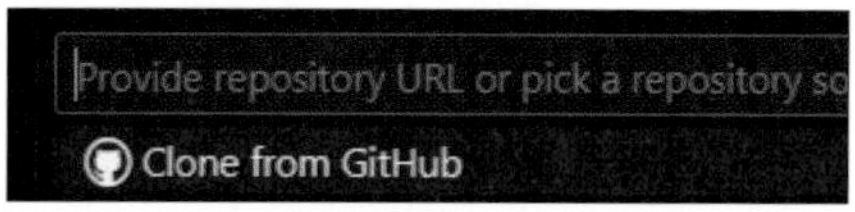

본인 계정의 리포지토리 리스트가 나타난다. 무엇을 클론(복제)할지 결정하여 하나의 리스트를 선택한다.

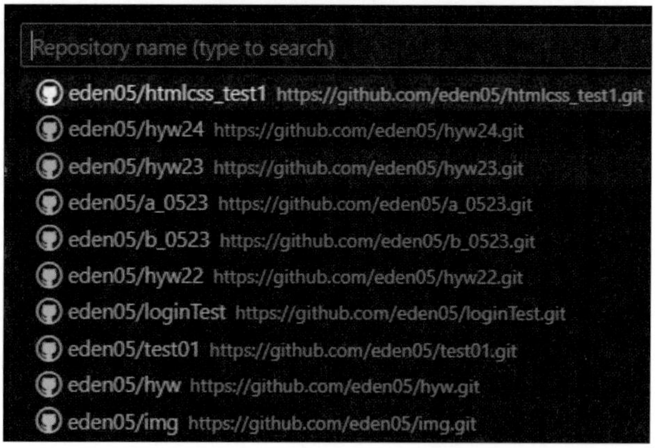

원하는 리포지토리를 선택하면 저장할 폴더를 지정할 수 있다. 편의상 바탕화면의 새로운 폴더를 생성하고 거기에 복제하여 가져오기를 한다.

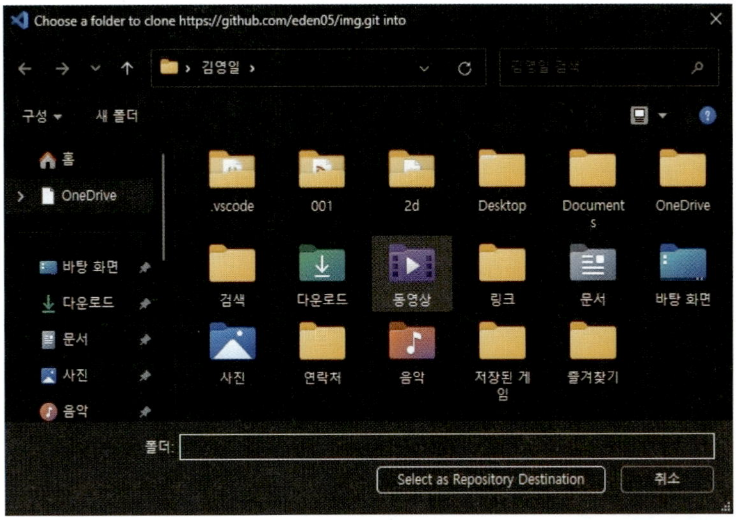

다시 오픈하기 팝업이 뜨고 open을 선택하면 vscode에서 폴더 파일이 오픈된다.

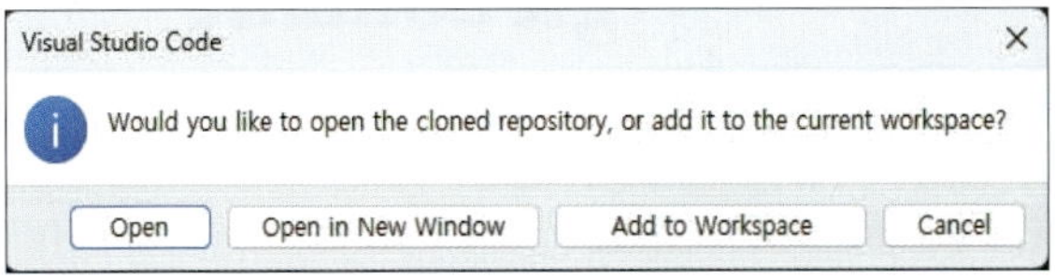

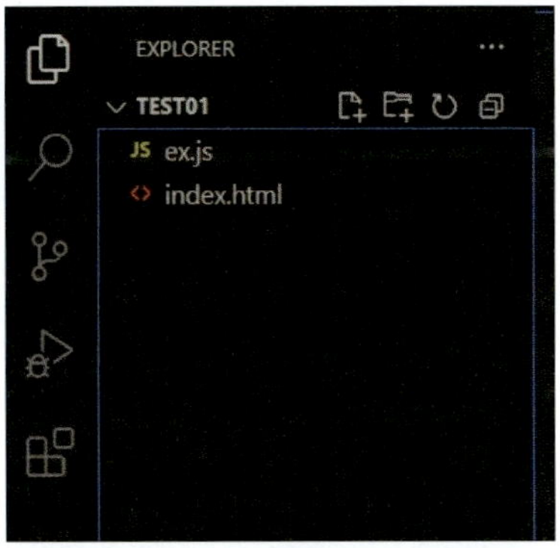

만약 저장된 폴더를 기억하지 못하고 윈도우에 폴더를 다시 열기하려면 오른쪽 마우스 버튼을 클릭하고 'Reveal in File Explorer'을 실행하면 된다.

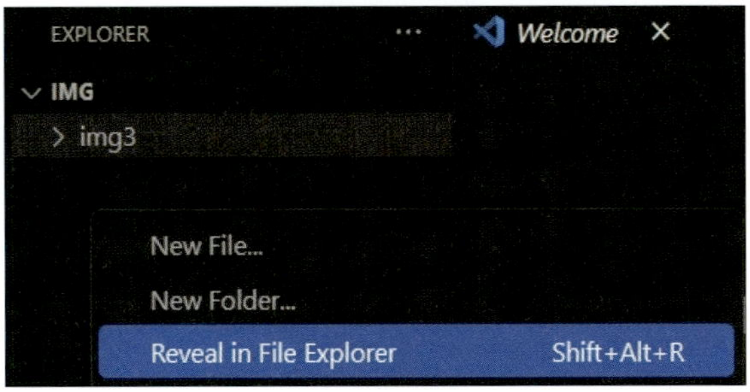

이렇게 새롭게 공간(리포지토리)을 생성하고, 업로드하고, 삭제하고, 기존 리포지토리를 가져와서 업데이트 후 커밋(업데이트 후 업로드)을 하는 방법을 배워보았다. 처음 하는 사람은 어려울 수 있지만 과감히 여러 번의 연습과 시행착오를 거쳐 가면서 실습을 통해 직접 하나하나 클릭하고, 실행해서 방법을 익혀주는 게 중요하다. 새롭게 파일 생성 후 업로드할 부분을 추가 설정하여 커밋 단계의 프로세스를 거치면서 업로드와 다운로드 연습을 하면 자신감을 가질 수 있다.

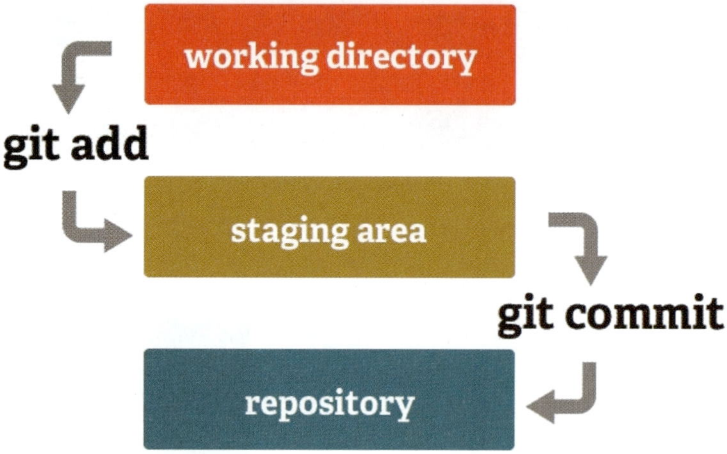

다음은 앞에서 설명한 내용 및 약간 설명이 부족했던 부분의 핵심 내용 용어 정리이다.

- repository 또는 repo : 저장소, Git으로 버전 관리하는 디렉터리를 의미
- local repository : 로컬 저장소, 작업자의 개발 환경(PC)에 설정된 Git 저장소
- remote repository : 원격 저장소, GitHub 등 외부 서버에 설정된 Git 저장소
- commit : 커밋, 특정 상태를 기록한 것, 즉 버전(history)을 의미
- branch : 브랜치, 한국어로 번역하면 '가지치기 또는 갈래'라고 하는데 또 다른 작업 공간을 의미
- merge : 머지, 한국어로 '병합 또는 합치기'라고 하는데 특정 브랜치에서 작업한 내용을 또 다른 브랜치에 적용하는 것을 의미
- push : 원격 저장소에 업로드하는 명령어
- pull : 로컬 저장소로 업데이트 다운로드 받음.

만약 업데이트 리포지토리 주소를 모를 경우는 깃허브 사이트에서 https 주소를 복사 후 사용할 수 있다.

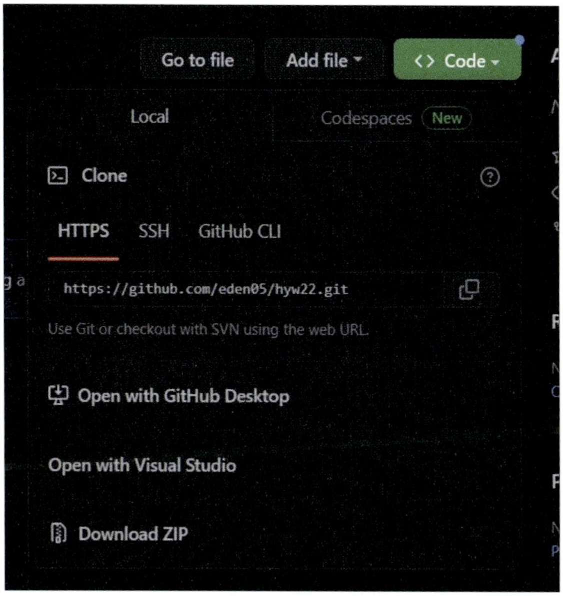

git 명령어 중 그 외 사용할 때 필요한 명령어이다.

- git remote –v   // 연결된 것 확인
- git commit –m "se–commit" // 히스토리 남김.
- git push origin master // 원본 관리자 업로드
- git push origin main // 서버 관리자 업로드
- git checkout master // 권한 변경
- git status // 상태 확인
- git log   // 이력 확인   log 나가기 하려면 "q" 눌러주면 나감.
- git reset // 이전 상태로 이력 제거
- git revert // 이전 상태로 이력 유지
- git config – – list // 등록 상태 확인

업로드 / 다운로드 GIT 명령어 정리

구분	명령어
업로드	git init // 최초 초기화 명령
	git add . // 수정된 전체 업로드
	git commit −m “first commit” // 스냅샷 기록 저장
	git branch −M master
업로드	git remote add origin 지정 주소
	git push −u origin master // 업데이트 업로드
다운로드	git remote add origin 지정 주소
	git branch −M master
	git push −u origin master // 다운로드

이렇게 깃허브에 업로드된 파일은 웹호스트를 가질 수 있는데 Settings > page 메뉴에서 확인 가능하다. visit site 바로 가기 버튼을 이용해 웹호스팅 기능으로 html + css 파일을 웹상에서 읽을 수 있고, 웹도메인 주소를 확인할 수 있다.

웹사이트는 자동으로 생성되지 않는다.

Branch : master 권한으로 save 버튼을 클릭하여 저장한다. 바로 생성되지 않고 3~5분의 시간이 필요하다.

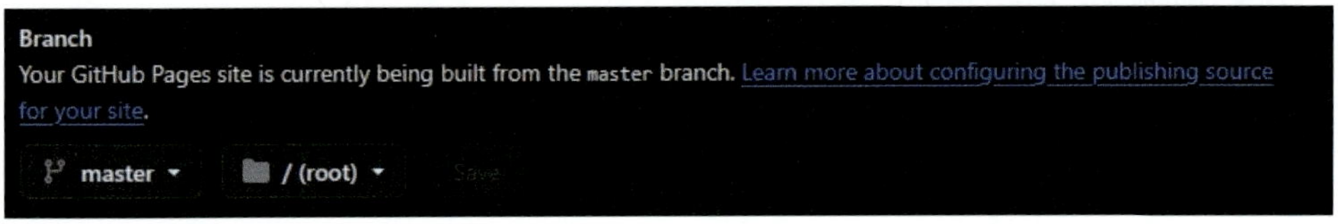

나중에 웹 호스팅 주소를 확인 후 해당 링크로 파일에 접근할 수 있다.

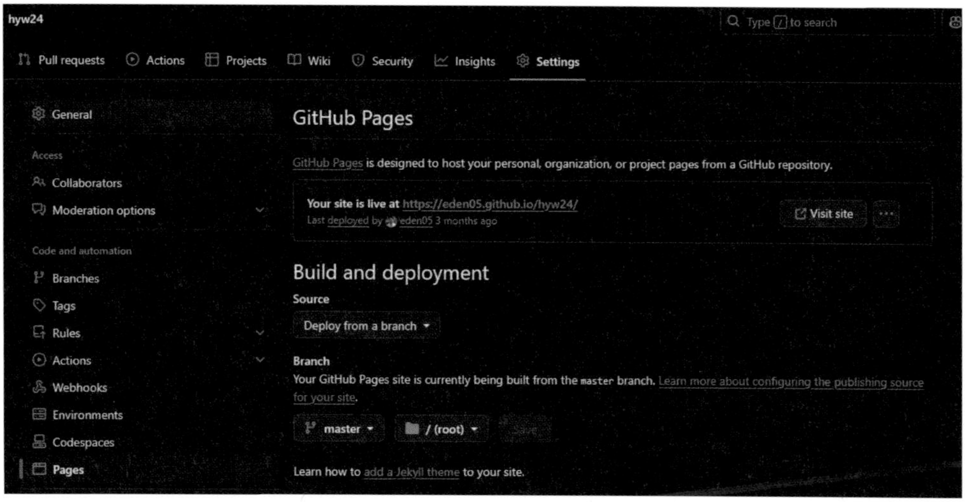

13.3 GitHub 계정으로 생성형 ai 코드 활용법

VSCode에서 GitHub Copilot 확장 프로그램을 Extensions에서 검색 후 설치한다. 이 확장 프로그램은 MS사에서 제작된 툴로서 최근 업데이트 시 자동으로 설치 여부를 물어보는데, 설치를 권장한다. MS사는 ChatGPT 투자 회사이므로 Copilot을 윈도우 11에서 설치하는 경우도 한 번쯤 봤을 거라 생각되며 VSCode에서도 동일하게 설치할 수 있다.

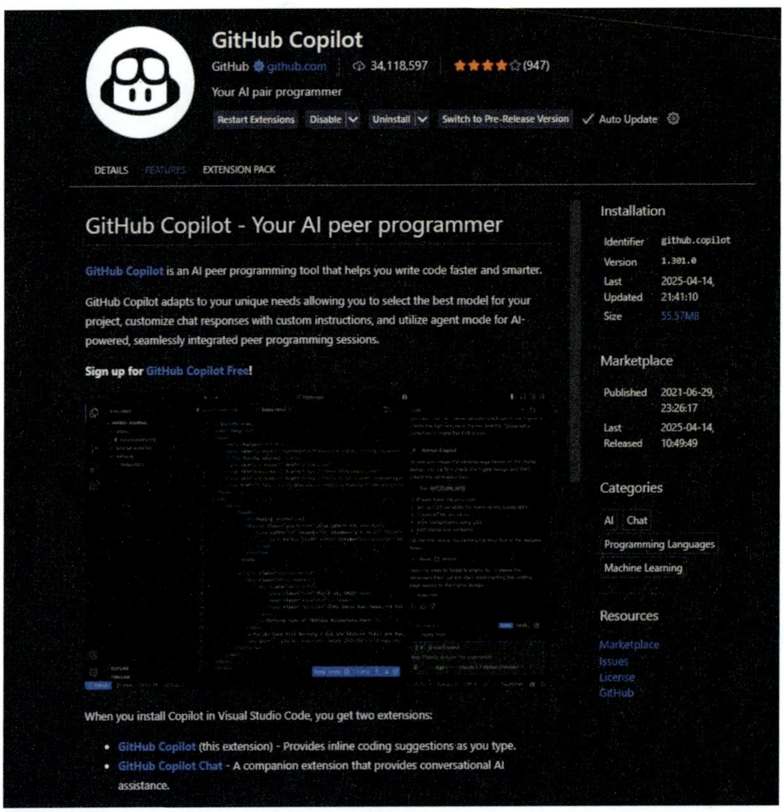

GitHub Copilot은 코드 작성 시 자동으로 생성형 ai 시스템을 활용하여 제안된 코드를 바로 사용할 수 있도록 한다. 코드 수행 작업 안내를 도와주며 편집자가 원하는 코드를 빠르고 손쉽게 미리보기를 만들어 주는 일종의 어시스트(Assistant) 즉, 코드 도움이라고 생각하면 된다. Copilot은 html과 css뿐만 아니라 다른 개발 언어들도 지원한다. '그렇다면 어떤 점이 좋은가?'라고 질문한다면 이에 대한 대답은 공식 홈페이지에서 찾을 수 있다.

Copilot을 사용하면 일에 집중할 수 있고, 빠르게 코드를 작성할 수 있다. 또한 어렵고 큰 문제를 해결할 수 있으며 중간에 흐름이 끊이지 않고 반복적 업무의 효율성을 높여 작업자가 빠르게 일처리를 할 수 있도록 도와주는 것을 강조하고 있다. 지원 언어는 거의 모든 인류 개발 코드를 지원한다고 볼 수 있고, 유료/무료 버전을 사용할 수 있으므로 처음에는 무료 버전을 설치하여 사용 후 판단하길 권장한다.

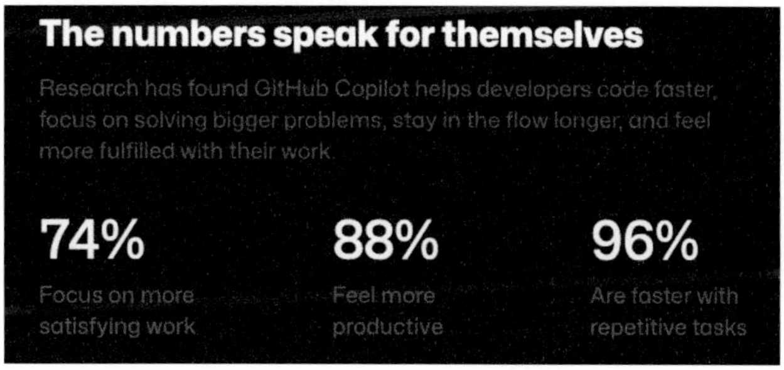

https://github.com/features/copilot

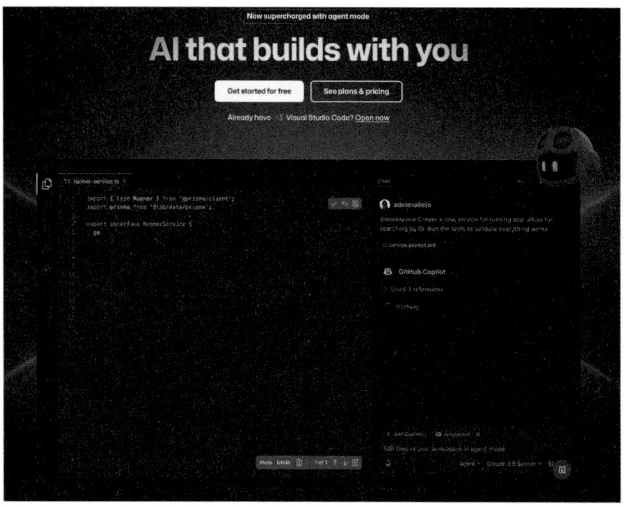

Copilot은 GitHub 계정으로 연결 가능하다. 코드를 직접 작성 시에도 도움을 받을 수 있고, ChatGPT와 연결하여 VSCode 오른쪽 인터페이스에 창을 열어서 프롬프트에 질문을 하듯 생성형 ai 코드를 질문하고 답을 확인할 수도 있다.

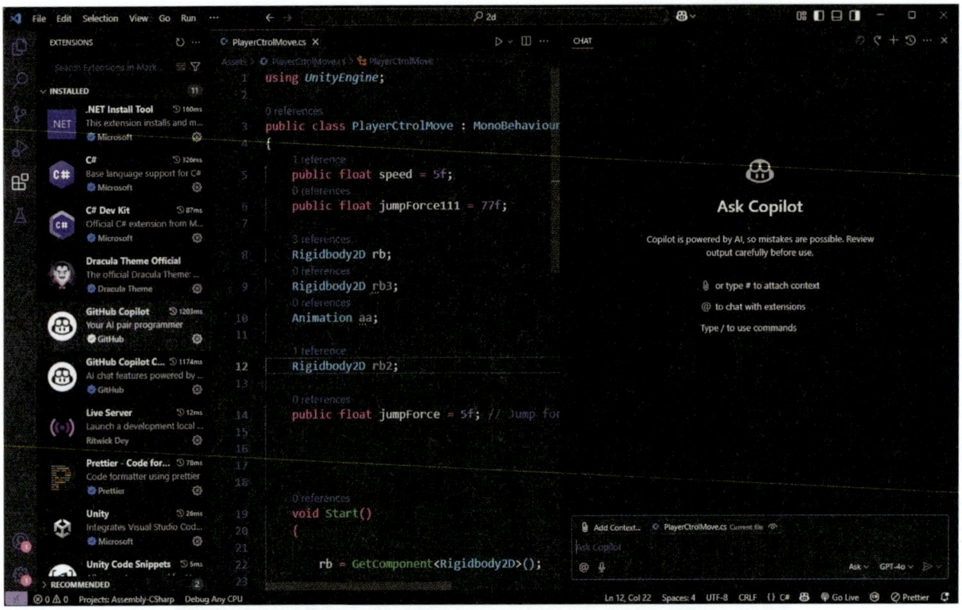

따라서 코드 도움을 받고자 한다면 설치를 추천한다. 확장 프로그램 창은 원할 때 열고 닫을 수 있으며 언제든지 질문을 할 수 있고, 코드 힌트를 얻을 수 있기 때문에 학습에도 도움을 받을 수 있다.

기호

A-B

C-D

E-F

G-H

길벗 캠퍼스의 대학교재 시리즈

컴퓨팅 사고 with 파이썬
김현정, 황숙희 지음 | 412쪽 | 25,000원 | 2022년 6월 출간

팅커캐드&아두이노
최훈 지음 | 548쪽 | 29,800원 | 2022년 10월 출간

자료구조와 알고리즘 with 파이썬
김현정, 황숙희 지음 | 416쪽 | 28,000원 | 2023년 1월 출간

파이썬의 정석
조용주, 임좌상 지음 | 552쪽 | 25,000원 | 2023년 1월 출간

기초 수학 with 파이썬
박민서 지음 | 352쪽 | 27,000원 | 2023년 1월 출간

메타버스 교과서
김영일, 임상국 지음 | 472쪽 | 29,000원 | 2023년 1월 출간

전처리와 시각화 with 파이썬
오경선, 양숙희, 장은실 지음 | 536쪽 | 29,000 | 2023년 5월 출간

파이썬 워크북
이경숙 지음 | 408쪽 | 26,000원 | 2023년 5월 출간

안드로이드 프로그래밍 with 자바
송미영 지음 | 672쪽 | 36,000원 | 2023년 6월 출간

4차 산업혁명과 미래사회
안병태, 정화영 지음 | 488쪽 | 26,000원 | 2023년 7월 출간

모던 자바스크립트&Node.js
이창현 지음 | 600쪽 | 34,000원 | 2023년 7월 출간

SQL과 AI 알고리즘 with 파이썬
김현정, 황숙희 지음 | 376쪽 | 27,000원 | 2023년 8월 출간

머신러닝과 딥러닝 with 파이썬
김현정, 유상현 지음 | 432쪽 | 28,000원 | 2023년 8월 출간

게임 콘셉트 디자인
남기덕 지음 | 352쪽 | 27,000원 | 2023년 9월 출간

인공지능 아트
김애영, 조재춘 외 지음 | 356쪽 | 27,000원 | 2023년 10월 출간

게임 디자인&페이퍼 프로토타입
이은정 지음 | 352쪽 | 27,000원 | 2024년 1월 출간

분산 컴퓨팅
윤영 지음 | 360쪽 | 29,800원 | 2024년 1월 출간

찐초보 생활 전기
전병칠 지음 | 280쪽 | 21,000원 | 2024년 2월 출간

찐초보 걸음마 전기
전병칠 지음 | 288쪽 | 20,000원 | 2024년 2월 출간

외국인 학생을 위한 컴퓨터 활용
김의찬, 박혜란 지음 | 464쪽 | 29,000원 | 2024년 5월 출간

C 언어의 정석
조용주, 임좌상 지음 | 584쪽 | 34,000원 | 2024년 6월 출간

블렌더 교과서
김영일 지음 | 608쪽 | 37,500원 | 2024년 8월 출간

일러스트레이터 with AI
허준영 지음 | 368쪽 | 27,000원 | 2024년 11월 출간

생성형 AI 창작과 활용 가이드
김현정 지음 | 368쪽 | 27,000원 | 2024년 12월 출간

인공지능 법과 윤리
김명훈 지음 | 416쪽 | 29,500원 | 2024년 12월 출간

포토샵 with AI
이문형 지음 | 432쪽 | 28,000원 | 2024년 12월 출간

스프링 부트 완전정복
송미영 지음 | 584쪽 | 35,000원 | 2024년 12월 출간

운영체제
김덕수 지음 | 448쪽 | 28,000원 | 2025년 1월 출간

리액트의 정석 with 타입스크립트
이창현 지음 | 488쪽 | 34,000원 | 2025년 3월 출간

프리미어 프로+소라 with AI
장윤제, 오창근 지음 | 456쪽 | 29,000원 | 2025년 3월 출간

유니티 게임 제작 입문
오연재, 정승언 외 지음 | 544쪽 | 34,000원 | 2025년 5월 출간

웹툰 제작 가이드 with AI
김가이 지음 | 480쪽 | 30,000원 | 2025년 5월 출간